MINERVA
人文・社会科学叢書
99

離脱・発言・忠誠

—企業・組織・国家における衰退への反応—

A.O.ハーシュマン著/矢野修一訳

ミネルヴァ書房

小さなアイデアのもつ重要性について，そしてその小さなアイデアがどのように育ちゆくものであるかについて，私に教えてくれたエウジェニオ・コロルニ（1909～44年）に捧ぐ。

Exit, Voice, and Loyalty

Responses to Decline
in Firms, Organizations, and States

by

Albert O. Hirschman

Published by arrangement with Harvard University Press, Cambridge, Massachusetts through Tuttle-Mori Agency, Inc., Tokyo

序　文

これは、あらかじめ計画して書かれたものではない。本書は、私が前著『開発計画の診断』で一節を充てて展開したナイジェリアの鉄道輸送についての考察がもとになっている。それは本書第四章の冒頭に再録されているが、この一節に対して、ある人が異論を唱えた。彼の寛容なる表現によれば、「数多くの憶測がそこかしこに隠されているはず」というのである。その後、私は、どこにどのような憶測があるのか、はっきりさせることを決断し、ほどなく遊学の途についた。ゆったりした思索の時間を確保するため、スタンフォード大学の行動科学高等研究センターに出向いたわけだが、私はそこで、まる一年間、充実した時を過ごした。

私がこうした研究に辛抱づよく取り組めた主な理由は、読者にはやがて明らかになるだろう。私はこの研究に先立ち、ある特定の経済プロセスに関する分析手法を思いついていた。それによって社会、政治、さらにはモラルに関わる広範な現象を明らかにできるはずだと考えていたのである。だからといって本書において、ある学問分野の分析道具を使って別の学問分野を呑み込んでしまおうというつもりはない。本書の補論に特徴的なことだが、たしかに私の展開する概念は、伝統的な経済分析の言葉に翻訳できるし、おそらくはそうした分析をより豊かなものにするだろう。しかしながら、本書で展開される概念は、もっぱらそれにとどまるものではない。むしろ、自分があまりにも安易に、どんどん新しい領域について書き及んでいくにつれて、「離脱」(exit)、「発言」(voice)という概念の対象領域が拡張しすぎないか、心配になったぐらいである。私が本書を短くまとめざるをえなかったのは、こうしたことが懸念されたためだが、短くまとめる以外の譲歩はしなかった。競争と二大政党制、離婚とアメリカ人気質、ヴェトナム問題をめぐって辞職しそこねた「不幸な」高級官僚とブラック・パワー運動といった、かけ離れた問題を自分なりに統一的にとらえる方法をみつけだしたので、しばらくはこの路線を貫いてみようと決めたのである。

行動科学高等研究センターは、こうした研究プロジェクトに対して素晴らしい環境を整えてくれた。私は、他の研究員を「引き留めて長話しする権利」を存分に行使できた。思うにこれこそ、明文化されているわけではないが、センターにおける伝統の本質をなすものである。私はともに一年間を過ごした人たちから多くのことを学ばせてもらったが、全体としては、本文への注の形でそうした方々への謝意を表わしている。ここで特に感謝したいのは、まずガブリエル・アーモンド（Gabriel Almond）である。彼は、私の試みをたえず支援する一方、重要な批判的論点も提供してくれた。またリチャード・ロウエンソール（Richard Lowenthal）は、私を第六章の執筆に導くコメントをしてくれた。チャリング・クープマンズ（Tjalling Koopmans）は、スタンフォード・ビジネス・スクールのロバート・ウィルソン（Robert Wilson）同様、いくつかの技術的議論を研ぎ澄ませるのを助けてくれた。

できあがった原稿はエイブラム・バーグソン（Abram Bergson）とアルバート・フィッシュロー（Albert Fishlow）に読んでもらったのだが、二人とも数多くの鋭いコメント、示唆を与えてくれた。より早い段階では、自らのアイデアについて議論した、ハーヴァード、イェール、ボストンの各カレッジにおけるセミナーからも多くの恩恵を得ることができた。一九六七年の一年間をかけて、デイヴィッド・S・フレンチ（David S. French）は、競争に関する膨大な文献を渉猟し、私のアイデアに先駆者がいないか調べてくれたのだが、幸いにもほとんど先駆者はいないことが分かった。

スタンフォード大学の心理学教授フィリップ・G・ジンバルドー（Philip G. Zimbardo）が私の仮説のいくつかに興味を示し、それらを実験的に確認しようと計画してくれたのは、うれしいことであった。提案された研究については、本書の補論で述べられている。

ヒルデガーデ・ティーレット（Hildegarde Teilhet）は、嬉々として、そして素晴らしい能力をもって、私の原稿をタイプで何度も打ち直してくれた。

妻は、私のこれまでの著作に大いに貢献してくれたが、賢明にも今回は、カリフォルニアの太陽のように振舞い、私を楽しませることに徹してくれた。

一九六九年七月

カリフォルニア州スタンフォードにて

アルバート・O・ハーシュマン

凡例

◇原著においてイタリックで示され強調されている個所は、本訳書では傍点を付してある。
◇引用符（“　”）で括られている個所は、本訳書では「　」を用いてある。括弧（　）は（　）のままである。
◇原著には明示されていないが、文脈をはっきりさせるために訳者が補った言葉・個所は［　］で括ってある。
◇原著者による引用文献について、邦訳書がある場合は、その訳文を参照したが、特に断りを入れずに変更しているところもある。
◇原著には番号の付された注以外に「＊」が挿入され、補足説明のなされている個所がいくつかあるが、あらためて通し番号を付け直すことなく、そのまま訳してある。
◇原注以外に、適宜、翻訳者による「訳注」を付した。
◇前訳書（三浦隆之訳『組織社会の論理構造』ミネルヴァ書房刊）も参照しつつ、原著において明らかに誤植と思われる個所は訂正し訳した。訂正した個所は、以下のとおりである。

・原著二三頁、注の（4）、上から六行目　“lower”→“upper”
・原著三五頁、上から一三行目　“members”→“customers”
・原著五七頁、注の（2）、最終行　“pp. 54-57, 76-77”→“p. 120”
・原著七〇頁、下から四行目　“Chapter 2”→“Chapter 3”
・原著七三頁、注の（17）、二行目　“n. 9”→“n. 10”
・原著九五頁、最終行　“Chapter 7”→“Chapter 8”
・原著一一〇頁、上から十六行目　“depised”→“despised”
・原著一一八頁、注の（14）、下から三行目　“aparatchik”→“apparatchik”

また原著六四頁、注の（3）における図の形状も、前訳書にならい修正した。

目次

第一章　序論と学説的背景

経済・社会・政治のどのようなシステムの下でも、個人や企業、組織は一般に、効率的・合理的な行動や法律・規範に照らして正しい行動、あるいはその他機能的な行動から逸れやすいものである。社会の基本的な制度がどれだけうまくつくられていても、ちょっとした偶発的要因があるだけで、期待どおりの行動をとりそこねる人がでてくる。それぞれの社会は、こうした機能不全に陥るような行動、錯誤的行動とある程度は共存できるが、錯誤的行動が広がって社会全体が衰退しないようにしなければならない。つまり、弱っている主体をできるだけ多く、社会がうまく機能するのに必要な行動へとひき戻す力が当該社会の内部から生みだされなければならないのである。本書は、こうした力をまずは経済分野において明らかにしていくが、以下で展開される概念は営利企業のような経済主体だけでなく、より幅広い非経済的な組織・状況にもあてはまると理解してもらえるだろう。

　モラリストや政治学者は、モラルに反する行動から個人を、違法行為から社会を、腐敗から政府を救いだすことに大きな関心を抱いてきた。一方、経済学者は、経済主体のとりかえしのつく過失（repairable lapses）にあまり注意を払ってこなかった。経済学者がとりかえしのつく過失を軽視したのには二つの理由がある。第一に、経済学では、経済主体が完全で逸脱なく合理的に行動しているか、あるいは少なくとも、経済主体の合理性の水準が不変であると想定されている。たしかに企業業績の低下は、利潤（あるいは成長率その他）を極大化しようとする企業の意欲・能力が何ら損なわれていない場合でも、需要・供給関係が悪化することによって生じることがある。しかしながら逆に、需要・供給要因に何ら変化がない場合でも、「極大化能力・エネルギーの喪失」が原因で業績が低下することもある。後者のような解釈をすれば、どうすれば企業の極大化エネルギーを元に戻せるのかと問うことになるが、通常の解釈は前者である。このような解釈がなされた場合、客観的な需要・供給条件の変化が逆転する可能性はほとんどないとされる。いいかえれば、典型的な経済学者は、衰退する（もしくは成長する）企業は「合理的理由があって」そうなったと考えるのである。不規則で、容易に「とりかえしのつく過失」――本書の中心概念――は、こうして彼らの理論から排除されてきた。

この種の過失に経済学者が関心を抱かなかった第二の理由は、第一の理由に関連している。競争経済の伝統的モデルにおいては、どのような過失からの回復も、本当に重要なものとしては扱われない。ある企業が競争に敗れ、新規参入者を含む他の企業に市場が奪われ、敗退企業の諸要素が利用されるなら、結局のところ、資源は総体としてよりよく配分されることになる。こうした構図が頭にあるために、経済学者は、モラリストや政治学者よりもはるかに大きな余裕をもって、自らの患者（たとえば営利企業）がだれであれ、その過失を静観できる。モラリストは、自らの患者（個人）のすべてが本源的な価値をもつと確信しているし、政治学者の患者（国家）は、かけがえのない、とりかえのきかない存在である。

とりかえしのつく過失について、経済学者が無関心でいられる理由を確認したので、次に私たちは、無関心でいることの妥当性を直接問うこととしよう。というのも、経済を完全な競争システムとしてイメージして、個別企業の命運は、もっぱら市場におけるその企業の比較優位の変動に依存するとみなすことは、現実世界の描写としては、たしかに不完全だからである。まず、よく知られているように、独占・寡占・独占的競争が行なわれている大きな領域がある。経済のこうした領域で活動している企業の業績が低下した場合、非効率と怠慢という袋小路にはまり、多かれ少なかれそれが恒常化するということもある。こうした独占状態における業績の低下という事態が、政治学者のアプローチによって注意深く考察されなければならないのは明らかである。政治学者は自分たちの対象としている政体の健全性が闘争・不正・倦怠によって脅かされている状況をどうするかという観点からアプローチするからである。だが、［今述べた寡占・独占の場合だけでなく］競争が活発に行なわれている場合であっても、一時的にヘマをしでかした企業が活力を取り戻す可能性に無関心でいることは、どうみても正当化できない。同じような条件で数多くの企業が競合している部門において、個別企業が衰運に見舞われるのは、コスト・需要という［客観的な市場］条件が不利になったことが原因になっていることもあるが、それと同様に、偶発的な主観的要因によることもある。そうした要因は、反転可能あるいは救済可能な場合も多い。こうした状況の下では、回復のメカニズムこそ、人々の苦境と社会的な損失を回避するうえで有益な役割を果たすことになろう。

このようなことをいうと、そうした回復メカニズムは、競争そのものを通じてすぐさま機能するのではないかという声が聞こえてきそうである。競争によって、企業の「緩みのない」経営が維持されているはずではないか。そして、もしその企業がすでにおかしくなっているとすれば、収益の低下を経験し、競争を通じ企業そのものが消滅してしまうという恐れが生まれているはずではないか。したがって、経営者は業績を望ましい水準にまで回復させるため躍起となるはずではないのか。

競争が回復の重要なメカニズムであることは否定できない。しかしながら、以下本章では、次の二点について論じていくつもりである。すなわち、第一に、競争というこの特殊な機能の意味がこれまで十分には明らかにされてこなかったということ、第二に、競争メカニズムが機能しない場合、あるいはそれを補うものとして、別の重要なメカニズムが働きうること、この二点である。

「離脱」（Exit）と「発言」（Voice）の登場

これから展開していく議論は、顧客に販売することを目的として生産する企業からはじめられる。しかし、その議論は、直接的な金銭的対価なしにメンバーに諸々のサービスを提供する組織（たとえば、任意団体・労働組合・政党など）に関しても、たいていあてはまるし、ときには、そうした組織にこそあてはまることが理解されるであろう。［以下の議論では］不特定の偶発的な原因によって、企業や組織の業績は落ち込んでいくものと想定されている。しかし経営者が自らの仕事に注意とエネルギーを向けていれば、そうした原因は、以前の業績水準にまで回復できないほど強固なものでも、持続的なものでもない。すなわち、企業においても、その他の組織においても、業績の低下は典型的かつ一般的には、提供される製品やサービスの質の面での絶対的もしくは相対的低下に反映されると考えるのである。[1] ここで経営陣は次の二つの代替的ルートを通じて、自らの失策を悟る。

（一）顧客がある企業の製品の購入をやめたり、メンバーがある組織から離れていくという場合がある。これがすなわち離脱オプションである。離脱オプションが行使される結果、収益が低下したり、メンバー数が減少したりする。したがって経営陣は、離脱をもたらした欠陥がどんなものであっても、これを矯正する方法・手段を模索しなければならなくなる。

（二）企業の顧客や組織のメンバーが経営陣に対して、あるいは、その経営陣を監督する他の権威筋に対して、さらには耳を傾けてくれる人なら誰に対してでも広く訴えかけることによって、自らの不満を直接表明する場合がある。これがすなわち発言オプションである。発言オプションが行使される結果、経営陣はこの場合も、顧客やメンバーの不満の原因をつきとめ、可能な不満解消策を模索しなければならなくなる。

以下、本書の大部分は、この二つのオプションの比較検討、およびそれらの相互作用について論じている。私は次のような問題を考察していきたいと思う。どのような条件の下で、離脱オプションが発言オプションに勝るのだろうか。逆の状況が生ずるのはどういう場合か。回復メカニズムとして、これら二つのオプションの効率性を比較した場合、その特徴はどうなるか。どのような条件であれば、二つのオプションは連携して機能するのか。回復メカニズムとして、これら二つのオプションをそれぞれ完全なものにしようとすれば、どのような制度が必要となるのか。離脱オプションを完全なものとする制度は、発言オプションの働きを改善しようと工夫された制度と矛盾しないだろうか。

衰退に対する許容性（Latitude）と経済思想におけるスラック（Slack）

これらの問題に答えはじめる前に、少しばかり議論を戻し、私がどうして、本書の主題が私たちをとりまく経済学や社会科学の思想に関連があると考えるのかを述べておくこととしよう。

（スタンフォードの行動科学高等研究センターで）動物行動の研究者と霊長類の社会組織について話す機会があった。そのとき私は、人間社会では非常に厄介な問題であるリーダーシップの継承が、ある種のヒヒの群では、円滑に、また効率的に行なわれているということを学んだ。一匹のオスのリーダーが率いる典型的なマントヒヒの群について、そのプロセスは次のように描かれている。

未成年のオスは、まだ幼いメスを母親から奪い去り、まさに母親のごとく熱心に世話を焼く。その若いメスは厳しくコントロールされており、逃げようにも何度も連れ戻され、どこにも逃げられないように教え込まれる。……この段階では性的行動はない。メスは生まれてからまだ二、三年しか経っていないからである。……ボスのマントヒヒが歳をとり、その地位を脅かそうとする若きオスたちが成熟するにつれ、それらが集団行動を率先しはじめるが、集団行動が結果的にどうなるかは依然として年長のボスの手に委ねられている。こうして高度に複雑な関係が二者の間で育まれていく。両者は互いに近くで注意を払いながら、また「通告」しあうことによって、協力して集団行動を支配するようになる。年長のオスは集団を指揮する命令権は保持するものの、メスに対する性的支配権は徐々に若いオスに譲るようになっていく。……最終的に年長のオスは自らのもともとの再生産単位からは完全に退くが、群全体のなかでは大きな影響力を保持していて、若いオスは、ことにヒヒの一群を指揮する前は、引き続き年長者の意見を参考にしているように思われる。(2)

この驚くべき漸進性と連続性を人間社会と見比べてもらいたい。人間社会では常に、「善」政のあとに「悪」政がきたり、強力なリーダー、賢明なリーダー、良きリーダーの跡目を、虚弱な者、愚か者、法を犯す者が引き継ぐなどということが起こり、激しい起伏があった。

人間が社会プロセスを精巧に組み立てて、リーダーシップの連続性とその質の安定性を確保することに失敗したのは、おそらく、その必要がなかったからである。およそ人間社会というものは、生存維持水準を上回る余剰の存在によって特徴づけられる。こうした余剰が存在しているからこそ、社会の進歩においてかなりの衰退を甘受できた。社会の能力が低く、ヒヒにとっては災難になりかねないような場合でも、人間にとっては、少なくとも初期段階では単に不愉快な状況をもたらすだけである。

人間社会が幅広く衰退を許容できるのは、人間が生産性を向上させ、自らをとりまく環境を支配するようになったことと無縁ではない。実現可能な水準以下に能力が落ち込むということがたびたび起こるのは、良くも悪くもない状況がだらだら続くことと同じく、進歩がもたらす数多くの災禍の一つと考えざるをえない。したがって、政治組織やそれを成り立たせているさまざまな構成体の衰退をすべて除去できるような社会の仕組みを探し求めることは、最初から不毛であると思われる。余剰、およびそれがもたらす許容性のために、人間社会に備わる恒常性維持機能はみな大ざっぱにならざるをえないからである。

こうした不愉快な真実はなかなか認知されず、ユートピア的な夢が繰り返し語られてきた。それは、経済成長は生存維持水準以上の余剰を生みだすだけではなく、不完全な政治プロセスが原因であるものを含め、堕落をすべて排除する厳格な規律や制裁をもたらすという夢である。一八世紀において、商業や工業の拡大が歓迎されたのは、それによって厚生の増大が可能となるからではない。むしろ、商工業の拡大が君主の気まぐれな振舞いに強力な歯止めをかけ、それによって、体制の衰退に対する許容度を縮小し、おそらくは除去できるだろうと考えられたからである。(訳注一)サー・ジェームズ・ステュアートの『経済の原理』(一七六七年)における特徴的な一節が、この点を物語っている。

政治的変革の自然で直接的な影響は、統治機構が現在よりも単純だった昔にはきわめて有害であったかもしれない。だがこうした影響は、今では現代経済の複雑な体系によって大いに制約を受けているので、さもなければそこから起こるかもしれない弊害もまた簡単に防止できる。……

現代の君主の権力は、その王国の政体によってそれがどんなに専制的なものとなっていても、[今われわれがその説明に努めている] 経済の方式を彼が確立すると、ただちに制限されるようになる。彼の権威が以前には楔 (それは木や石やその他の堅い物体を割るのに無頓着に用いることができるし、また気の向くままに使用を止めたり、再び用いたりすることができる) の堅固さと力とを思わせるものであったとしたら、それはやがて、時計――それは時間の進行を表示する以外の目的にはいっさい役立たないし、またなにかほかの用途に向けたり、少しでもきつく手を触れたりすればたちまち壊れてしまう――の繊細さに似てくるようになるだろう。……

したがって現代の経済は、専制政治の愚劣さを抑制するためにこれまで考案された最も有効な手綱なのである。[3]

この崇高な希望は、ほぼ二〇〇年後、ラテンアメリカの一人の知識人が書いたものの内容と符合する。経済が成長すれば衰退に対する許容度も高まるというように両者は正比例の関係にあるというのがより現実的に思われるのだが、彼は反対に、ステュアート同様、両者は反比例の関係になると予言した。

（コーヒー全盛時代以前の政策決定者は）生産高がたえず増大していく産物を中心に据えた意思決定がいまだにできないため、情緒的かつ空想的である。それは幼年期であり、遊びの時代である。コーヒーは、成熟をもたらし本気で取り組むことを教えるであろう。コーヒーは、自国経済を無責任に運営することをコロンビア人に許さない。観念的な絶対主義は消えゆき、穏和と中庸の時代の幕開けとなるだろう。……コーヒーは無秩序とは両立できないのである。[4]

サー・ジェームズ・ステュアートとニエト・アルテータは、経済成長と技術進歩が「専制政治」、「無秩序」、さらには無責任な行為全般に対するたしかな防護壁を作り上げるだろうという。二人の期待は歴史によって無惨にも打ち砕かれた。だが彼らのような考え方は、なかなか消えてなくならない。実際、こうした考え方は、現在幅広く信じられていること、つまり、核の時代には大規模な戦争は考えられないし、したがって起こりえないとする考え方と無関係ではない。

こうした論理展開をする人々が共通して仮定していることを簡単に述べると次のようになる。技術進歩は、社会の生存水準以上の余剰を増大させるとともに、きわめて複雑で繊細なシステムをもたらす。そのため、ある種の社会的錯誤行為の生みだす結果は、以前なら、不都合ではあっても何とか耐えられたが、もはや明らかに破壊的なものとなる。したがって、そうした錯誤行為はこれまで以上に厳しく締めだされるだろう。

その結果、社会は余剰状態にありながら、余剰状態にないとされてしまう。いいかえれば、社会は余剰を今現実に生産しているのであるが、余剰を生産しないとか、能力以下しか余剰を生産しないことが許されなくなる。こうなると事実上、社会的行為は、余剰がなく生存水準ぎりぎりの状態に置かれた場合と同じように、単純かつ厳密に規定され、制約されることとなる。

経済学者なら、こうした状況と完全競争モデルの類似性に気づかないはずがない。というのも、上述の状況と同じく、このモデルには根本的なパラドックスがあるからである。つまり完全競争モデルでは、社会全体としては十分な、そしておそらくは着実に増え続ける余剰を生産しているのであるが、それぞれ孤立していると想定される個別企業は、全体的にぎりぎりの状態にあり、その結果、わずかな過ちが破滅に至ることになっている。こうして、すべての企業は常に絶好調の状態で稼働するよう仕向けられるし、社会は全体として、経済的に有用な資源溢れる「生産フロンティア」（それは常に拡大し続けている）上で機能しているということになるのである。こうした厳しい緊張経済（*taut economy*）のイメージが、経済分析において特権的地位を占めてきた。完全競争というものが現実的土台をほとんどもたない純理論的構築物だと認識されている場合ですら、そうであった。

ここまで紹介したさまざまな所見は、結局のところ、人間が一つの症候群《シンドローム》に囚われているということ、すなわち、余剰を生産する自らの能力に対し人間が根本的に相矛盾する態度をとるということを意味している。人間は余剰を好むけれども、その代価を支払うことを恐れている。人間は進歩をあきらめるつもりはないのだが、他の生物と同じように、もっとも根元的な欲求を満たす必要に駆られ、それにのめり込んでしまうような場合、自らを支配してくれる単純で厳格な行動規範にあこがれる。こうしたあこがれこそが、楽園神話の根源となっているのではないだろうか。たしかに人間は他のあらゆる生物を厳しく制約する状況を脱した。だが、あまり公然と語られないとはいえ、これが進歩どころか、しばしば堕落と認識されることが、実際よくあるように思われる。そして、人間の想像力にもともと備わっているものではあるが、基本的には単純な機能が働くことによって、他の生物を制約する状況、つまり人間が本当に追い求めているのとはまったく正反対の状況をエデンの園に変えてしまったのかもしれないのである。(5)

しかし私たちは楽園を離れ、社会思想の世界に立ち戻らなくてはならない。というのも、私たちの話にはもう一つの側面があるからである。生存維持水準以上の余剰を生みだす能力をもつおかげで、ときには最大限生産可能な余剰以下しか生産しないことがありえるし、それは十分起こりうる。こうしたごく普通の考え方が、まったくみすごされてきたわけではない。実際、永続的緊張経済という伝統的モデルの傍らで、スラック(slack)経済理論の諸要素が用いられはじめている。ここで私は、失業の経済学、不況の経済学のことをいっているのではない。失業や不況といった現象に伴うスラックは、利潤や満足を極大化しようという熱意がおそらく低下していない企業や個人を悩ませる、マクロ経済レベルでの機能不全に端を発しているからである。また、営利企業、ことに巨大企業が真に極大化するものは何であるのかという議論、それは利潤なのか、成長なのか、市場シェアか、社会的評価か、はたまた、それらの機能が組み合わさったものなのかという議論のなかに現われるスラックの問題に言及しようというのでもない。こうした議論では、企業の行なうことが何であれ、「最善の」業績を計る規準が相当曖昧になりつつある場合でさえ、企業は最善を尽くすことが想定されているからである。そして最後に私は、個々の生産者や消費者はまじめに極大化行動をとっているにもかかわらず、独占的要素や外部性が存在するために社会的最適を生みだせないかもしれないと述べる膨大な文献には関心がない。ここでも、現実的アウトプットと潜在的アウトプットとの差異が、ミクロ経済レベルでの何らかの「神経衰弱」によるとは考えられていないからである。しかしながら近年、まさにこの衰弱の可能性に対し、関心が高まりつつある。
この分野の萌芽的貢献は、H・A・サイモンが、企業は通常、最大限可能な利潤率よりもむしろ、「満足のいく」利潤率を求めているにすぎないと述べたことにみいだされる。(6) こうした考え方をリチャード・サイヤート、ジェームズ・マーチは大いに支持し、一九六三年、共著『企業の行動理論』のなかで「組織スラック」という考え方を導入した。(7) ほぼ同じ時期、ゲイリー・ベッカーは、重要で、また経験的に十分実証されたミクロ経済学の原理（たとえば、個別商品に関し、市場需要曲線は右下がりになるという原理）について述べ、これらの原理はもともと、脇道に逸れることのない合理性という仮定に基づいて導きだされたものだが、そのなかには消費者・生産者の広範囲にわたる非合理的・非効率的行動と両立するものもあるとした。(8) スラックの重要性は、のちにハーヴェイ・ライベンシュタインによって、非常に包括的な形で確認された。(9) 最後の例を挙げよう。最近M・M・ポスタン教授は、多くの人が関心を寄せ論争を呼んだ論文のなかで、イギリスの経済的病弊を理解するには、誤ったマクロ経済政策ではなくミクロ経済的スラックに着目するほうがよいと主張した。彼は次のように述べている。

こうした……病弊の多く（おそらくは、ほとんど）の場合、病の原因は、経済という生き物の生活プロセス全体が、低貯蓄率や高物価水準、研究開発予算不足といった機能不全を起こしていることにあるのではない。むしろ、マネジメント、企画、販売方法、あるいは労働者集団の行動など、個々の細胞において、それぞれ固有の衰弱を起こしていることに病弊の原因がある。(10)

私はこうした一群の業績に非常に親近感を抱いている。というのも、発展の問題を扱う際、これらと似たような立場に立っていたからである。『経済発展の戦略』（一九五八年）の基本命題は、「発展に重大な影響を与えるものとして、所与の資源や生産要素についての最適結合を見つけるよりも、むしろ、隠された、散在している、もしくは利用の拙劣な資源や能力を、発展目的に即応して喚起し協力させることの方が重大である」ということであった。[11] そして、スラックというタームが実際私のペンによって書かれるに至ったのは、後年、C・E・リンドブロムとの共著論文において、『経済発展の戦略』の本質的議論をかいつまんで述べたときである。

どのような時点においても、経済資源の総量は、厳格に固定されているとみなされるべきではない。民間の企業家、公的機関を奮い立たせる、部門間の不均整が発展を特徴づけるようになれば、より多くの生産資源、生産要素が働きはじめるであろう。

……ここでの議論において、決定的に重要で現実的でもある想定とは、経済には何らかの「スラック」が存在するということ、つまり、追加的な投資、作業時間、生産性、意思決定は、圧力機構によって、経済から搾りだすことができるということである。[12]

スラックの説明では、これまでさまざまな理由づけが行なわれてきた。ライベンシュタインが強調したのは、生産関数に不確実性がともなうということ、および経営その他の技能が市場において売買不可能であるということである。サイヤートとマーチの議論の主眼は、生産要素を調達し製品を生産して市場にだすためにはさまざまな集団間で提携が必要になることにあり、彼らはその（不安定な）提携を行なう集団間に生じる交渉過程に注目した。同じように私が強調したのも、発展の意思決定に必要な企業家的行動や協力的行動を妨げる障害が存在するということであった。

通常、個々の経済主体、したがってまたその経済全体は、可能だと思われているほどうまくは機能しない。こうしたことに気づいた人がこの衝撃的発見に対し起こすと思われる反応は、大きく二つに分かれる。すぐさま生じる、もっともはっきりした反応は、スラックを吸い上げ、緊張経済という理想状態を取り戻すための方法・手段を何としても探しだそうとするものである。競争圧力が足りないと思われる場合は、まさに潜在能力に近い業績を導く方法とみなされるのである。逆境の圧力にさらすことが選ばれるだろう。[13]頻繁な環境変化が、「緩みのない」状態を企業に促し、まさに潜在能力に近い業績を導く方法とみなされるのである。[14]イノヴェーションに関していえば、それを誘発し関心を高めるうえで、ストライキや戦争が効果的な働きをすることが強調されてきた。[15]私が自らの研究において注目したのも、部門間・部門内の不均整といった圧力メカニズムであり、また、業績不振に対して重いペナルティが課されたり、そもそも業績不振をまったく許さないような生産過程であった。[16]そして最後に、社会革命を唱える人たちが、この種の思想系譜に貢献してきたことを挙げておこう。満ち溢れていながら今は休眠し、あるいは抑圧され、疎外されている人々のエネルギーを呼び起こし解放するのは、革命的変革だけであるというのが、彼らのもっとも魅惑的な議論の一つであった。[17]

一方、スラックの発見に対し、まったく異なった反応が生まれるのは、発見者が最初の衝撃を乗り越え、自らにこう問いかけたときである。結局のところ、スラックとは、何か良いものであるのかどうか、すなわち、スラックという禍を転じて福となせるのかどうか、と。たとえ意図されなくても、また潜在的なものであっても、スラックが何か重要な機能を果たすのではないかという考え方は、サイヤートとマーチによって提唱された。スラックが存在することによって、企業は市場その他における不利な展開を乗り切ることができると、彼らは指摘した。こうした逆境期に、スラックは頼りになる蓄えのように機能する。つまり、スラックの存在によって、超過コストはやがて削減されるし、企業がすでに手がかりをつかんでいたイノヴェーションがついには導入されるようになる。さらには、それまでは避けられてきた、より積極的な販売行動に取り組むといったことも可能になる。そして、これときわめてよく似た論法で、政治システムにおけるスラックも合理的とされてきた。市民は通常の場合、自らの政治的力量のごく一部しか行使しない。このことに気づいたとき、民主主義が機能するにはすべての市民が可能なかぎり参画することが必要であると信じ込んできた政治学者は、はじめは驚き、また失望した。だがすぐに彼らは悟った。ある程度の無関心にはそれを埋め合わせる利点がある。つまり、ある程度の無関心は、政治システムの安定性や柔軟性に貢献するとともに、危機的状況のもとでの闘いに投入されうる政治的力量の「蓄え」となることに気づいたのである(18)。

以上述べてきたように、スラックの発見に対する直接的反応は、一定レベルのスラックの合理性を主張するか、逆境・不均衡・革命などの外生的力によって過度のスラックを根絶する方法を模索するかのどちらかであった。どちらのアプローチも、個人・企業・組織について、実際の業績と達成可能な業績との間にあらかじめ一定分量存在するギャップとしてスラックを観察している。本書では、スラックが重要であり、それがあちこちに広がっていることを認識するために、一歩進めて、より徹底的《ラジカル》な立場に立つ。すなわち本書では、スラックは、とにもかくにも世に生まれでて、すでに一定量存在しているというだけではなく、余剰を生みだす人間社会のある種エントロピー的特質の結果、それがたえず生みだされ続けている、と考える。「たえず生まれてくるスラック生産者がいる」というのが本書の標語となるだろう。企業、その他の組織は、それらが機能する制度的枠組みがいかにうまくつくられていようと、衰退や衰弱、すなわち合理性・効率性・余剰生産エネルギーが徐々に喪失していく状況にいつも、そして不意にさらされると考えるのである。

衰弱を、いったん発生すれば常に存在し続ける力とみなす、この徹底した悲観主義は、その治癒策をも生みだす。というのも、衰弱が局部的には常に目立っているにしても、全体を常時支配している状況にないかぎり、衰退の過程そのものが一定の拮抗力を活性化する可能性が高いからである。

経済学と政治学を特徴づける離脱と発言

回復のこうした内生的諸力の性質・強さを検証する際、すでに述べたように、私たちの研究は、二つに枝分かれしている。相互に排他的ではないにせよ、離脱と発言という対照的な二つのカテゴリーが経済学と政治学という、より根本的な分立を忠実に反映していないとすれば、収まりがつかないだろう。離脱は経済学の領域に属し、発言は政治学の領域に属している。ある企業の製品に不満を感じ他の企業の製品に切り替える顧客は、自らの厚生を保持したり状況を改善するために市場を利用し、さらにまた、他社と比較して業績が落ちている企業に回復をもたらす市場諸力を稼働させる。経済学はまさにこのメカニズムを対象とし発展してきた。それは、人が離脱するか否かのどちらかという点ではっきりとしている。またそれは、予測できずどうなるかわからない要素を抱えながら顧客と企業が直接対峙することはいっさいない、という意味で非人格的である。したがって、ある組織がうまくいっているのか、失敗しているのかは、統計上の数字をとおしてその組織に伝えられる。さらに、衰退する企業の側のいかなる回復も、商品切り替えという顧客側の決定が生みだす意図せざる副産物であり、「見えざる手」のおかげであるという意味で、それは間接的なものである。発言は、これらすべての点において、まさに離脱の対極にある。発言は、弱々しい不満の声から激しい抗議行動にいたるまで程度に差があるため、離脱よりもはるかに「ごたついた」概念である。それは、スーパーマーケットの苦情受付箱に一人「こっそりと」投書するというよりも、むしろ自らの批判的見解をはっきりと表明するということを示唆している。そして最後に、それは、回りくどいというよりも、直接的で率直なものである。発言とは、すぐれて政治的な行為なのである。

もともと経済学者は、自らのメカニズムがはるかに効率的で、実際上、真剣に取り扱われるべき唯一のものと思い込む傾向にある。こうした偏見は、公教育に市場メカニズムを導入することを説いたミルトン・フリードマンのよく知られた論文に如実に示されている。フリードマンの提言のエッセンスは、学齢期の子供をもつ親に特定目的のヴァウチャーを配布するというものである。このヴァウチャーを使い、親は私企業が競争的に供給する教育サーヴィスを購入できるというわけである。こうした計画を正当化するため、彼は次のように述べている。

> 親は、ある学校から自分の子供を退学させ別の学校へ転校させることによって、学校に対する自らの考え方を今よりもはるかに直接的に表明できるだろう。現在、一般的には、転居する以外に親はこうした手段をとりえない。あとは、厄介な政治的経路を通じて自分たちの意見を表明できるにすぎない。[19]

ここでフリードマンの提言のメリットについて議論するつもりはない[20]。それよりもむしろ、私がこうした一節を引用しているのは、それが離脱を好み、発言を嫌う経済学者の偏見を示す、ほとんど完全な事例だからである。まず第一に、フリードマンは、ある組織に対し快く思っていないことを表明する「直接的な」方法として、退去、つまりは離脱を想定している。経済学の訓練をさほど受けていない人ならば、もっと素朴に、考えを表現する直接的な方法とは、その考えを言明することじゃないか、と思うことだろう。第二に、フリードマンは、自らの考え方を発言すると決めて、それを広く訴えようと努力することなど、「厄介な政治的経路」に頼ることだと、侮蔑的にいい放っている。だが、まさにこうした経路を掘り起こし、それを利用し、望むらくはそれをゆっくりとでも改善していくよりほかに、政治的で、まさに民主主義的なプロセスがあるだろうか。

国家から家族にいたるまで、およそ人間の関わるすべての制度において、発言は、いかに「厄介な」ものであろうと、その制度に関係するメンバーが日常的につきあっていかなければならないものなのである。注目すべきことに、今現在、問題にぶつかりながらも、大都市において公立学校をよくしようと大きな努力が払われている。公立学校をその構成員の要望に、もっと応えられるものにしようというのである。その際、公立学校システムにおける構成員と管理者とのコミュニケーションを以前ほど「厄介」でなくするための手段として提唱され、取り組まれてきたのが分権化である。

だが盲点、つまり（ヴェブレンのいう）「訓練された無能力」に陥り、二つのメカニズムのうち一方の有効性を認識できなくなっているのは、経済学者だけではない。実際、政治学の分野で、離脱は、経済学の分野における発言よりもはるかに不適切な扱いを受けてきた。離脱は、ただ単に非効率だとか「厄介」であるとかにとどまらず、罪深いものという汚名を着せられることが多かった。というのも、それが逃亡、離反、裏切りと決めつけられてきたからである。

典型的な市場メカニズムと典型的な非市場・政治メカニズムの両者が、ときには調和的に、それぞれの機能を高めあうように働き、ときには邪魔をしあい、それぞれの効率性を低下させるように働く。この相互作用の様子を観察するという特別な機会を生かそうとするなら、どちらの側も、あまりに一方に入れ込んだり、偏見を抱いたりしないようにする必要があるのは明らかである。

市場力と非市場力のこうした相互作用をつぶさに観察すれば、経済学のある分析ツールが政治的現象を理解するのに役立つこと、そして逆の場合も同じであることが分かるだろう。そしてさらに重要なことに、この相互作用を分析することによって、経済学・政治学それぞれ個別の分析によるよりも、社会の動きがより完全な形で理解できるようになるだろう。こうした観点からすると、本書は、『経済発展の戦略』における叙述の多くが依拠していた論法を新しい分野に適用したものとみなすことができる。

どんな不均衡状態であれ、市場力の作用だけで均衡が回復するかどうか、という問題を延々と議論するのが経済学者の伝統であるように思われる。たしかにそれはおもしろい問題である。しかし、社会科学者としての私たちは、もっと大きな問題、すなわち、いやしくも不均衡状態が是正されるのは、市場力と非市場力のいずれによるのか、それとも両者の共同作用によるのかという問題を取り上げねばならない。非市場力が必ずしも市場力よりも非「自動的」ではないというのがここでの論点なのである。(21)

ここで私が関心を抱いていたのは、均衡の攪乱、および均衡への復帰である。ケネス・アローは、最適を満たさない状態から最適な状態への移行について、これときわめて似かよった議論を展開している。

> ここで私は次のような見方を提示する。すなわち、市場が最適状態を達成することに失敗する場合、社会は最適状態とのギャップを少なくともある程度は認識するであろうし、そのギャップを架橋しようとして非市場的な社会制度が生まれるだろう。……このプロセスは必ずしも意識的なものとはかぎらない。(22)

アローも私も急いで付け加えたように、こう考えていたからといって、どのような不均衡状態・非最適状態であっても、市場力と非市場力を組み合わせれば取り除くことができるということをいいたかったのではない。また、この二つの力が相反する方向に作用する可能性を排除するものでもない。そうではなくて、上述したのは、まったく不適切なものになるかもしれないにせよ、二つの力が結びつく余地を残そうという考え方である。これまでは、自由放任主義も介入主義も、市場力と非市場力を厳密にマニ教的な二元論でもってとらえようとしてきた。一方にとって良い力は他方にとって悪い力であるといった具合に理解されてきたのである。

本章の結論を述べよう。離脱と発言、つまりは、市場力と非市場力、経済的メカニズムと政治的メカニズムとは、文字どおり対等な力と重要性をもつ二つの主役として導入された。これを基礎として議論を展開していくなかで、私は、政治学者には経済的概念の有用性を、そして経済学者には政治的概念の有用性を知ってもらいたい。こうした相互関係は、最近の学際的研究業績には欠如している。というのも、経済学者は、稀少性、資源配分といった現象を分析するために開発された概念が権力、民主制、ナショナリズムといった多様な政治的現象を説明するのにもうまく使えると主張するばかりだったからである。こうして経済学的な概念が隣接する学問分野において地歩を築き上げることに成功する一方、政治学者は、ことさら植民地化されたいという素振りをみせたり、ときには自ら進んで侵略者に迎合することもあった。豊富な分析道具を有する経済学者に対する政治学者の劣等感に匹敵するのは、物理学者に対する経済学者の劣等感ぐらいのものである。おそらくはここで一人の経済学者が立ち上がり、虐げられた仲間が再び自分たち本来の姿に目覚め、誇りを取り戻せるように、そして、彼らの概念もまた、ただ威厳をもっているだけではなく今も光り輝いているのだという自信を与えられるようにしなければならないだろう。これが本書の副産物となってくれればと考えている。

（1）　独占企業、あるいは独占的競争の下で活動している企業についても同様である。業績の低下は、費用の増大とその結果としての価格上昇に反映されるか、あるいは品質低下と価格上昇の両方に反映される。これに対し、完全競争市場によって価格と品質がともに厳格に決められている場合には、価格や品質が変化する事態は除外される。つまり、こうした明らかに非現実的な状況では、業績の低下は、価格と品質は変わらないまま企業純益の低下に直結するような、費用の増大をとおしてしか現われてこない。したがって完全競争のもとでは、経営者は自らの失策を企業内部で生みだされる財務的証拠から直接知ることになるし、それによってしか知ることができない。その企業の問題にまったく気づいていない顧客を媒介として失策を悟るということがないのである。ここで描かれた現象に対し、これまで経済学者が注意を払ってこなかったのは、おそらくこうした現象を位置づけようがなかったからである。

（2）　John Hurrell Crook, "The Socio-Ecology of Primates," in J. H. Crook, ed., *Social Behaviour in Animals and Man.*（ロンドンのアカデミック・プレス社から刊行予定（訳注二）。）引用された一節は、次の研究から要約したものである。Hans

Kummer, "Social Organization of Hamadryas Baboons," *Bibliotheca Primatologica*, no. 6 (Basle: S. Karger, 1968).

（3） Sir James Steuart, *Inquiry into the Principles of Political Oeconomy*, I, 277, 278-279, Chicago: University of Chicago Press, 1966.（小林昇監訳『経済の原理—第一・第二編』名古屋大学出版会、一九九八年、二九一頁、二九三頁。ただし邦訳書中の訳注番号は省略）

（4） Luis Eduardo Nieto Arteta, *El café en la sociedad colombiana* (Bogotá: Breviarios de orientación colombiana, 1958), pp. 34-35. 著者の死後に出版されたこの論文は、「ラ・ヴィオレンチア」として知られる血なまぐさい市民暴動勃発のわずか一年前に書かれたものであり、ちょうどサー・ジェームズ・ステュアートがナポレオン台頭の直前に専制政治の超克について書いた状況に似ている。

（5） サミュエル・ジョンソンは、「アビシニアの幸福の谷」の寓話のなかで、こうした考え方を示唆している。ラセラス王子は、楽園のような谷で、なぜ自分が不満を感ずるのかを最初に分析したとき、次のような言葉で、自らの置かれた状況と放牧された山羊の状況とを比較している。「人間と他のすべての動物との違いは何であろうか。傍らでさまようどんな動物にも、私と同じ肉体的欲求がある。腹が減れば草を食み、喉が渇けば小川の水を飲んで、渇きを潤し、空腹を満たす。満足して眠り、また目を覚まし、腹を減らす。するとまた食べて休息する。私も動物たちと同じように、腹も減れば喉も渇く。だが渇きや空腹が収まっても、私は安息することがない。動物と同じように欲望に苛まれるが、私は動物と違って完全に満たされることがないのである。」(Samuel Johnson, *Rasselas*, II.)

（6） H. A. Simon, "A Behavioral Model of Rational Choice," *Quarterly Journal of Economics*, 69: 98-118 (1952).（宮沢光一監訳『人間行動のモデル』同文舘、一九七〇年、第一四章。）関連するテーマについて、完全に忘れられている初期の実証研究がある。それは、『ビジネスにおける凡庸の勝利』（*The Triumph of Mediocrity in Business*）という意味深長なタイトルが掲げられ、ホーレス・セクリスト（Horace Secrist）が一九三三年、ノースウェスタン大学ビジネス・リサーチ局から出版した著書である。丹念な統計的検証に基づき、この著作では、一定期間にわたり、高業績をあげていた企業が平均すると衰退を示すようになり、低業績しかあげられなかった企業が改善を示すようになるということが述べられている。

（7） Richard M. Cyert and James G. March, *Behavioral Theory of the Firm* (Englewood Cliffs, N. J.: Prentice-Hall, Inc.,

1963).（松田武彦・井上恒夫訳『企業の行動理論』ダイヤモンド社、一九六二年）

（8） Gary S. Becker, "Irrational Behavior and Economic Theory," *Journal of Political Economy*, 52: 1-13 (February 1962).

（9） Harvey Leibenstein, "Allocative Efficiency versus X-Efficiency," *American Economic Review*, 56: 392-415 (June 1966).

（10） M. M. Postan, "A Plague of Economists?" *Encounter* (January 1968), p. 44.

（11） A. O. Hirschman, *The Strategy of Economic Development* (New Haven: Yale University Press, 1958), p. 5.（小島清監修・麻田四郎訳『経済発展の戦略』巌松堂出版、一九六一年、九頁）

（12） "Economic Development,(訳注三) Research and Development, Policy Making: Some Converging Views," *Behavioral Science*, 7: 211-212 (April 1962).

（13） Leibenstein, "Allocative Efficiency versus X-Efficiency." 参照。

（14） Charles P. Bonini,(訳注四) "Simulation of Information and Decision Systems in the Firm" (unpub. diss. Carnegie Institute of Technology, 1962).

（15） Nathan Rosenberg, "The Direction of Technological Change: Inducement Mechanisms and Focusing Devices," *Economic Development and Cultural Change*, 18 (October 1969).

（16） Hirschman, *The Strategy of Economic Development*, chs. 5-8.（前掲訳書、第五章―第八章）

（17） たとえば、ポール・バランの *The Political Economy of Growth*, New York: Monthly Review Press, 1957.（浅野栄一・高須賀義博訳『成長の経済学』東洋経済新報社、一九六〇年）を参照せよ。

（18） 本書三六―三七頁参照。

（19） "The Role of Government in Education," in Robert A. Solo, ed., *Economics and the Public Interest* (New Brunswick, N. J.: Rutgers University Press, 1955), p. 129. この論文は改訂されて、フリードマンの『資本主義と自由』第六章に収められている（M. Friedman, *Capitalism and Freedom*, Chicago: University of Chicago Press, 1962. 熊谷尚夫他訳『資本主義と自由』マグロウヒル好学社、一九七五年）。引用した個所は、原著九一ページ（邦訳一〇四頁）に手を加えられないまま掲載されている。傍点の強調は、私自身によるものである。

（20） この点に関するすぐれた議論については、次の文献を参照のこと。Henry M. Levin, "The Failure of the Public

Schools and the Free Market Remedy," *The Urban Review*, 2 : 32-37 (June 1968).

(21) Hirschman, *Strategy*, p. 63.（前掲訳書、一一一―一一二頁。）強調個所は原著のままである。

(22) Kenneth Arrow, "Uncertainty and the Welfare Economics of Medical Care," *American Economic Review*, 53 : 947 (December 1963).

(訳注一) ここで言及されたテーマにハーシュマンが正面から取り組んだ著作が、*The Passions and the Interests: Political Arguments for Capitalism before Its Triumph*, Princeton : Princeton University Press, 1977.（佐々木毅・旦祐介訳『情念の政治経済学』法政大学出版局、一九八五年）である。このなかで彼は、思想史上における市場経済擁護論をたどり、そうした擁護論が、宗教や理性で人間の「情念」をコントロールするのではなく、戦争や血なまぐさい革命といった、より破壊的な情念に、金儲け、利益追求という、より穏和な情念を対抗させ、それによって破壊的情念を抑制しようとする意図のなかから生まれてきたとしている。そして、商業の拡大が穏和な政治体制をもたらすこと、経済の拡張にともない複雑化する経済システムの要求する「微調整」が気まぐれな権力の濫用を抑制することが期待されていたと結論づけた。

(訳注二) その後、この本は、J. H. Crook, ed., *Social Behaviour in Birds and Mammals*, London : Academic Press, 1970. として出版された。

(訳注三) 本論文は、のちに、A. O. Hirschman, *A Bias for Hope : Essays on Development and Latin America*, New Haven : Yale University Press, 1971. に収められた。

(訳注四) この論文は、Charles P. Bonini, *Simulation of Information and Decision Systems in the Firm*, Markham Publishing Company, 1967. として公刊されており、邦訳もなされている（柴川林也訳『企業行動のシミュレーション』同文舘、一九七二年）。

第二章　離　脱（Exit）

消費者が離脱オプションを利用でき、頻繁にそれを行使するのが「通常の」（不完全）競争の特徴である。そこでは企業は、競争相手がいるものの、価格設定についても品質設定についても、何らかの許容範囲を享受している。したがって、品質決定能力についていうなら、ある程度までは品質の劣化も許容される。すでに述べたように、離脱オプションは、一般にそれ固有の力強さがあると考えられている。離脱は、怠慢な経営に対し収益の低下という罰を科すことによって、「素晴らしき精神の集中」を誘発すると期待されている。つまり、縛り首になることが分かっている場合、人の内面に生ずるであろうとサミュエル・ジョンソンが書いた、あの精神状況に似たものを誘発すると考えられているのである。（訳注一）

しかしながら、離脱オプションが本当のところどのように機能しているのかについては、競争に関する膨大な文献を真剣に検索した結果から判断すると（断片的な検索となることは避けられなかったとはいえ）、それほど注目されてこなかった。(1) ほとんどの論者は、競争のもつ「圧力」や「規律」について一般的に言及するにとどまっているからである。

「自由企業体制」を弁護する文献であるにもかかわらず、その体制の大きな長所の一つと考えられるものが、このように無視されているのは、特に驚くべきことであろう。だがその理由の一部は、すでに示唆したとおりである。競争に備わる活力増進機能を礼賛する人たちは、競争システムが人々をいつも最高の状態で働かせると信じ込んでおり、それに失敗することがあるなど認めたがらない。それでもある企業において、そうした失敗が生じたとすれば、その企業は死を招く病に冒されており市場という舞台から降りるしかない。その一方で、意気軒昂な新参者がそれにとって代わろうと手ぐすね引いて待ちかまえているはずだ。事実上このように想定しているのである。ガルブレイスはこれをあざ笑い、「アメリカ経済を、年老いて落ちぶれたものが若くて元気のいいものに常にとって代わられている生物学的プロセスと見なす考え方」と述べた。[2] こうした考え方だと、一時的で治すことが可能な過失、つまり本書でその重要性を強調している過失からの回復を、競争はどのように手助けするのかということを議論する余地は残されていない。競争企業の擁護者たちは、自分たちの体制を擁護しようと無理な権利を主張するあまり、それが支持されるために指摘されるべき、より本質的なポイントの一つを見落としてきたように思われる。

他方、経済学の専門的な文献が大きな関心を寄せてきたのは、静態的な枠組みのなかで、競争的市場構造が効率的な資源配分をもたらす条件、あるいはそれに失敗する条件を論じることであった。競争の非静態的な側面、つまりイノヴェーションや成長を生みだす能力についても、まだ確定した結論には達していないとはいえ、詳細に研究されてきた。だが、私がこれまで確認したかぎりでは、それに関連した問題の研究、すなわち、効率性・業績・成長といった点で「正常な」状態から逸脱した企業を競争はどのようにして元に戻せるのかという問題についての研究は、体系的なものであれ、断片的なものであれ、あるいは、理論的なものであれ、実証的なものであれ、行なわれてこなかった。[3]

離脱オプションはどのように機能するのか

こうした研究に必要な概念的要素は、簡単なものである。第一に必要なのは、よく知られている需要関数に変更を加えることである。すなわち、購買量が価格に依存するのではなく、品質の変化に依存するというように変更される。価格の変化が需要に与える影響を考える際、通常、品質は不変と仮定される。これと同じように、品質が低下している場合、価格は不変と仮定するのがここでは便利である。費用もまた一定であるとする。というのも、定義上、品質の低下は、偶発的な効率性の低下によるものであり、品質を落とすことによって費用を削減しようという企業側の意図的行為によるものとは考えられていないからである。こうした条件の場合、品質低下に対する消費者の離脱はどのようなものであれ、企業収益の低下をもたらす。そしてもちろん、離脱が大規模になればなるほど、どんな品質の低下にともなう収益の下落も大きくなる。価格上昇の場合、一部顧客の離脱があっても企業全体としては収益増大をもたらすこともありえるが、品質低下の場合、収益は、せいぜいのところ不変、通常は品質が下がれば下落するであろう。(4)

第二に、顧客が逃げだしているのに気づくとすぐに経営者が欠陥の修復に取り組むという具合に、売上の低下と品質の向上の関係を表わす、経営者側の反応関数が存在するものとする。こうした関係をもっとも簡単に描きだすには、非連続的な三つの価値関数を考えればよいだろう。収益の微々たる低下には何ら反応は起きない。中程度の低下なら［経営側の反応により］収益は完全に回復する。そして、収益の低下が通常売上高の一定部分以上の大きさになった場合、回復は見込めない。つまり、ある限界を超えると、損失が著しく企業を弱体化させるため、何らかの救済策が功を奏するよりも前に倒産してしまう。(5)

［以上のことを踏まえ］ここで離脱関数と反応関数との相互作用について、具体的に述べることができる。品質の低下がある場合、それは実際に回復に向かう程度の大きさであることが望ましい。品質の変化に対し需要が

あまりにも非弾力的である場合、収益低下はごくわずかなものとなる。したがって、何か間違ったことが起こっているというメッセージを企業が受け取ることがないのは明らかであろう。だが需要が非常に弾力的な場合も、回復のプロセスは生じない。なぜならこの場合、企業は、自らが何に見舞われているのかをみつけだし、対策を打つための時間がほとんどないままに一掃されてしまうからである。これは「多すぎて早すぎる」(too much, too soon)ケースである。したがって、企業の回復能力が実際に機能するためには、需要の品質弾力性は、大きすぎたり小さすぎたりしないことが望ましい。この命題は、直感的に明らかなのだが、次のようにも表現できる。競争(離脱)が業績悪化からの回復メカニズムとして機能するためには、企業は一般に、機敏な顧客と緩慢な顧客とを併せもつのが一番よい。機敏な顧客は、回復に向けた努力をはじめさせるフィードバックメカニズムを企業に与える。一方、緩慢な顧客は、こうした努力が実を結ぶために必要な時間的・金銭的余裕を与える。もちろん、伝統的な考え方に従えば、顧客が機敏であればあるほど、競争市場の機能は向上する。だが競争を一つの回復メカニズムと考えれば、一部顧客の離脱は、そのメカニズムが起動するのに欠かせないとはいえ、品質の低下に気づかない、あるいは、それに対して平静を保つ顧客がいることも重要だということが分かる。すべての顧客が『消費者レポート』(*Consumer Reports*)の熱心な読者であったり、比較しながら買い物することを心がけているような人たちだとすれば、破壊的な不安定状況が生じ、企業はたまたま生じた衰退から回復する機会を逸することになる。

すでに述べたように、完全競争[モデル](数多くの厳密な前提条件の一つとして消費者側の完全な知識が想定されている)では、企業は有効な矯正メカニズムをけっして失わない。なぜなら、業績の低下は、品質や価格を経由することなく、(費用が増大するために)直接、収益の低下に現われるからである。だがここで、完全競争モデルからほんの少し逸脱した[準完全競争の]状態を考えてみよう。ここでの企業には品質の変化について一定の許容範囲がある。この場合、業績の低下は品質低下の形をとりえる（またおそらくその可能性が高い）。したがって、企業の販売市場が非常に競争的であれば、つまり、情報が非常に豊富な買い手に満ち溢れているとすれば、品質を低下させた企業は、すぐさま生存競争からはじきだされてしまうだろう。いいかえれば、有効な回復メカニズムは、完全競争の世界にはあるが、準完全競争の世界にはない。品質に関する許容性は企業にはないという考え方を放棄すれば（現実的には多くの場合、そうせざるをえないのだが）、最適な解決策は、完全競争の世界に近いところではなく、そこからかけ離れたところに存在することになる。完全競争の方向にだんだんと移行することが、必ずしも改善にはつながらないからこそ、ここでセカンド・ベストの議論に全力で取り組まなくてはならないのである。

共謀行動としての競争

需要の品質弾力性がどうあれ、もし企業が古くからの顧客を失いながらも新規顧客を獲得すれば、離脱は、個別企業に収益低下をもたらさないであろう。だが、産みだすものの質を低下させている企業がなぜ、とにもかくにも新たな顧客を引き寄せるのだろうか。この一見ありそうにないことが生じる状況を考えることは実際に可能である。すなわち、同一産業内のすべての企業が、揃いもそろって同じ品質の低下に見舞われた場合、各企業は、これまでの一部顧客を競争相手に奪われながらも、他社に不満を抱いた客の一部を獲得する。こうした状況において、離脱オプションは、自らの失敗を経営陣に気づかせるには効果がなく、すべての企業を合併してしまうのが社会的にみて望ましいことのように思われてくる。つまり、競争に代わって独占の長所が際立つこととなる。というのも、この場合、顧客の不満は、独占的経営陣に直接向けられるだろうし、おそらくは、経営の改善において何らかの効果があるような形で表わされるのに対し、競争状態ではそうならないからである。競争状態において不満は、衰退している似たような企業の間を顧客が群れをなして右往左往するという無駄を生むだけであり、軌道を外れているというシグナルは、どの企業にも伝わらない。

もちろん、ある特定の産業類型におけるすべての企業が揃いもそろって同じ品質低下に見舞われるなど、ほとんどありえないことであろう。上述した状況は、ほんの少し修正すれば、より現実味を帯び妥当なものとなる。他社と競合しながら生産された新製品の欠陥や有害な副作用のなかには、使ってみないと分からないものもある。この場合、競合するさまざまな生産者がいると述べたところで、それは、等しく欠陥をもったブランドを取っ替え引っ替え試してみる消費者の行動を長引かせるだけであり、したがって、当該製品の改善に向けて効果的な行動をとるよう生産者に圧力をかけることを遅らせるだけである。こうした状況における競争は、消費者を不平不満から遠ざけるため、生産者にとっては何とも便利である。つまり、あたかも競争によって生みだされるかのように思われるが、実際には存在しない改良製品を追い求めることに消費者のエネルギーを逸らしてしまう。このような環境では、生産者たちは競争を縮小することよりも、むしろ維持することに共通の利益を有するのであって、ことによると、この目的に向けて共謀行為を働いているかもしれない[6]。

これまでの議論は、競合するさまざまな企業が生みだす製品に満足のいかない特徴があれば、それらは、いろいろな圧力を通じ、またそれを契機に解決策が模索されることによって、取り除けるということを前提としてきた。だが、この前提に立たなくても、競争を通じた解決策は、やはり、単一の企業が唯一の生産者であるような状況における解決策よりも劣るであろう。というのも、この場合、数多くの企業が存在していることが、「隣の芝生はいつも青い」という永遠に続く錯覚、つまり、競争相手の製品を買えば欠陥製品から逃れられるという錯覚を抱かせてしまうからである。独占の場合には、消費者は逃れようのない欠陥と共存する術を学ぶであろうし、ありもしない「改良」製品を闇雲に追い求めるのとは別のところに幸せを探し求めるであろう。

身の回りの経済活動・商取引のなかに、ここまで述べてきた状況にあてはまる事例があるかどうか、読者には分かるはずである。[7] しかしながら、営利企業以外の組織にも前述の考え方が妥当するということに関して、若干のコメントをしておこう。ここで重要なのは次の点である。すなわち、競争とは、競合する企業同士がそれぞれの顧客を互いに誘いだす結果をもたらすだけかもしれないこと、そして、誘いだすだけの結果に終わっているとすれば、競争、製品の多様化とは、それだけ無駄が多く、注意をはぐらかせるものだということである。特にこのことがあてはまるのは、競争状態になければ、消費者が経営陣により効果的な圧力をかけ、製品の改善を促すことができるような場合、あるいは「理想的な」製品の追求という無駄なことにエネルギーを費やさないですむ場合であろう。こう述べればすぐにわかるだろうが、競争的な政治体制もしばしば、まさにこうした形で描かれてきた。安定的な政党体制を有する社会に対するラジカルな批判者は、支配的な政党同士の競争が「実際には選択になっていない」と非難することが多かった。競争的な政党体制がない場合のほうが、市民が社会や政治の根本的変革（とりあえず、こうした変革は望ましいものとしておく）をうまく成し遂げられるのかどうか。このことは、もちろんいまだ決着のついていない問題である。だがそれでもやはり、競争的な政治体制には、さもなければ革命を助長しかねない状況を、支配政党に対する穏和な不満の表明に巧妙に変えてしまう能力がかなりあると、ラジカルな批判者が指摘している点は正しい。こうした能力は、通常の場合、資産なのかもしれないが、それが負債に逆転するような状況もたしかに考えられるのである。

ここでの論点をより具体的に示す事例は、アメリカにおける労働組合運動の歴史にみいだせる。一九五五年のＣＩＯ（産業別会議）とＡＦＬ（アメリカ労働総同盟）との合併の準備段階となったのは、その二年前に双方の間で交わされた不可侵協定であった。この協定文書は、工場における公認交渉団体としての証明を発行する全国労働関係局（National Labor Relations Board）に対して、ＣＩＯ・ＡＦＬ両組織所属組合が提出したすべての申請書を二年間にわたり調査した統計的研究に触れている。それによれば、ほとんどの申請は不首尾に終わり、認可された申請も、ＡＦＬ系組合を排除するＣＩＯ側の申請とＣＩＯ系組合を排除するＡＦＬ側の申請がほぼ同数であった。報告書に述べられているとおり、こうした結果からは、「ＡＦＬ系組合とＣＩＯ系組合との引抜き合戦は、直接これに関わる組合にとってのみならず、労働運動全体にとっての最善の利益を損なうとの結論を導きださざるをえない。[8]」こうした結論の理由として、その文書が明示しているのは、成功したにせよ、しなかったにせよ、引抜き合戦の結果、労働者の間に不安と分裂が生じるということであり、また、労働組合運動は引抜き合戦よりも未組織労働者の組合加入促進にエネルギーを注ぎ込むほうが望ましいということである。こうした結論の根底には、離脱‐競争がもたらす効率性向上という利益よりも、この場合、その不利益のほうが上回っているという判断があり、おそらくは、そうした利益は別のメカニズム、すなわち発言によって確保しやすくなると想定されている。ここで、この発言というメカニズムをさらに詳しく検討せねばならない。

（1）　この膨大な文献の検索は、デイヴィッド・S・フレンチによって行なわれた。

（2）　John Kenneth Galbraith, *American Capitalism: The Concept of Countervailing Power* (Boston: Houghton Mifflin Co., 1956), p. 36.（藤瀬五郎訳『アメリカの資本主義』時事通信社、一九五五年、四九頁）[訳注二]

（3）　ジョン・モーリス・クラークは、競争が果たすべき機能の多様性について非常に鋭い感覚をもっていた人物だが、その彼がまさに次のように述べている。「もう一つ望ましいこととは、損失が膨らんで企業資産が食いつぶされ、回復が困難ないし不可能という事態にならないように、競争が企業の注意を喚起し続け、生産過程や製品の非効率性を排除すべきだということである」(John Maurice Clark, *Competition as a Dynamic Process*, Washington: Brookings Institution, 1961, p. 81. 岸本誠二郎監修・瀬地山敏他訳『有効競争の理論』日本生産性本部、一九七〇年、八一頁)。クラークは、自著の第四章「私たちは競争の果たすべき役割として何を望んでいるのか」のなかで、競争の十大機能と自ら考えたものをある程度論じてはいる。だがそこには不思議なことに、弱っている企業を救済するという機能はない。上記引用文は、「非効率的要因の排除」と題された節の末尾で、後知恵といってもいいぐらいの扱いで述べられている。その節では主に「競争に求められる不愉快な仕事」を扱っており、弱っている企業は健全経営を回復させるべきものというより清算されるべきものとされている。

（4）　品質の変化に対し需要と収益がどのように応答するかということは、伝統的な表の縦軸が価格上昇ではなく、品質低下を表わすように設定すれば、通常の右下がりの需要曲線によって図示できる。これは補論Aの図2で示してあり、上の図において、品質低下が収益にもたらす影響が示されている。この図で明らかになるのは、品質低下によって引き起こされる需要の減少が総収益に与える影響であり、それは、価格上昇によって引き起こされるものよりも、はるかに簡潔で、よりダメージが大きいということである。品質低下の場合、総収益は需要の品質弾力性がゼロよりも大きければいつでも低下する。一方、価格上昇の場合、当然ながら総収益は需要の価格弾力性が一よりも大きい場合にのみ低下する（需要の単位当たりの弾力性は、品質弾力性の場合、正確な意味をなさない。「需要の品質弾力性」という概念が価格弾力性からのアナロジーとして組み立てられる場合、品質と貨幣量という二つの異なった尺度がそれぞれ別のものとして存在するからである。したがって、ゼロと無限大以外の数値はどれも、任意の計測結果ということになる）。

（5）　非連続的な関数の代わりに、連続的な反応曲線を考えることも難しくはないだろう。売上減少が小幅にとどまれば、経営側の救済行動は小さなものとなり、その後［減少幅が拡大するにしたがって救済行動も］大きくなり、［さらに売上の減少が大幅なものになると］ついには救済行動が衰退するという具合である。さらには、経営側の反応行動によって、その企業が反応行動開始当初の品質を凌駕するような生産を行なうようになり、品質における「最適衰退」点ともいうべきところまで品質を高めるようなことさえ考えられる。その後、売上の減少がある一定点を超えると、衰退への反応は衰退を促進するものに転化する。資金が逼迫することに伴う士気の低下、その他の結果によって、品質の低下に拍車がかかり、その企業の没落を早めることになるからである。反応関数の形状をこのようなものと考えても、本文で述べる論点は本質的に変わることはない。

（6）　離脱の可能性がないとすれば、比較しながら買い物をすることを心がけている人たちが、生産者にとってもっとも大きな悩みの種となるだろうから、本文中で述べたことは、いっそうよくあてはまることとなる。このとき競争メカニズムは、もっとも大きな悩みの種となりそうな顧客から経営陣を救いだすのである。こうした議論は、以下でさらに詳しく述べる。

（7）読者の判断を助けるため、「質の悪いもの《レモン》」をつかまされて怒っている人たちが最近送りつけた手紙のなかから、いくつかの事例を挙げておきたい。まずは（a）フォード自動車会社に対するもの。「……あなたの会社が送ってくる宣伝広告に何が書かれていたって、私がもうどんなフォード車もまったく買う気がないのは分かっているわよね。……」「……いうまでもないけど、今度のファルコンが最後。フォードの車なんて、もう買う気は起こらないわ。私は二五歳のうら若き女性。そこそこモテるわけだけど、その私の銀行口座が、ファルコンのトランスミッションを買ったら空っぽになってしまったじゃないの。今の世の中、他に買うものはあるし、大事なお金はもっと便利なものに使えるはずなのよ。」そして次に（b）ジェネラル・モーターズ株式会社に対するもの。「……わが家には今、シボレー・バス一台とシボレー・バン一台がある。今回は大変面倒なことになり、不便を被り、時間も浪費した。分かっていると思うが、私は金輪際、ジェネラル・モーターズの製品には手をださない。……」「……私は長年GMの乗用車・ワゴンを愛用してきたが、今ではフォードのほうがもっとよいアイデアをもっているだろうと思う。私は一九七〇年モデルが発売されるまでに、この厄介ものを手放すつもりだが、今後GM車を運転するつもりがまったくないのはたしかだ。」

ここで引用した手紙は、ラルフ・ネーダーに送られてきたものである。ネーダーは親切にも、私にそのコピーを使わせてくれた。

（8）American Federation of Labor and Congress of Industrial Organizations, *Constitution of the AFL-CIO* (Washington, D.C., January 1956), AFL-CIO Publication no. 2, p. 36. ジョン・ダンロップ（John Dunlop）のおかげで、私はこれを引用することができたし、またここでの論点について彼と意見を交換する機会に恵まれた。

（訳注一）サミュエル・ジョンソン（Samuel Johnson, 一七〇九～八四年）は、通称「ジョンソン博士」、辞書編纂者であるとともに、批評家・作家・詩人でもある。一人の人間としての、また座談家としての名声は文学的名声をしのぐものがあり、ジェイムズ・ボズウェル（James Boswell, 一七四〇～九五年）の手になる『ジョンソン伝』は、ジョンソンの魅力的な人物像を紹介し、様々な警句・処世訓が溢れており、長く読み継がれている（『岩波＝ケンブリッジ世界人名辞典』岩波書店、一九九七年、四六九頁、九八七頁）。

ハーシュマンの著作にもジョンソンからの引用は多く、本書第一章でも、アビシニアについての散文的物語『ラセラス』の一節が引用されている。第二章のこの個所での引用も、ボズウェル『ジョンソン伝』のなかで、ジョンソンは、処刑間近のドッド博士という人物の状況に触れ、「二週間後に処刑される運命に置かれるならば、人間はだれでも間違いなく精神の力を極度に集中させるだろう」と述べたと紹介されている（中野好之訳『サミュエル・ジョンソン伝』第二巻、みすず書房、一九八二年、三八〇頁）。

（訳注二）　ガルブレイス『アメリカの資本主義』に関しては、ハーシュマンが引用している原著と邦訳されたものとでは、版が異なる。

第三章　発　　言（Voice）

たとえこれまで経済学者によって詳細に研究されてこなかったとしても、離脱オプションが存在するかどうか、また業績にどのような影響を与えるかということ（一般に有益であると考えられている）が、経済的な制度を評価・判定する際、多くの場合、その目安となってきたのはたしかである。一方、発言オプションについては、これと同じことはまったくいえない。発言オプションが離脱オプションと肩を並べて、あるいは、それの代わりに機能するもう一つの「回復メカニズム」なのだという考え方そのものが、疑いと驚きの入り混じった目でみられる可能性が高いからである。しかし、現代のような異議申し立ての時代において明らかになってきているように、不満をもつ消費者（あるいは組織のメンバー）は、競争に頼るだけではなく、その「不満をぶちまける」ことができ、そうすることによって、怠慢な経営陣に働きかけ品質やサービスを改善させることができる。したがって、発言オプションがどのような状況の下で離脱を補完するものとして、あるいは離脱に代わるものとして効果を発揮するのかを検討することは、理にかなっているし、時宜にかなうことでもある。

離脱ではなく発言に訴えるとは、顧客やメンバーが、購入先の企業、所属先の組織の慣行、経営方針、ならびにそれら企業・組織が産みだすものを変えようと試みることである。ここで発言とは、不愉快な事態から逃避するよりも、とにかくそうした事態を変革しようと立ち上がることであると定義される。具体的には、企業の担当者に個人や集団が改善を要請したり、経営を変革させようと、より上位の権力層に訴えたり、あるいは、世論の喚起を意図するものを含め、さまざまな行動や抗議活動にでることである。

序章ですでに述べたが、発言とは「利益の言明」（interest articulation）として認識されることもあるように、いかなる政治体制であれ、その重要な構成要素であり、またその機能にほかならないことが明らかになりつつある。(1) 政治学者は、長年、こうした機能、およびそれが実際に表わされる場合のさまざまな形態を体系的に研究対象としてきた。だが、そうするなかで通常彼らが注目してきたのは、はっきりと言明することに唯一代わりうるのが、（離脱ではなく）黙認ないし無関心であるような状況であった。他方、経済学者にとって、不満を抱く消費者は（日ごろ取り引きしている企業との関係において）黙従する信者か、あるいは完全な裏切り者かのどちらかであって、これ以外の何者かでありうるという考えは拒んできた。こうした状況だからこそ、本書での議論の余地が存在する。選択肢は、言明するか、「逃亡」するか、私たちのニュートラルな用語法に従うなら、発言するか、離脱するかにあることも多い。本書で確認したいのは、このことなのである。

離脱の作用と比較するため、まずは発言の作用を離脱から切り離す形で取り上げ、少しばかり述べておこう。ここまでの議論と同じく、最初に仮定されているのは、企業ないし組織の業績が低下してはいるが、経営陣が自らの仕事に十分注意を払っていれば救済可能という状況である。不満を抱いたメンバー・消費者が業績の低下によって離脱ではなく発言に訴える状況であれば、発言の有効性は、ある一定のところまでは、発言量に応じて増大するであろう。だが、発言も離脱同様、行きすぎる場合がある。すなわち、不満をもった顧客やメンバーの抗議がある限度を越えると、回復に向けたどのような努力であっても、その努力を手助けするというよりは、むしろ妨害してしまう。彼らはそれほどの迷惑な存在になりうるのである。こうしたことは、顧客と企業の関係ではあまり起こりそうにない。その理由は以下で述べる。だが政治の世界、つまり発言固有の役割がより発揮されやすい領域では、ある点を越えると発言の負の効果が現われてくる可能性はけっして排除できない。

ここで、一方における経済学－離脱と他方における政治学－発言との間に興味深い類似点がみいだされるように思われる。経済学では、長い間、需要が弾力的であればあるほど（つまり、衰退が生じたときに離脱が即応すればするほど）、経済システムの機能は高まると考えられてきた。ちょうどこれと同じように、政治理論においては、民主主義が正しく機能するには、極力注意を怠らず、活発に動き、自らの要求を口にする人々が必要であるというのが、長い間、信条とされてきた。アメリカ合衆国では、このような信念は、投票行動・政治的行動に関する実証的研究によって揺るがされた。そうした研究によれば、一般市民の間には長期間にわたり、かなりの政治的無関心がはびこってきたことが明らかになったからである。[2] 民主的体制は、こうした無関心にもかかわらず、なお首尾よく生きのびるものらしいということになり、市民による活発な政治行動と民主主義の安定性との関係は、かつて考えられていた以上にかなり複雑なものであることが明らかとなった。離脱の場合と同じように、機敏な市民と緩慢な市民が混ざりあっている状態、さらにいえば、状況への関与とそこからの撤退を交互に繰り返すことでさえ、実際には、全面的・永続的な行動主義や全面的な無関心よりも、よほど民主主義の働きを助けるものなのかもしれない。[訳注一] この点に関しロバート・ダールが強調した一つの理由は、以下のようなものである。すなわち、ほとんどの人々は、日ごろ自らのもつ政治的能力を十分には活用できていないのだが、だからこそ、自分の重大な権益が直接脅かされるときにはいつでも、通常は使われず蓄えられていた政治的な力、影響力を行使し、予想もされないような勢いでもって、そうした状況に反応できるということである。[3] 別の説明の仕方によれば、民主的な政治体制には、「一見矛盾しているようなものが混ざりあっていること」が必要とされる。つまり、一方で市民は、自らの考えを表明し、自ら欲するものを政治的エリートに知らせて、彼らがそれに応答できるようにしなくてはならないが、他方、これらエリートには意思決定の権限が与えられていなければならない。こうして市民は、あるときは影響を与える存在でなければならないし、またあるときは他人の決定に従わなければならない存在でもある。(4)

この命題を成立させるのに欠かせない論理は、離脱は一定の限度内に収まっている必要があるとした先の議論によく似ている。発言には企業や組織の失敗を警告する機能があるが、それはまた、影響力を及ぼそうとして発揮された圧力に対し、新旧いずれの経営陣であれ、彼らが応答する時間を与えなければならない。

こうしてみると、発言と組織の効率性向上との関係は、離脱の場合とかなり似かよっている。だからといって、離脱と発言の両者が常に、最初の段階ではプラスに作用し、あとになって破壊的に作用するのだということにはならない。どんな企業、組織であれ、それが衰退する場合、通常、離脱か発言のどちらかが支配的な反応モードの役割を担うだろう。そのとき、補助的な反応モードを担う側は、破壊的作用どころか、きわめて限定的な規模でしか現われてこない。理由は簡単である。衰退がどんどん進めば、破壊の役回りは支配的反応モードが単独でやり遂げてしまうからである。たとえば、普通の競争的営利企業の場合、離脱が衰退に対する支配的反応であるのは明らかで、発言は十分には能力が開拓されていないメカニズムである。つまり、発言がありすぎるという状況は考えられないのである。

離脱の残余としての発言

発言オプションは、離脱オプションが使えない場合、不満を抱いた顧客・メンバーが反応することのできる唯一の方法である。これは家族・国家・教会といった基本的な社会組織が置かれた状況にきわめて近い。経済の領域では、完全独占の理論が離脱のまったくない状況を描いているが、現実の市場の状況は、ほとんどの場合、独占的要素と競争的要素の混成体として特徴づけられる。そうだとすれば、離脱オプションとの相互作用のなかで発言オプションを観察することができる。

ここで私たちは、品質低下と売上の減少との簡単な関係に立ち戻るが、今度は、顧客のままでいる人々に注目する。そうした人たちは、いまだその企業をみかぎっていないけれども、品質の低下については、さまざまな度合で不幸を経験しているだろう。いまだ離脱を試みていない、これら顧客には、おそらくこの不満を表明する何らかの力があるはずであり、したがって彼らは発言オプションの源泉である。もちろん発言のもう一つの決定要因とは、彼らの抱く不満の度合であり、これはおおよそ品質低下の程度によって決まる。

このように考えていくと、まず第一次接近の段階では、発言はある種の残余として描写できる。離脱していない人はだれであれ、発言の候補者であり、発言は離脱と同じく、需要の品質弾力性に依存する。だが因果関係の方向は逆になる。つまり不満表明の能力を所与とすれば、発言が実際にどのようなレベルとなるかは、どの程度需要が非弾力的か、あるいは離脱の機会がどれだけ少ないかによって決まる。(5)

こうした見方によれば、発言の役割は離脱の機会が減少すればするほど大きくなる。そして、離脱がまったく行使できず、経営陣に失敗を知らせる重責を一人背負わねばならない状況にまで至る。離脱と発言の間にこうしたシーソー的関係が実際ある程度まで存在している具体例は、品質とサービスに関する数多くの不満が、近年、ソヴィエトの出版物で目立つようになってきたことにもみいだせる。西側の市場経済に比べれば、ソヴィエト経済では離脱・競争がはるかに小さな役割しか演じていないので、より大きな役割を発言に与える必要があると認識されたのである。

同じように途上国においても、発言は、支配的な地位を占めている。途上国では、先進国のようには数多くの商品のなかから選択することはできないし、同一製品の種類もそれほど多くはない。また国内での移動手段にしても選択肢はかぎられている。したがってこれらの国々では、財やサービスの品質が低下した場合の雰囲気は、不満が無言の離脱の形態をとることが多い先進国に比べ、騒々しく、ときには政治的色彩を帯びた抗議行動に支配される。

ここで反応関数、すなわち発言がそれを受ける経営陣による効率性回復の動きに与える効果に目を向けるけれども、離脱が支配的反応モードであるとしよう。したがって、離脱と発言の複合効果を予備的に考察する段階では、発言が建設的効果どころか破壊的効果をもたらしかねない可能性は、ひとまず除外しておく。売上の減少と、いまだ顧客のままでいる人々の不満・抗議とを合計すれば、総回復効果が引きだせるというほど単純ではないことは明らかである。[6] 抗議がどのように行なわれる傾向にあるか、不満がどの程度の効力を発揮するかは、企業・顧客関係のあり方によって、さまざまである。だが、ここで三点ほど一般的なことを述べておいてもよかろう。

（一）これまで述べてきた単純なモデルでは、発言は、離脱に代替するものとしてではなく、それを補完するものとして機能する。こうした条件の下では、やがて現われてくる発言は、どのようなものであれ、回復メカニズムの観点からは純利益である。[7]

（二）（離脱の効力を所与とした場合）発言が効果的であればあるほど、需要は品質に関し非弾力的となる。この際、離脱と発言が組み合わさることによって生まれる回復の機会が損なわれることはない。

（三）ある一定限度を越えた場合、離脱が有益な結果よりむしろ破壊的な結果をもたらすことを考えれば、衰退の全過程のなかで、離脱と発言の複合効果を最大化するという観点から最適なパターンとは、衰退の第一段階では需要の弾力的な反応が、後半段階では需要の非弾力的な反応が起こるというものだろう。こうしたパターンは、特定の商品の価格上昇に対する消費者の反応に特徴的であると長らく考えられてきた。ここでいう特定の商品とは、たとえ高価格であっても、ある一定量は絶対に必要であるが、値が下がれば、消費がこの一定限度を簡単に越えてしまう商品である。こうしたことは、特に、もし品質の低下している製品の代わりになるものが、より高価なものであるとすれば、需要の品質弾力性についても同じようにあてはまるだろう。もちろん、品質がひどくなれば、最終的には需要はなくなってしまう（ちょうど、価格が無限に上昇する場合、予算制約によって需要がなくなってしまうように）。だが、品質低下の広がりに応じ、需要が品質弾力的な状態から品質非弾力的な状態に移行する財・サービスは数多くあるように思われる。品質低下とともに需要が品質に関し弾力的な状態から非弾力的な状態になるという、こうしたパターンでさえ、離脱に偏りすぎた見方かもしれない。なぜそうなのかについては、本書第四章において、詳しく説明する。

離脱に代替するものとしての発言[8]

ここまで、発言の取り扱いはかなり控えめであり、この新たに導入された概念は、離脱に全面的に従属するととらえてきた。発言の大きさが需要の品質弾力性によって決まると判断するにあたり、暗黙のうちに想定していたのは、以下のようなことである。すなわち、品質の低下に直面した顧客は、別の企業・製品に切り替えるかどうかを決める際には、日ごろ購入している企業の行動に自分が影響力を行使できるかどうかはひとまずおくということ、そして切り替えない場合のみ、騒ぎだすことがありうるということである。しかしながら、そうだとすれば、明らかに、離脱するか否かの決定は、発言の行使が効果的なものとなるかどうかの見込みしだいである場合が多くなるだろう。もし発言が効果的だと顧客が十分に納得すれば、彼らがそのとき、離脱を延期するのも理にかなっている。それゆえ需要の品質弾力性は、発言オプションを選択する顧客の能力と意思に左右される、したがって離脱もそうなるとみなせるのである。実際、事態をこのようにとらえたほうがより適切であるように思われる。というのも、衰退が時間の経過とともに段階を追って進展していくプロセスであるとすれば、発言オプションが初期段階で行使されることもありうるからである。いったん離脱してしまえば、発言を行使する機会を喪失するが、発言したところで離脱の機会は失われない。したがって、ある特定の状況においては、離脱は発言が失敗したのちに行使される最後の手段としての反応になる。

こうして発言とは、離脱を補完するものであるとともに、離脱に代わる手段となりえることが分かる。では、どういった状況で、離脱よりも発言が選好されるのであろうか。この問いは次のようにいいかえれば、より正確になるだろう。すなわち、競合的ないし代替的な製品Bが日ごろ購入している製品Aと同じ価格で利用可能だとすれば、そして製品Aは品質を低下させており、製品Aの顧客からすると今や製品Bのほうが明らかに優れているとすれば、彼はどのような条件の下で製品Bに切り替え損ねるのだろうか。

発言が離脱に代わる手段とみなされるようになれば、発言オプションが選択されるには、品質が低下し今や低劣な製品と化したものの顧客であり続ける（あるいは衰退する組織のメンバーであり続ける）という意思決定が重要となる。というのも、おそらく発言は、Aを欲し、Aにもともと備わっているB以上の優越性が回復することを期待する人々（必ずしもその全員ではないにしても）だけが行使するからである。通常、顧客ないしメンバーがAにとどまる苦難を引き受けようとするのは、自分がAについて「何かをすること」を欲し、しかもそうできると感じるからであり、また、顧客・メンバーであり続けることによってはじめて、この影響力を行使できるからである。だが、明らかによりよい買い物（あるいは組織）を目の前にして離脱しないという意思決定は、このような人たちだけが行なうわけではない。一方で自らの信義は維持しながら、他の人たちの不満や抗議が実を結ぶと期待する顧客（メンバー）によっても行なわれる可能性があるだろう。すぐに切り替えたいと感じるときでも、それには費用がかかるため、Bに切り替える気にならない人もいるかもしれない。そして最後に、「忠誠」(loyalty)によって、すなわち、完全に非合理的とはいえないまでも、やや合理性に欠けるやり方でAにとどまる人がいる。[9] これら「忠誠者」(loyalists)の多くは、Aの政策・慣行を変えることを目指す行動に積極的に参加するだろうが、事態がじきによくなると信じて離脱せず、黙って現況に耐えようとするだけの人もいるかもしれない。このように、「内部からの」変革を成し遂げようとする発言オプションには、取り組み度合にかなり温度差のあるさまざまな活動・リーダーシップが含まれる。だが、発言オプションが衰退する企業・組織に「こだわる」意思決定と関わっているのはたしかであり、その意思決定は、次のようなことに基づいてなされる。

(一) 自分自身ないし他人の活動を通じて、Aを生産する企業・組織を「元に戻す」可能性があると評価すること。そして、

(二) ここで今利用可能なBの確実性よりも、さまざまな理由から、Aを元に戻す可能性にかけることに価値があると判断すること。

こうした見方からも分かるように、発言するという意思決定をするにあたり、Aの代わりにBを利用できることは決め手にはなるが、それはいくつかある決め手のうちの一つにすぎない。Aの、もともとBよりも優れている部分が十分に大きく、現時点ではまさに優れているBに切り替える気にならないほどならば、当然、消費者は発言しようとするだろう。もしAとBが非常に似たようなものならば、こうしたことは、ほとんどあてはまらない。しかし、どうしても代替できない最小限の相違があるのならば、発言が行使されるか否かは、離脱オプションの確実性に対し、あえて発言オプションの可能性にかけてみようとどの程度思うか、そして消費者が自分や他人の行動、あるいは自分と他人との協調行動によって改善が生まれるとどの程度期待できるかにかかっている。

このようにまとめられた考え方をエドワード・バンフィールドが政治的影響力の研究のなかで提示した考え方と比べてみるとおもしろい。「利益集団が意思決定者に自分たちの実情を訴えようと、どの程度努力するかは、意思決定に影響を及ぼす努力が好結果を生み、そこから獲得できるであろうと思われる利益に比例する。[10]」

バンフィールドは、あるアメリカの大都市の公共政策における政策決定、ならびに意思決定過程に参画したさ

まざまなグループ・個人について研究するなかから、こうした原則を導きだした。「利益の言明」機能を観察するほとんどの政治学者と同じく、彼が分析していたのも、個人・グループの実質的な選択肢が黙従か関与かしかない状況であった。今私たちが提示しているモデルは、代替品の利用が可能で離脱を認めていることから、より複雑になっている。バンフィールドのまとめは、発言オプションの便益を正当に評価しているが、[11]私たちの目的のためには、ここできちんと費用について考えなければならない。これまでの議論では費用といえば、まさに離脱をしないことであったが、実際には、こうした機会費用に加え、発言の直接的費用を考慮しなくてはならないからである。ここでの直接的費用とは、ある製品の購入者、ある組織のメンバーが購入先の企業、所属先の組織の政策・慣行を変えようとする際にかかる時間と金のことである。市場で購入できる製品から離脱する場合、忠誠を抱きその製品を買い続けることによって獲得していた値引きがなくなるかもしれないし、切り替えようと思っている代替品についての情報を得るための費用もかかるといった事情をある程度考慮せねばならない。そうだとしても、離脱の行使に付随する費用は、それほど高くはない。[12]

したがって、離脱オプションと比較して、発言は費用がかかるうえに、顧客・メンバーが購入先の企業、所属先の組織の内部で行使できる影響力・交渉力に左右される。こうした二つの特質から明らかになるのは、経済的・社会的生活を営むなか、おおよそどんな局面で発言が重要な役割を演じ、少なくともしばらくの間は離脱を寄せつけない可能性が高いのかということである。発言は離脱に比べ費用がかさむので、消費者は、購入する財やサービスの数が増えるにしたがって、少しずつ発言する余裕がなくなる。自分が関わる企業・組織のどれか一つの欠陥を正すのに割く時間はわずかでも、数が多くなれば、その費用は期待できる予想収益を超過すると思われるからである。こうしたことも、個人が製品を購入する企業に関してより、所属する組織に関して、発言が重要な役割を演ずる理由の一つである。というのも、所属先の組織は購入先の企業よりも数のうえで、はるかに少ないからである。さらにもちろん、製品の数が増えれば、需要の交差弾力性が増す傾向にあり、それに応じて、無作為に取り上げたある一つの製品について、一定の品質低下が起こった場合、離脱の可能性が大きくなるであろう。以上述べてきたような理由から、購入者・メンバーの関わり方がより根本的である購買・組織に関しては、発言が第一義的に作用するメカニズムとなるのである。

発言と離脱を区別するもう一つの特質として、顧客は自分自身あるいは他のメンバー・顧客が何らかの影響力・交渉力を発揮できるだろうと思わねばならないという点がある。これに注目した場合、発言オプションの主な展開領域に関して、先に述べたのと似た結論が導きだされる。影響力云々が原子論的市場にあてはまらないのは明らかである。発言が重要なメカニズムとしてもっとも機能する可能性が高いのは、購入者の数がきわめて少ない市場、あるいはわずかな購入者が総売上のかなりの部分を占める市場である。なぜなら、購入者は数が多いより少ないほうが一致団結した行動をとりやすいし、また単純に考えて、それぞれが市況を左右するほど大きな購入者であれば、集団行動をとらなくても、おそらくかなりの力を振るえるからである。[13]だがここでも、私たちが普通目にするのは取引先の企業に大きな影響力をもつ購入者よりも、むしろ組織内部で影響力を行使するメンバーであり、[14]したがって発言オプションは、営利企業よりも組織に関して観察されることが多くなる。

それでもやはり、購入のタイプによっては、数多くの購入者がいたとしても発言オプションに特に向いているものもあるかもしれない。それほど高価ではない非耐久財に不満をもった場合、たぶん消費者は騒ぐこともなく別の商品に切り替えるだろう。でも彼が、自動車のような高価な耐久財に毎日がっかりさせられ悩まされているとしたら、黙ったままでいることなど、まずない。そして彼の苦情は、購入先の企業・ディーラーにとって、かなりの重要性をもつ。なぜなら、彼は今のところ、この先何年かの潜在的顧客であるし、標準化された製品の場合、悪い噂の威力は大きいからである。

ここまで、経済発展のさまざまな段階における発言と離脱の役割を比較して議論してきたわけだが、最後の結論は二面性を備えている。つまり先進国経済においては、利用可能な商品の数と種類がまさに豊富なので、発言よりも離脱が選好される一方、そうした経済では、多額の出費が必要な標準的耐久消費財の重要性がますます大きくなり、こうした事情によって離脱よりも発言が促されている。

ここまで述べた見方にしたがえば、発言オプションが特に離脱の代わりに展開しやすい局面は限定的である。だが、発言オプションに残された領域は、いまだ明確にはされていないものの、かなり存在している。さらにいえば、いったん発言が業績を維持するうえで非常に役立つメカニズムであると認識されれば、制度をうまく設計し、個人ならびに集団の行動の費用を削減することができるだろう。あるいは状況によっては、成功に至るような行動を率先した人々の報酬を引き上げることも可能である。

たとえば消費者集団のように、他の利益集団に比べ発言に耳を傾けてもらうのが非常に困難であったグループに対しては、まったく新しいコミュニケーションの経路を作りだせる場合も多い。実際、消費者はこうした点で進歩を遂げており、今やいろいろな「参加爆発」形態の一つとして「消費者革命」と囁かれるまでになっている。消費者革命という言葉は、長い歴史をもち今なお役立っている消費調査機関のことではなく、消費者による、消費者のための、より戦闘的な行動を指している。近年台頭してきたこうした動きのなかで、もっともめざましく臨機応変なものはラルフ・ネーダーによる運動であり、彼は自ら進んで消費者オンブズマンのような立場に身を置いてきた。(15)一九六四年以来、アメリカ大統領に対する消費者アドバイザーが任命されているが、このことは、消費者による発言が盛り上がってきたことに対する一つの答えである。(訳注一一)「主権者」である消費者の問題のほとんどは競争・離脱によって解決されると考えられている経済において、消費者の発言など、まったく予期されていなかった。だが事態がこのように推移してきた結果、消費者の発言は三つのレベルで制度化されていくように思われる。つまり、一つはネーダーのように独立した、進取の気性に富んだ人々によって、また一つは公的な規制機関の再活性化を通じて、そしてもう一つは、一般市民に販売を行なっている、より重要な企業の側で予防的活動が強化されることを通じて、制度化されることになるだろう。(16)

消費者が自らの不満を伝える効果的な経路が新たにできあがったが、ここには、一つの重要な教訓が含まれている。(類似した代用品がどれだけ利用可能か、購入者の数が多いか少ないか、製品の耐久性や標準化がどの程度進んでいるか、等々の)構造的制約要因は、個々の商品に関し、離脱か発言か、どちらが選択されやすいかを決するうえで重要であることは疑いようがない。しかしながら、発言オプションに訴えることになるかどうかはまた、一般市民の側にどれだけ不満を表明する用意があるか、そして金もかけず効果的に不満を伝えられる制度・メカニズムを作りだせるかどうかによっても左右される。最近の経験に照らしてみれば、構造的制約要因が「根本的」と呼ぶに相応しいかどうかさえ疑わしい。それらは、ラルフ・ネーダーのような、たった一人の人物によって突然乗り越えられることがあるからである。(17)

以上述べてきたように、離脱には、でるか否かのはっきりとした意思決定以外に何も必要ではないが、発言は、その本質上、常に新たな方向に進化していく一つの技芸(アート)である。こうしたことから、目の前に両方のオプションがある場合、離脱に有利に作用する大きなバイアスがかかってしまう。より安い費用、より大きな効果をみつけだすことができるかもしれないというのが、まさに発言の本質であるとしても、顧客・メンバーは、発言の費用・効果についての過去の経験に基づき意思決定をするのが普通だろう。したがって、離脱というもう一つの選択肢が存在していることが、発言という技芸の発達を萎縮させる傾向をもつ可能性がある。これが本書の中心的論点の一つであり、次章においては、これを別の角度から論じていくこととしよう。

（1）　この点について、比較政治的視点から取り扱った最近の文献としては、以下のものを参照せよ。G. A. Almond and G. B. Powell, Jr., *Comparative Politics: A Developmental Approach* (Boston : Little, Brown and Co., 1966), ch. 4.

（2）　データおよび主な出典については、Robert A. Dahl, *Modern Political Analysis* (Englewood Cliffs, N.J.: Prentice-Hall, Inc., 1966), ch. 6. を参照せよ。（訳注三）

（3）　Robert A. Dahl, *Who Governs?* (New Haven : Yale University Press), 1961, pp. 309-310.（河村望他訳『統治するのはだれか―アメリカの一都市における民主主義と権力』行人社、一九八八年、三八六―三八七頁。）この点は、経済システムにおける「組織スラック」の利点について、サイヤートとマーチが述べたことに驚くほど似ている。*The Behavioral Theory of the Firm* (Englewood Cliffs, N.J.: Prentice-Hall, Inc., 1963), pp. 36-38.（松田武彦・井上恒夫訳『企業の行動理論』ダイヤモンド社、一九六三年、五三―五七頁）を参照せよ。

（4）　Gabriel A. Almond and Sidney Verba, *The Civic Culture: Political Attitudes and Democracy in Five Nations* (Boston : Little, Brown and Co., 1965), pp. 338-344.（石川一雄他訳『現代市民の政治文化―五カ国における政治的態度と民主主義』勁草書房、一九七四年、四七二―四七七頁。）同じような考え方をロバート・レーンも展開している。レーンによれば、ある意味で「人は、政治的行動派と無関心層にそれぞれ異なった政治的役割を割り当てることができ、両者がうまく釣りあうことによって有益な結果がもたらされる。」Robert Lane, *Political Life* (New York : Free Press of Glencoe, Inc., 1959), p. 345.

（5）　ここで示された離脱と発言の量的関係は、補論Aにおいて、より専門的な用語で説明されている。

（6）　発言は、たとえば不満を抱いた消費者が欠陥商品を返品することができる場合のように、企業に対し直接の金銭的損失をもたらすかもしれない。発言がもっぱらこうした特殊な形で現われるとすれば、利潤重視の経営者の注意を引くのに発言がどれだけ効果的であるかを正確に測定し、離脱と対比できる。これに関しては補論Aを参照せよ。

（7）　発言は、より身近な状況においても競争をうまく補完することができるだろう。これまで経済学者は、競争には資源配分を効率的に行なう能力があると期待を寄せてきた。そして、その期待を実現させるのにもっとも由々しき障害となるのは、生産や消費における外部不経済の存在（汚染や浜辺における空き缶の散乱など）であると結論づけるのが一般的であった。こうした外部不経済は、それによって被害を受ける人々の抗議が効果的に行なわれることによって、抑制され阻止されるのは明らかである。いいかえれば、外部不経済を被る、消費者ではない人々の発言が競争メカニズムを助ける働きをもつのである。これが十分に理解されれば、消費者の発言にも競争メカニズムを補完する役割があることは、おそらくそれほど意外なことでもなかろう。

(8) 本節で展開されることがらについて、より技術的な議論は補論Bを参照せよ。

(9) 本書第七章を見よ。

(10) Edward C. Banfield, *Political Influence* (New York : Free Press of Glencoe, 1961), p. 333. 強調は原著者による。

(11) とはいえ注意すべきは、発言という私たちの概念は、本章の冒頭で定義したようにバンフィールドのいう「影響力」よりもはるかに幅広いということである。公務に携わる意思決定者に直接訴えられるもの以外、どのような意見や不満の表明であっても、彼の概念には入ってこないように思われる。

(12) しかしながら実際に忠誠が存在する場合、離脱の費用はかなりのものとなる。この点については第七章で論ずる。

(13) Mancur Olson, Jr., *The Logic of Collective Action* (Cambridge, Mass.: Harvard University Press, 1965. 依田博・森脇俊雅訳『集合行為論—公共財と集団理論』ミネルヴァ書房、一九八三年) を参照せよ。

(14) しかしながらジョン・ケネス・ガルブレイスは、以下の文献において影響力をもつ購入者について描きだしているので参照のこと。*American Capitalism: The Concept of Countervailing Power* (Boston : Houghton Mifflin Co., 1956), pp. 117-123.

(15) 個々の製品の研究から実際の行動まで、ネーダーの幅広い活動については、自身が以下の論文において明らかにしている。"The Great American Gyp," *The New York Review of Books*, November 21, 1968.

(16) そうした企業は伝統的に、市場調査を通じて発言を熱心に「聴診」しようと努めてきた。

(17) こうした点を非常に鮮やかに描きだした別の事例としては、ヴェネズエラのコミュニティ活動を取り上げた次の文献を参照のこと。Lisa Redfield Peattie, *The View from the Barrio* (Ann Arbor, Mich.: University of Michigan Press, 1968), ch. 7. また、発言を導きだす「技芸（アート）」を、今度はアメリカ諸都市の低所得者居住地域を例に検討することも、彼女の以下の論文のテーマであった。"Reflections on Advocacy Planning," *Journal of the American Institute of Plannners* (March 1968), pp. 80-88.

(訳注一)　この点に関し、ハーシュマンが分析を深めた著作が、A. O. Hirschman, *Shifting Involvements: Private Interest and Public Action*, Princeton, NJ.: Princeton University Press, 1982.（佐々木毅・杉田敦訳『失望と参画の現象学――私的利益と公的行為』法政大学出版局、一九八八年）である。

(訳注二)　アメリカでは消費者運動の盛り上がりにつれて、消費者の権利がさまざまな形で制度化されていった。J・F・ケネディは、一九六二年、消費者の四つの権利（安全の権利・知らされる権利・選ぶ権利・意見を聞き入れられる権利）を打ち立て、リンドン・ジョンソンは、本文中にもあるように一九六四年、消費者問題担当官を設置した。一九六六年には公正包装表示法が発効している。これら一連の動きに、弁護士であり消費運動家であるラルフ・ネーダー（一九三四年〜）の果たした役割がきわめて大きいことはあらためていうまでもないだろう。彼は『どんなスピードでも自動車は危険だ』（一九六五年）でＧＭの「コルベア」の技術的欠陥を実証するとともに、人を守るための政策が欠如していることを指摘して以来、『原子力エネルギーの脅威』（一九七七年）、『だれがアメリカを毒殺しようとしているのか』（一九八一年）などでも大企業を告発するとともに政府の対応の甘さをついてきた（小田隆裕他編『事典現代のアメリカ』大修館書店、二〇〇四年、五八一頁、八八六頁、等参照）。近年では、民主・共和両党の候補者に伍してアメリカ大統領候補にもなっている。

(訳注三)　一九九一年に出版された原著第五版に関しては邦訳がある（高畠通敏訳『現代政治分析』岩波書店、一九九九年）。

第四章　離脱と発言の組み合わせ——固有の難しさ

本書のきっかけとなった経験的考察は、すでに序文で触れたが、これまで基礎的な議論を積み上げてきたので、その考察について、ようやく読者に詳しく語ることができる。前著『開発計画の診断』で私が解明しようとしたのは、なぜナイジェリアの鉄道がトラックとの競争に直面し、あのように業績が伸び悩んだのか、しかも（ラゴスやポートハーコートといった港から約八〇〇マイルも離れたナイジェリア北部で栽培されている）ピーナッツのように、長距離大量輸送となる積み荷の場合でさえ、そうなってしまうのはなぜかということであった。ナイジェリアという環境のなかで、トラックが類まれな能力を発揮し鉄道を凌駕したのには、経済、社会‐政治、組織に関わる特有の要因があったのだろう。だが、そのことを確認したうえで、私がなお説明せねばならなかったのは、活発な競争があったにもかかわらず、なぜ鉄道管理局がぐずぐずして、だれの目にも明らかな非効率性を正すことができなかったのかということである。そしてこれについて以下のような解釈を下した。

いつでも鉄道に代わりうる別の輸送手段が存在すると、鉄道の弱点を見逃さず、それを矯正しようとする意欲が、強められるどころか、逆に、弱められやすくなる。代わりの輸送手段として、トラックやバスが存在するため、鉄道サービスの衰退は、鉄道が長距離輸送を独占している場合に比べれば、さほど深刻な問題とはならない。こうして、鉄道サービスの衰退は、長期にわたって甘受されている。管理・運営面における、たとえ必要ではあっても抜本的で、政治的に困難な改革、ときには社会騒乱さえ引き起こしかねないような改革への強力な圧力を一般大衆から受けることもない。おそらくこれが、ナイジェリアにかぎらず、他の多くの国で、おかしなことに、交通、教育といった競争にさらされやすい部門において、公企業の弱さがもっとも露呈してしまうという理由なのであろう。公企業の提供するサービスに代わって、いつでも満足のいくサービスが提供される状態にあることによって、公企業が刺激を受け、業績が改善したり最高水準に達したりするどころか、逆に、公企業は貴重なフィードバックメカニズムが奪われてしまう。このメカニズムは、顧客が他に逃げ道のない場合にこそ、最高に機能するからである。公企業の経営陣は、国家財政当局が見捨てるはずがないといつも信じきっているため、顧客が競争相手のほうに移ることによって生ずる収入の減少にはさほど敏感に反応しないが、反面、その提供するサービスが消費者にとって決定的に重要であり、かつ他に代替物がないために、それが悪化するとなると「大騒ぎする」目覚めた大衆の抗議には、敏感な反応を示すであろう。(1)

当時のナイジェリアで私は、離脱と発言の組み合わせが特に回復の妨げとなっている状況にでくわしたわけである。この場合、収入の減少は経営陣にとって大した問題ではないために、離脱は通常の注意喚起効果を発揮することができないし、その一方で、発言も機能しなかった。もっとも目ざとく、したがって潜在的にはもっとも声の大きな顧客が一番最初に鉄道をみかぎってトラックに流れる顧客でもあったからである。発言について、今ここで述べた事態こそ、もっと注目されなければならない。というのも、ここに何らかの一般性があるとすれば、発言が離脱と同時に機能する可能性は乏しく、発言が効果的な回復メカニズムとなるのは、「顧客が他に逃げ道のない」完全独占の状況だけになるからである。

こうした状況について一般的なことを述べる前に、より身近な別の例を挙げておくとよいだろう。アメリカ合衆国のどこかの公立学校と私立学校を、ナイジェリアにおける鉄道とトラックの話に置き換えてみれば、かなり似かよった結果がでてくる。理由はいろいろあるだろうが、公立学校が何らかの意味で衰退すると想定しよう。そうすると、教育の質を重視する親たちの間で、わが子を私立学校にやろうとする人の数はますます多くなるだろう。(2) こうした「離脱」が公立学校の改善に向け、何らかの刺激を生むことがあるかもしれない。だがここでも、改善への刺激はあったにしても、微々たるものにすぎない。もし私立学校という代替的選択肢がなかったなら、もっとも意欲的かつ断固たる覚悟で衰退に立ち向かうはずのメンバー・顧客を、公立学校は、それ以上に失ってしまうからである。

これまでの例では、売上とは別のさまざまな外部資金に頼ることのできる公的機関が、離脱に反応しない様子が示されている。しかし、衰退を阻止するという目的のためには発言のほうが効果的かもしれないのに、離脱が衰退に対する反応として優勢である状況は、民間の営利企業の間でも起こる。株式会社の経営者と株主との関係は、まさにその例である。ある会社の経営が衰えていくとき、もっとも情報に通じた株主が最初にとる行動とは、もっと経営状態のよい会社の株を探し回ることである。こうして発言ではなく離脱を志向しているとき、投資家たちは、「もしそこの経営が気に入らないのなら、株を売るべきである」というウォール街のルールに従っているといわれる。だが、よく知られた手引書によれば、このルールは「結局、悪い経営、悪い政策を永続させる。」離脱よりも発言という手段に訴えることなど、もっとも深く入れ込んでいる株主以外には思いもよらないような状況が作りだされるのは、もちろん、ウォール街のルールが間違っているからではない。株式市場で代わりの投資先が簡単にみつかることがその原因なのである。(3)

私立学校－公立学校の事例でもっともはっきりと示されているのだが、以上述べてきた状況にはすべて、決定的に重要な一つの特徴がある。すなわち、製品の質にもっとも関心をもっている顧客、したがって発言のもっとも積極的で、信頼でき、創造的な主体となるはずの顧客が、だからこそ、品質が低下すれば一番最初に離脱する可能性の高い顧客でもあるということである。

こうした考察が興味深い点の一つは、これによって、「スラック」経済ないし「失敗に陥りやすい」経済という枠組みのなかで、逃げ場のない独占のほうが競争よりも望ましい経済構造がどういうものか、その全体像を明確にできるということである。だがこうした結論に飛びつく前に、経済分析の一般的な用語に翻訳することによって、私たちの考察をより詳しく検討せねばならない。

経済分析の一般的言説に置き直すと、今述べた状況には少なからずパラドクスが漂っている。よく知られているとおり、ある商品の価格が上昇したとき、限界的顧客、すなわち消費者余剰が最小の顧客、つまりは関心をもっとももたない顧客こそが一番最初に逃げだす。それでは、品質低下という状況で、どうして逆のことが起こる可能性が高くなるのだろうか。つまり価格上昇にともない最初に逃げだす消費者が、品質の低下したとき最初に離脱する消費者と同じではないということが実際にありえるのだろうか。[4]もしこの問いの答えがイエスなら、状況によっては、離脱と発言を組み合わせることがなぜ非常に難しくなるのかを理解しやすくなる。

私たちの主張がパラドクスのように思える根本的理由は、経済生活における品質の役割がこれまで（価格と対比させつつ）十分には検討されてこなかったからである。需要は伝統的に、もっぱら価格と量によって分析されてきた。たしかに、それらは記録されるし、計量可能であるし、個々別々に分けてとらえることができるという点で大きな利点をもつカテゴリーではある。通常、経済学者や統計学者は、等価的な価格・数量（*equivalent* price or quantity）の変化という考え方でもって、品質の変化を扱ってきた。たしかに、低品質の製品は標準的な品質のものよりも、それだけ低価格なのだと考えてよい場合も多い。たとえば、（走行マイル数にして）平均で高品質タイヤの半分ほどしかもたない自動車タイヤのケースがこれにあたる。またそれとは逆に、低品質を高費用・高価格として表わすことができる場合も多い。たとえば、鉄道貨物輸送業務において抜き荷が増大すれば、保険料率の割増ということになるだろう。この場合、品質低下の大部分は、「今やだれもが、同じ鉄道サービスに実際に前よりも余計に支払っている」と表現される。この表現が正しいとすれば、品質低下が需要に与える影響（すなわち、だれが最初に逃げだすかということに与える影響）と、価格がだれに対しても同じように上昇することの影響とが異なっているなどと考える理由はなくなる。いいかえれば、もしある商品の品質がどの程度低下しているかが、すべての買い手にとって単一である価格の等価的上昇に十分に表現されているということならば、品質低下が顧客の離脱に与える影響と価格上昇が顧客の離脱に与える影響はまったく同じものとなるであろう。

ここが非常に重要なポイントである。どんな人にとっても、品質の変化は、等価的価格の変化に翻訳可能だというのである。しかしながら、この等価性は同じ商品でも顧客ごとに異なっている場合が多い。なぜなら、品質の評価は個々の顧客の間で大きく異なるからである。このことは、今述べたばかりの自動車タイヤのケース、鉄道貨物抜き荷増大のケースにも、ある程度あてはまる。長もちするタイヤがどのように評価されるかは、購入者個々人が時間割引をどのように考えるかによる。鉄道貨物輸送の場合、保険料率の増大は、サービスの悪化によって荷主が被る、直接の金銭的費用の平均的上昇分をまかなうにすぎない。直接の金銭的費用だけが関心事のすべてという荷主もいるかもしれないが、荷主のなかには、鉄道サービスの信頼性の低下は、（不便さや、自らの仕事ぶりに対する悪評など）保険の仕組みによっては十分に対応できない費用そのものだととらえる人がいるのもたしかである。ワインやチーズ、子供の教育など、品質をどう評価するかは、人々の間で非常に異なるものだというのが大した発見でないことはたしかである。しかしながら、それが意味するのは、同じ品質低下がいろいろな顧客の間に実にさまざまな損失（つまり、等価的価格のさまざまな上昇）をもたらすということである。目が肥えており、品質が低下する前は、その製品に、たとえば実勢価格の二倍を支払ってもよいと考えている人は、だからこそ、非常に大きな消費者余剰を有している。だがまさに、その彼は、製品の質が低下すると、競合製品があれば、たとえそれが高価格であっても品質が低下していなければ、すぐさまそちらに逃げだす顧客でもある。

ここに私たちの考察の合理的根拠がある。「目利きを必要とする商品」(connoisseur goods) というカテゴリーといえば、教育の例でも分かるとおり、高級ワインに限定されるわけではないが、こうした商品の場合、品質が低下したときに購入をやめる顧客は、必ずしも、価格が上昇したときに買うのをやめる限界的消費者ではない。限界内に位置し、かなりの消費者余剰を有する消費者であるかもしれない。もっと簡単にいえば、価格上昇にそれほど反応しない消費者が品質の低下には敏感に反応する場合も多いのである。

それと同時に、高い消費者余剰をもつ消費者は、だからこそ、当該製品の品質低下でもっとも大きな損失を被らなければならない消費者である。したがって彼らは、衰退が生じた場合、離脱するまさにそのときまでは、一番大騒ぎをする可能性が高い。「積極的に立ち去ることもできれば、積極的にとどまることもできる。[5]」エリク・エリクソンのこの言葉が全面的にあてはまる選択を典型的に行なうのは、品質重視の消費者、あるいは自ら所属する組織の政策に深い関心を寄せるメンバーである。多くの企業や組織は、こうした消費者やメンバーをしばらくの間、「積極的にとどまる」ようにさせることに大きな関心を抱いているはずである。離脱よりも発言に素早く応答する企業・組織が特にそうであることはいうまでもない。

目利きを必要とする商品の場合、消費者行動はさまざまなものとなる。このことをさらに検討する前に、消費者余剰という使い古された概念に少しばかり敬意を払っておくのがよかろう。というのも、この概念には、さまざまな消費者が行使可能な潜在的影響力を計測できるという有益な特徴があるからである。この潜在的影響力は、消費者余剰概念の伝統的内容に対応している。消費者余剰とは、ある製品を市場価格で購入できる消費者に帰属する利得を計る概念である。したがって、この利得が大きければ大きいほど、消費者が「何らかの行動をとる」ことによって、その利得を保持したり元に戻したりしようとする可能性も高まる。つまりこうして、これまではもっぱら経済理論の分野に安住してきた概念から、政治的行動のチャンスを導きだすことができるのである。(6)

目利きを必要とする商品の質が低下した場合、品質重視の顧客がすぐに見切りをつけるのかどうか。この問題に、利用可能な代替品の特徴が関係するのは明らかである。第三章において離脱オプションと発言オプションを議論した際、想定していたのは、唯一利用可能な競合品ないし代替品は、当初の品質では劣るが同じ価格ということだった。もちろん、通常の場合、価格と品質には数多くの組み合わせがある。したがって、消費者は特に、自分が実際に購入した商品、高品質・高価格の代替品、および低品質・低価格の代替品との間で何度も迷っていたかもしれない。今、通常はある一群の消費者が購入するような、目利きを必要とする商品の質が低下するが、高品質・高価格の代替品しか存在しないと仮定しよう。こうした場合、質の低下しているその商品をもっとも高く評価していた消費者がまっさきに高品質・高価格の代替品に切り替える可能性が高い。他方、低価格・低品質の代替品しかないとすれば、これら非常に品質を重視する消費者は、品質低下の結果、たとえどれだけ不愉快な思いをしようとも、品質をそれほど重視しない消費者よりも長く、元の商品にこだわり続けるであろう。こうした命題、これに類する命題は、無差別曲線の分析によって簡単に立証できる。(7)

非常に品質を重視する顧客がすぐに離脱してしまうと、発言の重要な主体が奪われ、発言が麻痺してしまうが、この状況は、以上述べてきたことからも分かるように、より高価ではあるが高品質な代替品が利用できることと関係がある。このような状況は、たとえば居住問題において考察されてきた。近隣の一般的状況が悪化したときには、安全性、清潔さ、優秀な学校といった居住環境の質をもっとも重視する住民がまっさきにその地区をでていく。彼らは、近所のもっと金のかかるところや郊外で家探しをするから、住環境悪化の流れをくい止め、その流れを変えようとする市民グループやコミュニティの行動計画とは無縁の存在になる。ここでもう一度、公立学校‐私立学校の事例を考えてみよう。今や明らかなように、「低価格の」公立学校は、私立学校との競争において、いくつかの点で不利な立場に立たされている。まず第一に、いったん公立学校教育の質に衰退が生じれば、公立学校は、事によっては衰退に立ち向かっていたかもしれないような、非常に教育の質を重視する親の子供を失ってしまう。また第二に、その後、もし私立学校の質が低下したとすれば、そのとき、このタイプの親は、公立学校が衰退した場合よりもはるかに長く、わが子を私立学校に残そうとするだろう。したがって、公立学校と私立学校の両方があり、教育の質は私立のほうが高いという場合、質の低下への取り組みは、公立よりも私立のほうが、より強力に「内部から」行なわれる。収支尻を合わさなければならない私立学校の場合には、はるかに強力な回復メカニズムとなる離脱も、公立学校の場合はそれほどでもない。したがって、ここでは、本書でいう二つの回復メカニズムのうち一方は機能せず、もう一方は効果がないという具合なのである。

以上考察してきたことがもっともよくあてはまるのは、ある種の重要な選択や意思決定、たとえば、二種類の教育機関、二通りの輸送方式のどちらかを選ぶ非連続的な選択・意思決定である。(8) 安くて低品質のものから高価で高品質のものまで、商品の種類が完全に連続した配列になっているとすれば、最高の商品と最低の商品の場合を除き、どのような品質低下もすぐにさまざまな離脱に結びつくであろう。品質重視の消費者は高価格・高品質の製品に離脱し、価格重視の消費者は低価格・低品質の商品に移る。品質重視の消費者はやはり、価格が上昇したときよりも品質が低下した場合にこそ、一番最初にその商品から離れていくが、価格重視の消費者も、ほどなく後に続くであろう。

それでもやはり、発言は低品質の製品よりも高品質の製品における質の低下に立ち向かうとき、重要な役割を果たす可能性が高いという命題は、数多くの種類が取り揃えられている商品についてもあてはまる。ある商品について数多くの種類が取り揃えられているが、そのすべてを品質度に応じて配列した場合、［ある品質の種類は多く、別の品質は少ないといった具合に］同じ密度にならないと考えられるとしよう。そうすれば、この命題はあてはまるのである。規模の経済という理由からだけでも、商品密度は、低級品、中級品よりも高級品のほうが低くなると考えられる。もしそうだとすれば、高級品の場合、かなりの品質低下が起きないかぎり、品質重視の人たちが離脱し、次善の商品に切り替えることはないはずである。したがって、高品質域においてこそ、発言オプションの見込みは広がり、発言オプションが行使される場合が多くなる。それに比べれば、中品質域、低品質域においては、その可能性は小さい。

こうした考察結果から二つの推論が成り立つ。まず第一に、この結果は先に述べた教育の議論に関連づけることができる。その議論が示唆しているとおり、今や「生活の質」と称されるようになったものの内容とほぼ重なり、それに欠かせない数多くのサービスの場合には特に、質の低下を阻む発言の役割が重要となる。そしてここから、いささか面食らう結論がでてくるが、それはけっして非現実的なことではない。すなわち、このようなサービスの場合、品質低下を阻止するには発言が必要となり、また、発言は低品質域よりも高品質域において準備されやすくなるので、生活の質において高レベルのものと中レベル・低レベルのものとの格差は、顕著になっていくという結論である。このことは、上向移動が可能な社会には特にあてはまる。階層間の移動を阻む社会では、発言オプションの行使が自動的に強まる。なぜなら、今いるところで生活の質を守ろうとだれもが強く思うからである。今や、上向移動が可能な社会ほど、上層階級と下層階級の格差が拡大するだけでなく、より強固になるということがますます明らかになってきている。だが、機会均等が社会的上昇移動と結びつけて理解され、それこそが効率性と社会正義をたしかなものにするのだと長く考えられてきた文化のなかで、こうした考察結果を導きだすのは、これまで容易なことではなかった(9)。

もし、品質尺度の上端ほど商品の密度が小さくなるという仮定が、最善の結果をもたらすためには離脱と発言を組み合わせることが必要になるという妥当な考え方と結びつけば、上で述べたのとは少し異なった推論が導かれる。この考え方が認められるとすれば、回復メカニズムは、品質尺度の下端ではあまりにも離脱に頼りすぎていることになるし、一方、その上端では離脱が欠如していることの問題点が大きくなるだろう。後者の命題については、本書の末尾あたりで描くつもりである。

（1）*Development Projects Observed* (Washington : Brookings Institution, 1967), pp. 146-147.（麻田四郎・所哲也訳『開発計画の診断』巌松堂、一九七三年、二一九―二二〇頁）

（2）私立学校は金がかかるし、所得分配は不平等であるから、公立学校に見切りをつけるのは、もちろん、主に金持ちの親であろう。だがそうであったとしても、子供の教育環境を改善するために、どれだけ金銭的犠牲を払おうとするかは、同じ所得階層のなかでも異なるし、特に中間所得層の間では差がでてくる。ここで描かれた現象がもっとも純粋な形で現われてくるのは、中間所得層の親が多い学校区である。そうした親たちにとって、子供を私立学校にやるのは、大きな決断ではあっても、耐えられないような負担を伴う決断ではないからである。

（3）ここでの引用は、B. Graham and D. L. Dodd, *Security Analysis*, 3d ed. (New York : McGraw-Hill, 1951), p. 616. からのものである。こうした議論は、第五〇章「株主―経営者論争」において、やや詳しく説明されている。これについて著者たちは、共著第四版においては手短かに触れているだけであり、実際に自分たちの教えが生かされるには、制度的に非常に不利な状況にあると気づいているように思われる。二人は残念そうに、こう述べる。「私たちは、たとえドン・キホーテ的なやり方と揶揄されても、伝統的とはいえ害の大きい考え方、すなわち、会社の経営方針が意に沿わないのなら、株主は株価がどんな安値であろうと自らの株を売るべきだという考え方に反論したかったのである。（訳注一）」

（4）補論Cでは、こうしたことが起こる可能性に言及し、それを「逆転現象」(reversal phenomenon) としている。言葉よりも図のほうが分かりやすいという読者は、以下のページで展開される議論を、補論C、補論Dと突き合わせながら読んでいただきたい。

（5） Erik Erikson, *Insight and Responsibility* (New York: W. W. Norton & Co., Inc., 1964), p. 86.（鑪幹八郎訳『洞察と責任』誠信書房、一九七一年、七九頁）

（6） なじみ深い経済学の概念、たとえば貿易利益が、同じように政治的カテゴリーに変異すること、つまり、貿易を行なう国がその貿易から利益を得る相手国に対し行使しうる影響力に変異するということについては、拙著 *National Power and the Structure of Foreign Trade* (Berkeley: University of California Press, 1945, expanded ed., 1980), ch. 2 を参照のこと(訳注二)。

（7） 補論Dをみよ。そこではまた、本節で展開されるその他多くの点について、より専門的な用語を用いつつ議論している。

（8） 補論Dで示されているのは、ある商品について少なくとも三つの種類が存在すれば、逆転現象が起こるということである。すなわち、まず、品質が低下したり価格が上昇したりする中間的な商品、第二に、高価格・高品質の商品、そして第三に、低価格・低品質の商品の三つがある場合である。こうした配列になっている場合、中間的商品の価格が上昇したとき、（低価格・低品質の商品のほうへ）まず最初に離脱するのは、要求度の低い消費者であろう。一方、その品質が低下したとき、（高価格・高品質の商品のほうへ）最初に離脱するのは、品質を重視する消費者であろう。本文中の例では、明示的にはたった二つの商品、すなわち公立学校教育と私立学校教育が存在しているだけなのだが、この場合でも、公立学校教育の価格が仮に上昇すれば、通常購入される商品の「向こう側」に第三の選択肢が求められる。すなわちそれは、家庭における非公式の教育である。もちろんこれは、公立学校が無料でなくなれば、要求度の低い消費者の多くが選択するだろう。したがって逆転現象の存在は、この場合も除外できないのである。一見したところは二者択一である選択の場合にも同じことがいえる。つまり、よくみれば、たいてい第三の選択肢が存在するのであって、日ごろ購入される商品の価格が上昇した場合なら、より低劣な商品をみつけることができる。

（9） こうして信じられてきたことが、どれだけ間違っているかは、マイクル・ヤングが以下の鋭い風刺的作品で赤裸々に述べている。Michael Young, *The Rise of Meritocracy*, 1958, Penguin Edition 1968.（窪田鎮夫他訳『メリトクラシー』至誠堂、一九八二年。）本書一一〇―一一四頁も参照のこと。

（訳注一）　B・グレアムとD・ドッドの『証券分析』は、一九三四年から八八年にかけて第五版まで出版された。なかでも一九三四年の初版が今なお投資家の人気を勝ち得ているとされ、これには邦訳もある（関本博英他訳『証券分析［一九三四年版］』パンローリング社、二〇〇二年）。

（訳注二）　一般に正統的理論では、貿易という商品交換が他の要因からは独立して行なわれ、かつ貿易後の厚生は当事国双方で高まり安定すると考えられている。外国貿易が国力の追求・増強の手段として、国家によって意識的に利用されるという状況はまったく視野に入っていない。ハーシュマンの第一作『国力と貿易構造』（*National Power and the Structure of Foreign Trade*）は、独自の指数を考案し大戦間期における世界貿易の構造を検証して、正統的貿易理論に対する批判を試みたものである。本文では「消費者余剰」という純粋に経済的とされる概念から「政治的影響力」の議論を導出したわけだが、この著作では「貿易利益」の概念を問い直している。「一国が貿易から得る利益合計とはまさに、貿易が停止した場合に、その国が被る窮乏合計の別表現にほかならない」とし、関係断絶の機会費用の格差に、大国による小国への権力行使の芽をみいだそうとした。『国力と貿易構造』は、国際関係論の古典的業績の一つに数えられ、ラテンアメリカの従属論にも大きな影響を与えている。詳しくは、矢野修一『可能性の政治経済学―ハーシュマン研究序説』法政大学出版局、二〇〇四年、第三章を参照のこと。

第五章　競争が助長する独占

状況によっては、他に行き場のない独占のほうが、競争が存在する逃げ道の多い状態よりも望ましい。このことは、西側世界の経済学者には理解しがたい。しかし、これまでの議論にしたがえば、以下二つの条件の下では、離脱のないほうが、なまじかぎられた離脱がある状況よりもよいと考えざるをえない。

（一）離脱が回復メカニズムとしては効果的ではないにもかかわらず、品質を重視して常に目を光らせ、本来積極的に行動を起こすはずの顧客やメンバーを企業や組織から奪い取る結果になっている場合。

（二）こうした顧客やメンバーをしっかりとつなぎ止めさえすれば、発言が効果的なメカニズムとなる場合。

第一の条件にあてはまる状況が数多く存在するのは明らかであり、本章と以下の章でさらにこうした例を挙げていく。第二の条件は、実は非常に大きな問題である。すでに指摘したように、組織内部で「発言」を発展させるとは、まさに、さまざまな意見や利益を明確化し糾合することを通じて民主的なコントロールを行なってきた歴史を意味するからである。

したがって、実際、メンバー・顧客がつなぎ止められているからといって、ただそれだけでは、適度な発言がすぐに機能することにはならない。以下で議論するように、ある組織に大きな影響を与える一つの重要な方法とは、競合組織へ離脱するという脅しである。だが、この脅しは競合するものがなければ使えない。このため発言は、離脱が可能なときばかりではなく、まったく別の理由によるが、離脱が不可能なときにも、不利な条件を背負わされる。たしかにそうなのだが、それでも事態の展開について次のようにいえることも多い。すなわち、ある特定の社会における組織の権力構造や応答の仕方はどのようなものか、個人や集団が一般的に、自らの利益をどれだけ積極的に主張するかといった点が重要であること、したがって、発言は離脱可能な状況より顧客・メンバーがつなぎ止められているときにこそ、うまく働き効率性の維持をたしかなものにする場合があるということである。(1)

ここで問題の核心をとらえるには、おそらく、私たちが二つの害悪のうちどちらを選択するかという問題に直面しているのだと認識する必要がある。一つは伝統的な完全独占である。これはその危険性、濫用の可能性が長く批判されてきた。だがもう一つ、注目せねばならない害悪がある。独占力は完全でないにもかかわらず、注意深い顧客・メンバーが離脱した後、特に目立たなくてもしぶとく生き残る組織である。多くの場合、本当に問われるべきは、これら二つの制度的特徴のうち、どちらがより不都合かということである。

こうした立場は、独占に対する関心を高め、反独占の闘いを長く鼓舞してきた考え方とは大きく異なる。伝統的に描かれてきた独占企業は、自らの能力を最大限駆使して消費者を搾取し、生産を制限することによって利潤を極大化しようとする。公共政策を主に支えてきたのも、こうした考え方であった。いつもは「決まりきった思考様式」を即座に拒否するガルブレイスでさえ、独占企業のこうした搾取的行動こそ、阻止されるべき主要な、そしておそらくは唯一の危機だと受け止めている。彼が『アメリカの資本主義』のなかで端的に指摘しているのは、先進資本主義経済の独占化傾向に対し、競争を代替手段とするのは非現実的だということであり、代わりに持ち上げたのは、すでに世に広まっている矯正策、すなわち「拮抗力」(countervailing power) であった。だが、独占企業について私たちの憂慮すべきことが、利潤極大化を目指して影響力を行使し不当な利益を取り立てることだけではなく、それら企業が非効率、腐敗、怠慢に陥りがちなことでもあるとすれば、どうだろうか。結局のところ、こちらのほうがよくある危険ではないだろうか。たとえば、独占企業が製品価格を高く設定するのは超過利潤を蓄積するためではなく、コストダウンを維持できないからである。あるいは、より典型的な独占企業は、どの段階でも何ら金銭的利益を得られないのに、自ら販売する製品・サービスの質が低下するに任せ、品質低下のプロセスを放置する。(2)

搾取や暴利といった注目を集めやすい現象に比べれば、独占や市場支配力が招く、それとはほぼ正反対の欠陥、すなわち怠惰、怠慢、腐敗は、それほど分析されなかった。これらの問題を公共政策の課題として認知するには、「アングロ・サクソン」的世界を超えでなければならない。そこでは、経済理論が通常、何らかの極大化モデル、「緊張経済」モデルの言葉で語られているからである。数年前、フランスの名高い経済官僚が企業に対するさまざまな公的規制策を提唱した際、重要な問題として彼がまっさきに指摘したのは、もたつく企業に特徴的な無能力と「放漫な経営」であった。(3)

政治力は、それを保持する者が蛮行に走るのも、惰眠をむさぼるのも意のままであるという意味では、市場力に非常によく似ている。しかしこれに関しても、正当な理由があるとはいえ、権力濫用、個人の権利の侵害といった危険性のほうが注目され、それに比べ、職務執行上の不手際や官僚の愚行といった危険性にはそれほど注意は払われなかった。現在幅広い議論を呼び起こしているオンブズマン制度は、以上のような事情もあって、役割を変えつつある。そのもともとの目的とは、官僚が合法的限界を超えて権力を行使することに対する市民の苦情を受け付け、その処理の手助けをすることであった。しかしながら、その後、この制度は「主な目的を変更」するに至り、今日では、不正行為の矯正、「よりよき行政の推進」などに軸足を移してきている。(4) おそらくこれが意味しているのは、本来、でしゃばりがちで横暴な官僚による権力濫用をくい止めるために作られたが、今やそれにとどまらず、官僚のさぼり癖を正し叱責するためにも活用されているということである。

こうしていろいろなことができれば、それは結構なことだが、そのようなことがいつでも期待できるわけではない。独占企業が一心不乱に利益追求に走るのを阻止する方策がすべて、独占企業の怠慢・注意力散漫傾向の解決策ともなり、二重の職務を果たすとすれば、それは驚くべきことである。ここで考えなくてはならないのは、離脱‐競争である。競争の存在は、搾取に走り利潤極大化を狙う独占企業に対処するには、もちろん有効だろう。しかし主な関心が、軟弱で凡庸になりがちな独占企業にどう対抗するかということなら、競争の存在は利益よりも多くの害をもたらすであろう。というのも、この場合、離脱‐競争は、組織の存続に深刻な脅威となる影響を与えることなく、これまで述べてきたように、発言を致命的に弱めるだけだからである。これは、赤字になっても国家財政に容易に手をつけることができたナイジェリア鉄道公社の例にあてはまる。だが、競争が期待どおりに独占を制限するどころか、厄介な顧客の重みを取り除くことによって、独占を助長し下支えしているケースは他にも数多く存在する。したがって、独占‐専制のタイプとして重要でありながら、あまり認識されなかった特別なタイプを提示できる。それは、無能な者が弱者を圧迫し、怠惰な者が貧者を搾取するようなタイプであり、さほど目立たず、逃げようと思えばいつでも逃げられるだけに、なおさら長続きし、重くのしかかってくる独占‐専制である。これとまさに対照的なのは、全体主義的・拡張主義的な専制、利潤極大化を図り蓄積に邁進する独占であり、これらのほうが私たちの関心を不当に集めてきた感がある。

努力や批判から自らを解放してくれる「競争を歓迎する」こうした「怠惰な」独占（"lazy" monopolies）は、経済の分野ではよくみかける。これは、独占力の源が立地条件にある場合や、その地域でのいろいろな顧客グループによって、移動能力が非常に異なる場合に顕著である。現実にはよくあることだが、もし移動可能な顧客が品質にもっとも敏感な顧客だとすれば、その地域の独占企業の稚拙な仕事ぶりがもたらす彼らの離脱は、独占企業がぼんやりしたままでいることを結果的に許してしまう。このことはたとえば、まさに「ゲットー」(ghetto)ストアともいうべき小都市にある店舗が、品質重視の馴染み客をどこか別の場所の優良店にとられる場合にあてはまる。途上国でのいい加減な電力事業に呆れた要求度の高い顧客が、ある時点で、もはや何度も停電することに耐えられなくなり、意を決して移動したり、自家発電設備を導入したりする場合にもあてはまる。

アメリカ合衆国郵政局も怠惰な独占の一例である。ここも、もっとも口うるさく裕福な顧客にだけ特別な離脱の機会があるのをいいことに身を太らせているからである。電報や電話という速くて信頼の置ける伝達手段が利用できることによって、郵便サービスの不便さは許容されやすい。こうしたことによって、また郵政局は他の通信手段に離脱するのが不可能であったり、あまりに出費が大きすぎると考える顧客をより巧妙に支配することもできるのである。

怠惰な独占において力をもつ者は、発言されては厄介なことになりそうな人々にだけ少しばかり離脱の機会を作りだすことに、実際関心を抱くであろう。ここで、利潤極大化を狙う独占と怠惰な独占との違いがはっきりする。前者の場合、もし可能となれば差別的な価格設定を行ない、もっとも熱心な顧客から最大限の収益を搾り取ろうとするだろう。一方、怠惰な独占の場合、法外な価格設定をして、これら熱心な顧客を完全に市場から閉めだし、面倒で疲れるばかりの品質向上努力から解き放たれようとするであろう。というのも、もっとも熱心な顧客とは、最高価格を支払う意思があるだけではなく、品質基準が少しでも下がった場合、もっとも要求度が高く、口うるさくなる可能性が高いからである。(5)

こうして(利潤極大化という点からは)あべこべな差別化が図られる事例を経済の現実のなかにみつけだすことは容易ではない。それは、おそらく私たちがそうしたものをそれほど熱心に探しだそうとしてこなかったからであり、ただ単に、差別的な価格設定が一般にそう簡単には実施できないからでもある。だが、これに類する状況は、政治の世界では一般的である。ラテンアメリカの権力者たちは、長年、政敵や体制批判を行ないそうな者の自発的国外退去を促し、彼らを表舞台から遠ざけようとしてきた。亡命の権利をラテンアメリカのすべての共和国は気前よく提供してきたが、それは「発言を制約するための共同謀議」とみなしてもよいぐらいである。こうした点が非常にはっきりと示されている事例は、コロンビアのある法律にみいだせる。その規定では、退任後、国外で暮らす大統領経験者には、国内で生活する場合に受け取ることのできるコロンビア・ペソと同一額のアメリカドルが支給されることになっていたのである。法律が施行されていた時期、アメリカドルはペソの五ないし十倍の価値だったので、潜在的な「トラブルメーカー」の離脱に対して国が用意したインセンティヴはかなり大きかった。

そこまで特別なインセンティヴがなくても、現体制に不満を抱く政治家、失脚した政治家の離脱が他の国々と比べて常に容易な国が今も昔もある。日本とラテンアメリカの政治が以下のように比較される場合があるが、ここには、発言を通じた活発で建設的な政治プロセスが離脱の影響を受け、しだいに浸食されていく様子が別の形で描かれている。

島国であることによって日本では、政治的対立の可能性に対して厳しい限界が設けられている。納得のいく亡命がそう簡単にはできないことが、妥協する美徳を教え込む大きな要因となった。アルゼンチンの新聞の編集者なら、逮捕や暗殺の危険にさらされれば、川を渡ってモンテヴィデオに逃げ込み、そこで今までどおり家庭をもち、慣れ親しんだ人々、慣れ親しんだ書物に囲まれた生活を送れるだろう。友人、新たな職場をみつけることも容易である（おそらく、今日なら、雨後の竹の子のように増え続けている国際的組織の一つに、手回しよく避難場所を用意しておくことだろう）。だが、ごくわずかな人を除き、大部分の日本人にとって、母国こそ唯一の居場所だった[6]。

こうした見方からすれば、日本は「離脱のない」国家であることによって利益を得たということになり、他方、離脱の機会がいつも手招きしている状況がラテンアメリカ社会を特徴づけたことになる。おそらく、こうした状況が、ヒスパニックの国民性、男性優位主義（*machismo*）の礼賛、その他これに類する因習的な要因と肩を並べつつ、ラテンアメリカの政治に典型的な派閥主義、えこひいき（*personalismo*）を作り上げてきたのである。

（1）読者は、こうしたケースが完全競争と興味深い対称をなしていることに気づくだろう。第一章の注（1）で指摘しておいたように、完全競争市場で生産する企業は、自らの失敗を顧客の反応を通じて間接的に知るのではなく、費用の増大を通じて直接認識する。そうした企業は、製品の価格も品質も変えることはできないからである。企業が実際どれだけの損失を被るかは、効率性からどの程度逸脱しているかによって決まる。逸脱の度合が小さければ、損失もまた小さく、企業は回復の機会を得る。ここで完全競争からほんの少し視点を移し、需要は非常に弾力的なままだが、当該企業が価格決定者・品質決定者として、ある程度の市場支配力を有している状況を考えてみよう。この場合、完全競争とはまったく異なった状況が現われてくる。小さな逸脱はわずかに品質の低下した製品を生みだすが、やがてこの製品がもたらす収益の減少は、企業をすぐさま倒産させるほど大きくなるだろう。ここで思い浮かぶのは、同じような状況がもう一方の極で生じているかもしれないということである。回復メカニズムの有効性という観点からは、完全な独占のほうが、競争によって少しばかり邪魔をされる独占よりも望ましい。というのも、この中途半端な競争状態では、収益の減少は軽微にとどまり、自らの失敗を経営陣に知らせることはできないにもかかわらず、もっとも声の大きな顧客を企業から逃してしまうために、発言を決定的に弱体化させるからである。したがって、回復メカニズムは、完全競争と純粋な独占という両極端においてのほうが、市場支配力、競争構造の点で両極端からほんの少し逸脱している状況よりもうまく機能するだろう。

（2）あるブラジル社会研究者による以下の論評と比較せよ。「ブラジルの大土地所有制が害悪であるのは、それが非人間的で情け容赦ないからではなく、非効率的だからである。」Jacques Lambert, *Os dois Brasis* (Rio de Janeiro：INEP-Ministerio da Educação e Cultura, 1963), p. 120.

（3）François Bloch-Lainé, *Pour une réforme de l'entreprise* (Paris：Editions du Seuil, 1963), pp. 54-57, 76-77.（堀川マリ子・堀川士良訳『企業の革新のために』中央大学出版部、一九六五年、五四―六〇頁、八三―八五頁。）「アングロ・サクソン」系の文献でも、特に労働組合については、「ぼんやり」していて「怠惰な」独占がはびこる可能性に注目したものもある。これについては、たとえば、Richard A. Lester, *As Unions Mature* (Princeton：Princeton University Press, 1958), pp. 56-60.（高橋武訳『労働組合運動の理論―その成熟と変貌』ダイヤモンド社、一九六一年、七四―七九頁）、および、Lloyd G. Reynolds and Cynthia H. Taft, *The Evolution of Wage Structure* (New Haven：Yale University Press, 1956) p. 190. を参照せよ。とはいえ、常に議論の中心を占めてきたのは、独占に潜在的に備わる収奪力であり、それこそが、規制や反トラスト法を推し進める動因となってきた。

（4）Hing Yong Cheng, "The Emergence and Spread of the Ombudsman Institution," *The Annals*, special issue on "The Ombudsman or Citizen's Defender" (May 1968), p. 23.

（5）怠惰な独占企業家がこうした顧客の発言から逃れる方法がもう一つある。彼はそうした顧客だけに、特別に高品質で「金ぴかの造作を施した」サービスを提供することもできる。これは、価格ではなく品質に関して行なわれる差別化ということになろう。この場合も、その目的とは、最大収益を搾り取ることではなく「堕落する自由」を買うことにある。

（6）R. P. Dore, "Latin America and Japan Compared," in John J. Johnson, ed., *Continuity and Change in Latin America* (Stanford：Stanford University Press, 1964), p. 238.

第六章　空間的複占と二大政党制の力学

ここまで分析してきた状況については、企業・組織の業績に明らかな衰退が生じているということが前提になっている。離脱オプション、発言オプションは、こうした衰退への反応であり、状況によっては、衰退を阻止し、その状況を反転させる。消費者は品質の変化を多かれ少なかれ感知するものとして描かれたわけだが、品質の変化を経験すれば、彼らは一様にそれを肯定的にか否定的にか、どちらかのとらえ方をするものと想定してきた。今やこうした仮定を外すことができるので、そうしようと思う。この場合でもまた、品質と価格はまったく異なった現象として現われる。つまり、こういうことである。ある商品の価格の低下は、すべての消費者にとって良い知らせである。まったく同じように、価格上昇はすべての消費者にとって実質所得の損失を意味する。だが品質の場合、そうではない。同じ品質の変化なのに商品に対する評価が高まる消費者もいれば、前のほうが好みにあっていたと感じる消費者もでてくる。もちろん、こうしたことは政党その他の組織がその立場を変える場合にもあてはまる。

このように、企業や組織は、ある一部の人々を喜ばせる一方で、別の人々を落胆させる品質の変化を起こす可能性があるが、このとき、企業・組織がもっとも選択する可能性の高い品質はどのようなものかという問題が生じる。企業は利潤を極大化する品質度を選択するというのが経済学者の答えである。(1) しかしながら、この決まりきった解答では、私たちの問題に本当に答えたことにはならない。というのも、もし企業が、（費用に何ら変化がないにもかかわらず）ある特定の品質の変化によって、顧客を失う一方で獲得もするとしたら、利潤極大化という規準は唯一の解答にはまったくならないからである。あるいはまた、企業が独占状態にある場合を考えてほしい。このとき、その企業は、製品の質を変化させても、実際のところ顧客を失いもしないし獲得もしないのだが、そうした変化によって、顧客の間に満足を感じるグループと不満を募らせるグループが生みだされる。こうした状況の行方を占うには、別の規準を導入するとよい。企業は、利潤を極大化させるだけではなく、自らもその一員である地域社会における好意を獲得し敵意を和らげるという非常に合理的な目的を達成するため、顧客の不満を極小化する傾向にあるからである。(2) こちらの基準が適用されれば、企業は一般に、利潤が極大化される品質変域（quality range）の中間点を選択することになるであろう。ある独占的企業の顧客が二種類に分けられると考えてみよう。A愛好派は、直線的な品質尺度（linear scale）上を品質がAからBに変化することをとにかく嘆き悲しむ顧客であり、B愛好派はそれを大歓迎する顧客であるとしよう。この場合、不満極小化を目指す企業は、もしA派とB派の不満の強さが同じであるとすれば、品質Aと品質Bの中間点を選択する。(3) もし品質がAから離れていくにしたがいA派の抱く不満の大きさが、同様の状況におけるB派の不満よりもはるかに強く、不満の声も大きくなるとすれば、企業はBよりもAにかなり近い品質を選択する。

まさしくこうした状況で発言の概念が姿を現わし、企業がどういった品質を選択するかという問題に決着をつける。企業が不満極小化の意思決定を行なったとしても、ここでは、それを啓発された自己利益に照らして決断した最優先行動だとは解釈しない。(4) むしろ企業は、品質変域における中間点を選択する際、ただ単に発言に応答しているだけである。あるいは、企業を相反する方向に引っ張りあうような顧客の複数の発言に応答しているだけである。企業の品質選択については、こう述べることができるだろうし、おそらくは、そのほうが現実的である。だが企業にとって利潤極大化が何の政策指針にもならない場合、もし発言が決定的に重要な役割を演ずるとするなら、利潤極大化という規準が品質変域内のある特定点を指し示したとしても、まさにそのとき、発言を無視することなど、まずできないであろう。いいかえれば、発言への関心（すなわち、敵意・不満の極小化への関心）は、最大利潤への関心を制限すると期待されるのである。利潤極大化の目標が不満極小化という目標と衝突するとすれば、二つの目標の間には何らかの妥協あるいはトレード・オフの関係が生まれる。

そうした衝突やトレード・オフが特に発生しやすい状況として、以下のような例が考えられる。二種類の消費者、A愛好派とB愛好派のうち、A派は、当該企業の製品の質がBへ移行した場合、代わりの選択肢をもたないとしよう。一方、B派の需要は非常に弾力的で、品質がBからAに移行するにつれ、ますます多くのB愛好派がその企業を見棄てるものとしよう。こうした状況では、もっぱら利潤極大化を狙う企業なら、品質変域内のB点で生産を行なうが、不満極小化を図る企業なら、むしろA点で生産するかもしれない。A点においては、A愛好派は満足するだろうし、B愛好派はみな別の企業に乗り換えると思われるからである。すなわち、B派は、自らを落胆させた企業に好感をもつはずもなく、また自分たちが行使できたかもしれない影響力のすべて、もしくはその大半を、自ら離脱することによって失ってしまっている。いずれにせよ、B派が容易に代替品をみいだしたという事実は、厚生の点で彼らの被る損失が不当に高くはなかったことを物語っている。これとは反対に、当該企業がB点で生産をすれば、A愛好派はなお、その企業を離れず、おそらくは非常に大きな不満を感じ、それを口やかましく述べたてるだろう。こうした状況では、ともかくも発言を感知する企業なら、品質変域内の利潤極大点から少し離れようとするにちがいない。したがって注意すべきは、利潤極大点で生産を続ける企業によって不愉快な思いをさせられた消費者が「他に行くところがない」状態に置かれていれば、企業が利潤極大点から離れる可能性は特に大きくなるということである。こうした結論は、「力強い消費者」に関する伝統的な考え方と矛盾する。あるいは少なくともそうした考えに制約を課す。通常、消費者の力の源は、消費者が別の企業に乗り換えることができ、自分の好みに注意を払わなかった企業を「罰する」ことができるという事実にあると信じ込まれている。だが今私たちが目にしているのは別の力である。その力は、他の企業に乗り換えることが不可能で、したがって、丸め込むなり、脅すなり、その他さまざまな手段を用いながら、企業の注意を自らのニーズや好みに向けさせることに一番大きな関心を抱く消費者にこそ発生する。(5)

上述の議論は、経済学・政治学の由緒ある思想系譜において扱われてきた論点に直接関わる。約四〇年前、ハロルド・ホテリングは、今や著名な論文を発表したが、(6)このなかで彼が切り開いた分野は、複占、立地論、さらには二大政党制の力学と多岐にわたっている。(訳注一)彼の議論は、その後、さまざまな論者によって洗練されたり、条件が加えられたりしたが、基本的論点は、直接的な批判を受けなかった。ホテリングのいいたかったことは、ごく簡単にまとめることができる。顧客、あるいは政治分野のモデルでは有権者だが、彼らは、直線的な品質尺度上を品質Aから B まで、あるいは左翼から右翼まで均等に分布しているものとする。当初、二つの企業（あるいは二つの政党）は、上述の直線的領域を二分し、左右に等分されたところの真ん中［四分位点］にそれぞれが位置するものとしよう。社会的観点からは、これは理想的な配置である。消費者の輸送費用が最小になっているからである。このモデルを政治学に応用しても、同じ結果が得られる。すなわち、二大政党のそれぞれがこうした四分位点にあることによって、有権者と政党のイデオロギー上の懸隔、すなわち政党の綱領や政策に対する有権者の不満は最小化される。ここで、二つの企業・政党のうちどちらか一方、たとえば左側にあるほうが費用をかけずに自らの位置を変えることができ、かたや右側にあるほうは身動きできない状態に実際にある、あるいはそのようなものと考えられているとしよう。こうした条件の下では、利潤極大化を狙う企業、もしくは得票極大化を狙う政党は、右側に移行する可能性が高くなる。なぜなら、身動きのとれない企業・政党の左側に位置してさえいれば、利潤極大化企業・得票極大化政党は自らの顧客・有権者についてはその左端までしっかり確保できるし、そうしながら、右側の企業・政党の領域に足を踏み入れることによって、それらから新たな顧客・有権者を獲得できるからである。ここから二つの重要な結論が導かれる。(一)ここで想定された複占という条件の下では、二つの企業は尺度上を真ん中に向かって移行する傾向にある。(二)利潤極大化ないし得票極大化を狙う主体の行動は、こうして社会的には望ましくない結果をもたらす。なぜなら、消費者が商品を購入しようとすれば、企業が四分位点で固定された状態にあるときよりも(消費者が負担する輸送費用を含めると)総費用が高くつくからである。これと同様に、社会的には望ましくはないが、二大政党制を担う両党は互いに接近していく可能性が高いと結論づけられる。[7]

このエレガントなモデルは、特に政治学者の間で評判を勝ちとってきたが、現実世界の展開を正確に予見することには失敗した。だが、それはそれだけのことにすぎない。ストリーテン＝クーンの原理がうまく表現しているように、一つのモデルを覆すことができるのは、モデルに相反する現実ではなく、別のモデルだけだからである。[8]だからといって、モデルがまったく手つかずだったわけではない。大恐慌とニュー・ディール政策を経て、民主・共和両党のイデオロギーがかけ離れていったとき、モデルと現実とをすりあわせる試みがなされた。その際、すでにホテリングによって指摘されていたことだが、[9]モデルの結論を導くには、直線的市場のどの地点においても需要の弾力性がゼロという前提が決定的に重要であるという事実が注目された。こうした前提に立てば、消費者は、「もっとも近い」ところがどれだけ遠かろうと、とにかくもっとも近い店で製品を買い続けるし、同様に、一般市民も、一番身近な政党に投票し続けることになる。だが、需要が弾力的であれば、企業・政党は中心に向かって移行するにつれて、自分側の市場の末端に位置する消費者・有権者を失う。売上や得票数がこうして失われるとなれば、モデルにもともと内包されていた、中心への収束という社会的に望ましくない傾向が少なくとも制約されるであろう。[10]

歴史の振り子は一九五〇年代、再び反対側に揺れた。アイゼンハワー政権下、眠たくなるような無風状態が続き、若干気が早いと思われたが、著名な学者たちはイデオロギーの終焉を叫びはじめた。こうした雰囲気のなかで、ホテリング・モデルに再び手が加えられた。アンソニー・ダウンズは、その有名な著作において、左翼から右翼までイデオロギー上の可変領域全体で、有権者が均等に分布しているというホテリングの前提の現実性に疑問を投げかけた。[11][訳注二]［均等分布ではなく］もし、こうしたイデオロギー尺度上で、有権者の度数分布が中央部（まさに「中道」）でピークをなし、両端に向かうにしたがって先細っていくとすれば、ホテリングのいう中心収束傾向は再び自明となる。（均等分布を仮定した場合は収束傾向によって生みだされる社会的損失が、このような条件の下では、収束傾向によっても生じないことが明記されるべきである。）このようにしてダウンズは、ホテリングの命題に再び活力を吹き込んだのだが、その際、彼は、かつてこの命題に賦課された、需要が弾力的であるという仮定を問題とはしなかった。それどころか、ダウンズはこうした条件を十分認知していた。彼は、需要が弾力的であるという仮定を認めつつ、その仮定と、有権者は左翼から右翼に至るまで、おおよそ「正規」分布の状態にあるという仮定とを抱き合わせることによって、ホテリング命題の活力を取り戻したのである。[12]

こうしてホテリング・モデルがダウンズの手によって輝きを取り戻したまさにそのとき、モデルの現実説明能力に対して、またしても気まぐれな歴史のいたずらが疑問を投げかけた。共和党が一九六四年にゴールドウォーターを、それほど極端ではなかったが一九六八年にニクソンを、それぞれ大統領候補に選んだことに示されているように、二大政党のうち少なくとも片方の政党は、ホテリング＝ダウンズ的シナリオどおりに動こうとはしなかった。これ以外にも一般的に、二大政党が数多くの重要案件について、ほぼ一貫して反対の立場にあることを示す事実が数多く見られた。[13]

ここで発言概念を採用すれば、需要が弾力的であるという仮定を一九三〇年代に導入したとき以上に、ホテリング・モデルをより根本的に見直すことができる。実際には、需要が非弾力的であるというホテリングのもともとの仮定は、必需品が複占的に販売される状況、二大政党制が確立している状況の下では、まったく現実的である。つまり、この仮定が誤っていたり、非現実的というわけではない。そうではなくて、「他に行くところがない」という意味で「はまっていて身動きのとれない」消費者（ないし有権者）が無力の象徴であると判断することが誤りであり、非現実的なのである。実際、この消費者・有権者は、他の企業・政党へと離脱できないし、したがって離脱によって企業・政党に圧力をかけ業績改善を迫ることはできない。だが、まさにそうであるからこそ、彼は、離脱可能な消費者・有権者と違って、自ら最大限の努力をし、自分にとって非常に不愉快なことを企業・政党にさせないように、あらゆる影響力を行使するだろう。したがって、モデルの仮定を非弾力的需要から弾力的需要に変更することによってではなく、直線的市場における両端の非弾力的需要は、発言を通じて大きな影響力を発揮するということがきちんと理解されることによって、ホテリングのいう収束傾向は緩和され、抑制されるのである。

概略はすでに述べたが、発言の機能によって、企業や政党は、その目的を利潤・得票極大化から、ある程度までは不満極小化に切り替えようとする。売上・得票予想につきまとう不確実性が考慮されれば、こうして利潤・得票極大化を不満極小化に切り替える可能性は、それだけ大きくなる。いいかえれば、「色を薄めた」綱領や政策を提示され、不満を抱き不機嫌になっている党員からの抗議に悩まされている政党は、彼らの発言にしたがうことが多くなる。なぜなら、こうした発言は、まさに今ここにある現実であるのに対し、色を薄めることによって生まれるかもしれない便益はきわめて不確実だからである。

発言が行使される一般的条件については、第三章で論じた。ここで特に議論している問題に関しては、おそらく以下のようにまとめれば、うまく説明がつく。すなわち、発言が適切に機能するためには、個々人が政治的影響力を保持し、いざというときには、蓄えておいたその政治的影響力を十分に発揮しなければならないということである。こうしたことはごく普通、つまり、政治システムにはかなりのスラックが存在することは、十分認知されている。ロバート・ダールが書いているように、「地域社会における市民のほとんどは、いまだ活用されていない政治的資源を行使できる立場にある」[14]。

中心収束傾向がもたらす社会的損失について、ホテリングが懸念を抱きすぎていたのは今や明らかである。政党が色を薄め曖昧な立場をとることに不満を感じる人々は、その政党に対し、市場の外で機能しているが、それでもなお強力なメカニズムを通じて影響力を行使できるからである。だが他方、政党が発言メカニズムによっていささか曖昧模糊としているが、ホテリングによる立地問題の取り扱い方と同じように考えれば、政党とその支持者のイデオロギー上の距離の総和が極小化される地点として定義される。他に行くところがない人々の影響力によって、政党がその最適点を超え、集票という目的にとっては悲惨な結果がもたらされることがある。これが「社会的最適」状態にきちんと回帰できるかどうかについては、何の保証もない。ここでいう社会的最適とは、一九六四年、大統領候補としてゴールドウォーターを指名した共和党に起こったことの本質である。

一つの命題が事実によって覆されることはあるが、ホテリング゠ダウンズ理論から導かれる予測がゴールドウォーター指名という事実によって覆されることほど強烈な事例は、ほとんどなかった。にもかかわらず、こうした事態となっても、ホテリング゠ダウンズ理論はまっこうから疑問視されることはなかった。三人の政治学者がある綿密な論文のなかで、共和党がそのとき、得票極大化に向けて行動することに明らかに失敗した理由を、いろいろと検討したことがある[15]。彼らは、この問題に対する正解に近づきつつあった。共和党右派に注目し、こうした右派勢力が中道派よりもはるかに行動的であったことを示していたからである。彼らが熱心な政治活動のなかの特殊なタイプとみて調査したのは、官公庁や新聞・雑誌への投書であり、彼らによれば、まさにこうした行動をとったのは圧倒的に、「他に行くところがない」共和党右派の人々であった。だがその政治学者たちは、この興味深いデータをもっぱら、勝利の可能性に関する共和党および共和党候補者の誤認を説明するために用いており、そうしたデータから次のような、はるかに重要な結論を引きだすには至らなかった。すなわち、「他に行くところがない」人は無力であるどころか大きな影響力をもっているので、二大政党制の下における政党は、必ずしも、ホテリング＝ダウンズ理論が想定する得票極大化行動をとらない、ということである。[16]

二大政党制の下、他に行くところがない人々にはこうした力があることは、一九六八年、今度は民主党が敗北したとき、別の形で示された。有権者のなかの無関心層を動員したり、態度を決めかねている人を味方につけたりできるかどうかは、かなりの部分、各政党が積極的な運動員・ヴォランティアをどれだけ鼓舞できるかにかかっているとみられていた。だが積極的に行動する人たちは中道派ではまったくありえないので、彼らは、党があまりにも中道路線に傾くと意気消沈してしまう。したがって、中間に位置する有権者の票の獲得を狙った政策綱領の採択は逆効果となりかねない。つまり、票を増やすというより、ダメージを与える。こうしたメカニズムによって、他に行くところがない人々の発言は、政党が中央に移行しようとすればするほど収穫逓減をもたらし、ある点を超えれば収穫どころか負の効果を大きくする。つまり彼らの発言は、事実上「市場を通じて」作用している。それはあたかも、直線的市場の一番端に位置する人たちが真ん中にいる人たちに企業の製品を宣伝する仕事に関わっているようなものである。このとき当然ながら、彼らが売り込む熱意は、企業が販売拠点を自分たちのところから離していくにつれて、どんどん冷めていく。

このような場合、伝統的分析でも、ホテリング＝ダウンズ・モデルの限界を認識するのは何も難しくないだろう。モデルについてすでに言及したもう一つの条件に関しても同様である。身動きがとれないと想定されていた党員は、非常に大きな反感を覚え裏切られたと感じたとき、もちろんそのままじっと耐え続けるかもしれない。だが彼らは、何の成果も得られずジェスチャーに終わるかもしれないにしても、党を離れ独自の運動を立ち上げようとさえするだろう。このような状況では、末端部における需要は、全面的に非弾力的であるどころか、最終的には弾力的となることがはっきりする。こうした事態は、伝統的な経済分析でも十分説明できる。[17] だが今や、問題の核心をはっきりと述べたほうがよい。政党があまりにも中道に傾いた場合、末端部にいて力がないものとされていた有権者は、実際の投票で何とかその政党の鼻をあかそうとする。こうした状況とは、「他に行くところがない」からこそ生まれる一般的な影響力・パワーが特殊な形で現われているにすぎない。いいかえれば、そうしたパワーは現実に存在し、政党の得票（あるいは企業の利益）に対し直接目に見える結果がもたらされない場合でも、そうした影響力は行使される。消費者・有権者・党員が自らの不満を企業や政党にぶつけ、経営陣を大いにやりこめるには数多くの方法がある。そして、これら数ある方法のうち、たとえば経営陣の睡眠不足程度ではすまず、売上や得票の低下につながるものは、ごくわずかであるし、また必ずしもそれらはもっとも重要な方法でもないであろう。[18]

ここまで論じてきた状況から、さらにもう一つの考察結果が得られる。すでに指摘したように、発言、離脱をどのように感知するかは、組織によってさまざまである。したがって、発言と離脱がどのように組み合わされば最適かということも、組織が異なれば違ってくる。たとえば、収益低下により資金不足に陥っても国庫に頼れると分かっている国営企業は、離脱よりも、少なくともある時点までは、（消費者が抗議をしたり、現経営陣の更迭を上層部に訴えたりすることなど）発言のほうにはるかに敏感になるだろう。品質の変化が消費者の反応を引き起こし、その変化を衰退と感じる消費者もいれば、改善と考える消費者もいる場合、組織によって応答の仕方がこのように異なるという事情から興味深い結論が引きだされる。ここで次のような状況を想定してみよう。すなわち、ある方向への品質変化は、そうした動きに憤ったメンバーの別組織への移動を促し、組織を主に離脱の波にさらす。一方、反対方向への品質変化は、憤ってはいても「はまっていて身動きのとれない」消費者の発言を促す。こうした状況である。この場合、企業や組織の「品質がどのような経過を辿るか」を予測することができる。組織の業績はわずかに質を変化させることがあり、そうした変化は、偶発的な事態の結果として常に生じるものとしよう。もしも組織が離脱よりも発言に応答するとすれば、正常な品質から逸脱し、「はまっていて身動きのとれない」消費者には我慢ならない状況が修正される可能性ははるかに高まる。これに対し、それほどはまっていない、離脱志向の消費者の離脱を促す品質変化は、かなりの期間、修正されないままであることが多くなる。

今述べた状況が現実に近いとすれば、そこからは、政治運動がより過激になっていく理由が明らかになる。政治運動が掲げる当面の政策は、特に政権についていない場合には、現在の活動的な党員によって影響される傾向が強い。そんなことをすればすべての党員・有権者の支持を失いかねないという懸念は考慮されにくい。したがって、はまっていて身動きがとれないが、だからこそ活動的な党員の反発を買う中道路線への移行は、過激な路線への移行よりも強い抵抗を受けることになるだろう。たとえ過激な路線への移行が、それほどはまっていない党員・有権者の離脱を促すかもしれないにしても、そうなのである。このモデルからは政治運動の過激化という事態が予測されるが、それは選挙の間隔が長ければ長いほど強まると考えられる。というのも、選挙が近々行なわれるのであれば、はまっていて身動きのとれない党員の力を抑制する動きもでてくると期待されるからである。だが、こうしたことがらの全体像は、組織に対する忠誠（*loyalty*）が現われることによって、さらに複雑となる。

（1）　簡略化のために、ここで問題としている品質の変化は費用に影響を与えないと考えてもよい。

（2）　もちろん企業のこうした関心事は、「長期的には」利潤極大化と同義となりうる。

（3）消費者の好みの度数分布が正規分布の形になるなら、不満極小化を目指す企業が中間点を選択するのは明らかである。消費者の好みが品質尺度上のAとBの間で均等な密度で分布している場合も、不満が現実の品質と望ましい品質との格差に比例すると考えれば、同じように中間点で不満は極小化される。このことは、A-B尺度が直線的な市場においての物理的距離を表わす特殊なケースについては、かなり前に示されている（以下の注（6）を見よ）。その場合、企業がこの尺度上のどの地点に位置するかによって「品質」を表わしている。この品質が変化すれば、ある消費者にとっては喜ばしくても、別の消費者にとっては不愉快なのは明らかである。企業がどの地点にあるかによって消費者間で輸送費用は異なっており、これが（貨幣の限界効用を一定とすれば）消費者の不満の尺度となる。本文中でのように、消費者の好みが双峰分布の形となるとすれば、中間点が選択されると結論づけるには、さらなる条件を加えなければならない。このためには、不満は現実の品質と望ましい品質との格差以上に逓増するという考え方をすればよいだろう。したがって、不満関数は以下のような形状となる。

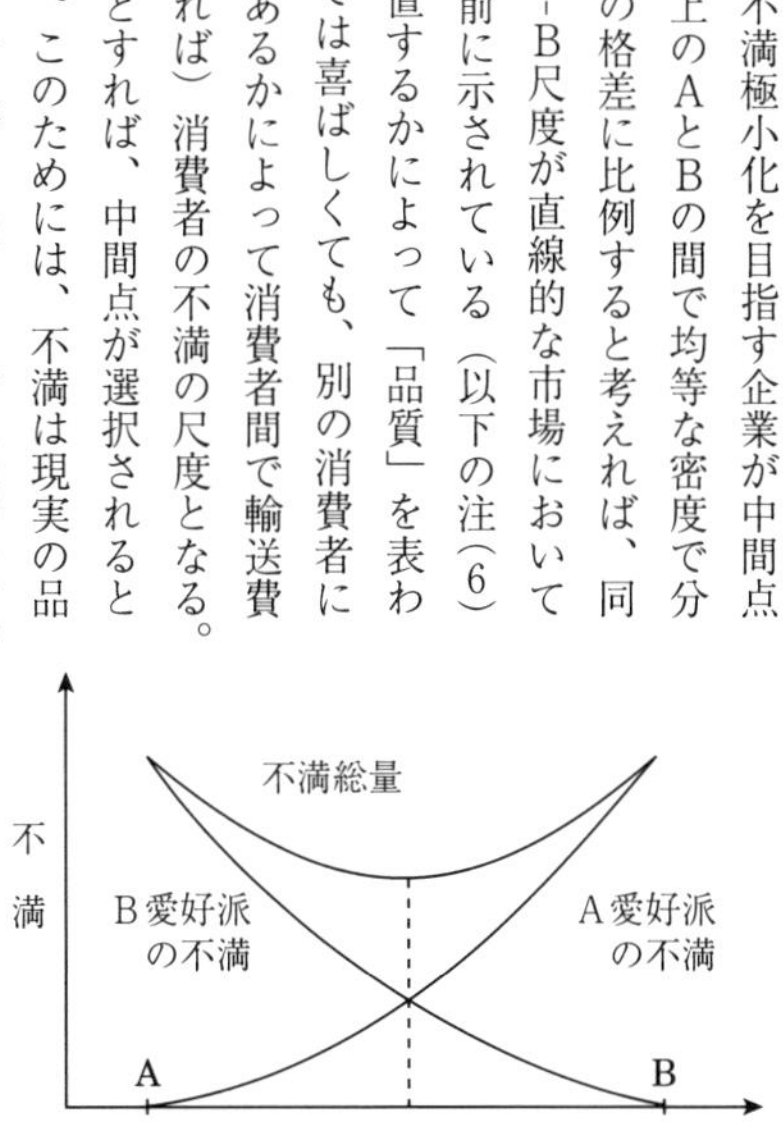

　こう考えれば、A愛好派とB愛好派の不満の総量は、ここでもまた品質Aと品質Bの中間点を選択することによって最小になる。

（4）あるいは、不満極小化の意思決定が純粋な利他主義に基づいて行なわれるという考え方もあるかもしれない。以下の文献でもそのように想定されている。Otto A. Davis and Melvin Hinch, "A Mathematical Model of Policy Formulation in a Democratic Society," in J. L. Bernd, ed., *Mathematical Applications in Political Science* (Dallas: Arnold Foundation, 1966), II, 175-208. 論文中で彼らは、「慈悲深い専制君主」がいかにして市民の「効用損失関数」、すなわち自らの政策に対する市民の不満を極小化するかを検証し、本文中での結論に似た論点を導きだしている。

（5）品質の変化がその低下であることが明白で、すべての消費者がそう感じとっているかぎり、離脱と発言はその企業を同じ方向に動かしている。したがって、もし企業が自らの行動を悔い改め、回復したとすれば、それは離脱と発言の「合作」であり、それぞれがどの程度貢献したかを分けて評価することは困難であろう。品質の変化がある人にとっては改善であり、別の人にとっては品質の低下を意味するような場合、二つのメカニズムのうち、どちらが強く作用したかを確かめるのは、比較的容易である。というのも、すでに説明したように、それらは互いに反対方向に作用するからである。この点については、本章末尾で再び議論する。

（6） Harold Hotelling, "Stability in Competition," *Economic Journal*, 39 : 41-57 (1929).

（7） だが重要な相違点が一つある。二大政党制の場合、選挙結果がでたあとは、勝利政党が国全体を治める政府を引き継ぐのに対し、複占の場合、二大企業は相変わらず両者で市場を分けあっている。したがって、四分位点に位置することによって、政党はそれぞれの立場や政策に対する市民の不満を最小化できるかもしれないが、二大政党が競いあった結果生まれる政府の立場・政策に対する不満は最小化されるわけではない。しかしながら二大政党制には、意味のない選択をするぐらいなら、リスクはあっても意味のある選択をするほうがよいということが含意されているということもできる。ややいい方を変えれば、非常に身近に感じている政党がまったく自分にあわない政党を打倒するチャンスを等しく有している状態のほうが、大して好きでも嫌いでもない中道政党が常に権力を握っている状態よりもよいと一般市民が考えるのも理にかなっているのではないかということである。こうした点が、デイヴィスとヒンチによっては見落とされている。彼らは、候補指名プロセスにおいて両政党の指名候補者がその党員によってのみ選ばれる結果、二人の候補者は四分位点に位置するはずだとみなしている。こうしたことは、アメリカ民主主義の制度においては現実に起こりうる。だが、その結果は、社会全体からみれば、必ずしもデイヴィス＝ヒンチの分析が示唆するほど、好ましくないものではない。彼らはこの状況を好ましくないものと分析し、何らかの最適な解決策として、「慈悲深い専制君主」による政策という仮説を挙げている。上述した注(4)も参照せよ。

（8） ポール・ストリーテンは、著者への手紙のなかで、この原理を詳しく説明してくれた。こうした考え方は、Thomas S. Kuhn, *The Structure of Scientific Revolutions*, Chicago : University of Chicago Press, 1962.（中山茂訳『科学革命の構造』みすず書房、一九七一年）において説得的に展開されている。

（9） "Stability in Competition," p. 56.

（10） 需要は直線的市場のどの地点でも弾力的である、あるいは、需要は輸送費用がある限界を超えれば正の弾力性を示す。これらの想定は、それぞれ、アーサー・スミシーズの論文（Arthur Smithies, "Optimum Location in Spatial Competition," *Journal of Political Economy*, 49：423-439 [1941]、およびA・P・ラーナーとH・W・シンガーの共著論文（A. P. Lerner and H. W. Singer, "Some Notes on Duopoly and Spatial Competition," *Journal of Political Economy*, 45：145-186 [1939]）においてなされた。特にスミシーズは、民主・共和両党のイデオロギー的立場が強化され、ホテリングが論文を書いた一九二〇年代後半にイデオロギー色が薄まっていた頃と対照的になったことを説明するための方法の一つとして、ホテリング・モデルを修正した。

(11) Anthony Downs, *An Economic Theory of Democracy* (New York：Harper and Brothers, 1956), ch. 8.（古田精司監訳『民主主義の経済理論』成文堂、一九八〇年、第八章）

(12) ダウンズは多くの紙幅を割いて、これ以外の度数分布状況が二大政党制および多党体制に与える影響を検討した。だが彼は、二大政党制を議論するなかで、二大政党の基本的立場が収束し曖昧になる傾向を強調しており、こうして実質上、ホテリングのもともとの研究成果を支持した。

(13) S. M. Lipset, *Revolution and Counter-Revolution：Change and Resistance in Social Structures* (New York：Basic Books, 1968), p. 398.（鈴木広他訳『革命と反革命―歴史の断絶と連続性を考察した国際比較研究』サイマル出版会、一九七二年、部分訳）およびその注二七で引用されている文献を参照せよ。

(14) Robert Dahl, *Who Governs?* (New Haven：Yale University Press, 1961), p. 309.（河村望他監訳『統治するのはだれか―アメリカの一都市における統治と権力』行人社、一九八八年、三八七頁）

(15) P. E. Converse, A. R. Clausen, and W. E. Miller, "Election Myths and Reality：The 1964 Election," *American Political Science Review*, 59：321-336 (June 1965).

(16) 論文の最後のパラグラフで、事実上、この結論らしきことが著者自身によって示唆されている。「超保守派による投書活動を支えた政治的思いはきわめて熱く、こうした情熱こそが、共和党大会代議員の顔ぶれが一般党員からも、党幹部たちからもかけ離れたものになった大きな要因である。」とはいえ、こうした叙述を別とすれば、論文全体の力点は、共和党の誤認にあり、共和党の行動がホテリング＝ダウンズ・モデルに合致することを期待する人々の判断が誤っているということにはなかったのである。

(17) 前掲注(10)で引用した論文におけるラーナー、シンガー、スミシーズの分析を踏襲しつつ、ダウンズは、こうした文脈で「影響型の政党」や「恫喝する政党」にまで言及している（*An Economic Theory of Democracy*, pp. 131-132. 邦訳一三四―一三五頁）。投票を棄権することに関していうと、最近の研究が明らかにしているように、有権者が候補者個人にどれだけ入れ込んでいるか、心理的な距離を感じているかよりも、むしろ登録手続が容易か面倒かという要因のほうがはるかに強く投票率に影響している。この点については、Stanley Kelly, Jr., R. E. Ayres, and W. G. Bowen, "Registration and Voting : Putting First Things First," *American Political Science Review*, 61 : 359-379 (June 1967). を参照せよ。

（18）　補論Aの最後のパラグラフも参照せよ。

（訳注一）　ハロルド・ホテリング（一八九五～一九七三年）はアメリカの数理統計学者・数理経済学者である。本書で引用されている"Stability in Competition"は、P・スラッファが提起した不完全競争の考えを取り入れ、立地と輸送費用を考慮し複占競争モデルを提示した論文として有名である。のちのゲーム理論における「部分ゲーム完全な均衡」の概念を先取りしたものといわれている。枯渇性資源の採掘に関するホテリング・ルール、限界費用価格形成原理の提唱者として知られている（伊東光晴編『岩波現代経済学事典』岩波書店、二〇〇四年、二三六頁、七三一―七三二頁）。

（訳注二）　アンソニー・ダウンズ（一九三〇年～）はケネス・アローに師事したアメリカの経済学者であり、公共経済学・財政学の分野で名をなす。本書で検討された議論のように空間立地論を選挙分析に応用し、政治学の分野でも合理的選択理論の基礎を築いた（猪口孝他編『政治学事典』弘文堂、二〇〇〇年、二五七―二五八頁、七〇〇頁）。

第七章　忠誠（Loyalty）の理論

これまでの章で指摘したように、離脱オプションが存在することによって、発言オプションが幅広く効果的に選択される可能性は著しく低下しかねない。いいかえれば、離脱は発言を駆逐するとみなされ、発言は離脱が実質的に排除されてはじめて重要な役割を演ずるかのようにとらえられはじめている。これが本書のここまでの流れである。二つのメカニズムのうち片方が事実上支配的に機能している組織は数多い。たとえば、競争的営利企業の場合、業績が維持されるのは離脱によることが多く、発言はほとんど貢献しない。他方、家族・部族・教会・国家といった、生まれながら決まっている人間集団の場合、離脱など、まったく不可能ではないにしても通常は考えられない。こうした生まれながら決まっている組織のあり方に対し、個人が不満を表明する主な方法とは、通常の場合、何らかのやり方で自らの発言に耳を傾けさせることである。(1)

それはさておき、注意すべきは、このように離脱が不可能である、もしくは考えられない組織では、一般に、ある特定の状況になれば個々のメンバーを追放したり破門したりするということである。除名は、こうした組織で「経営陣」がメンバーによる発言の行使を制限するために用いる数多くの手段の一つと解釈できる。逆にこのとき、より上位の権威筋が除名を禁じ、経営陣の力を制限することも可能である。公共サービスが独占的に供給されているとき、消費者を保護する場合にとられる措置などがこれにあたる。だが競争市場における企業と顧客の関係のように、離脱が幅広く行使され、発言がたいていは存在しない場合、メンバー・顧客の除名など、意味のないことであり、あらためてこれを禁じる必要はない。離脱も発言もともに重要な役割を担う組織、いわばやや珍しい事例を取り上げようとすれば、メンバーが離脱することもあれば、追放される可能性もある集団を探すとよい。一般に政党や任意団体は、格好の事例となる。

発言の活性化—忠誠の一機能

離脱と発言を共存させる条件について、もっときちんと理解しようとすれば、ここで忠誠（*loyalty*）の概念を導入する必要がある。忠誠が存在すれば離脱の可能性が弱まるのは明らかだが、そのうえさらに忠誠は、発言の活動領域を広げるのだろうか。

発言に関するこれまでの議論に照らせば、答えは肯定的なものとなるだろう。第三章において論じたように、離脱が可能な場合、発言が実際に行使されるかどうかを決定づける主な要因には、以下の二つがある。

(一) 顧客・メンバーが離脱の確実性を目の前にしながら、品質の低下した製品の改善という不確実性をどれだけ積極的に引き受けようとするか。

(二) 顧客・メンバーが組織に対する自らの影響力をどの程度のものと考えているか。

ここで第一の要因が、忠誠として知られる、組織に対する特別な愛着に関係しているのは明らかである。したがって、自分が組織に対して行使するその影響力が同じであっても、忠誠の度合が増すごとに、発言の行使される可能性が高まる。さらにいえば、これら二つの要因は、けっしてそれぞれ独立したものではない。ある製品や組織にかなりの愛着を抱いているメンバーなら、自分の影響力を高めるための方法を模索することが多くなるだろう。組織が、自分にはまずいとしか思えない方向に進んでいるときには特にそうである。逆に、ある組織内でかなりの力を振るっている（あるいは、振るっていると思っている）メンバー、したがって自分は組織を「正しい軌道に戻す」ことができると確信しているメンバーなら、自分が力をもつ組織に強い愛着を抱く可能性が高い[2]。

　こうして一般に、忠誠は離脱を寄せつけず、発言を活性化させる。組織内の状況に不満を感じたとき、自分に影響力がない場合でも、個々のメンバーが忠誠を維持することはたしかにありえる。だが事態を改善するためにだれかが行動する、あるいは何かが起こると期待できない場合には、忠誠を維持することなど、まずありえない。「正しかろうと間違っていようと、われらの祖国」（"our country, right or wrong"）というのは、忠誠の典型的事例だが、「われらの」国が永遠に間違ったことばかりやらかし続けると思われているのなら、これは何ら意味をなさない。このフレーズに込められているのは、「われらの」国は、たとえ間違ったことをしても再び正しい方向に進むはずだという期待である。何しろ、かのディケイターの乾杯の挨拶には、「われらの祖国よ！　外交において常に正しくあらんことを願って」という前置きがついていた[訳注一]。自らの影響力の可能性については、事実上、「われらの」という所有格を用いて述べられていることに示唆されているといってよい。こうして何らかの影響力がほのめかされるとともに、時間が経てば、正しいことが悪いことを凌駕するはずだと期待されていることこそ、忠誠が信仰と大きく異なる点である。アブラハムがわが子イサクを神への焼き尽くす献《ささ》げ物にしようとしたことに対するキルケゴールの有名な解釈にざっと目をとおせば、純粋な信仰という行為に比べ、忠誠に基づく行動がいかに合理的打算に満ち溢れたものであるかが分かる[訳注二]。

忠誠はどんなとき機能するのか

　私たちの目からみて忠誠が重要なのは、それによって、品質をもっとも重視する顧客・メンバーが最初に離脱する傾向が一定限度内に抑えられるからである。第四章でみたように、活気をなくした企業・組織は、こうした傾向によって、自らの抱える欠陥・困難に立ち向かうのをもっとも助けてくれるはずの人々を失う。忠誠があれば、これら潜在的にもっとも影響力のある顧客・メンバーは、改善や改革が「内部から」実現するのではないかという希望、より適切には合理的期待を抱き、忠誠がない場合よりも長く、そこにとどまろうとするだろう。したがって、忠誠は非合理的であるどころか、衰退が蔓延するのを防ぐという社会的に有用な目的に貢献できる。離脱に対する防護壁が何も存在しない場合には、衰退が蔓延しがちだからである。

今述べたように、忠誠が作り上げる離脱への防護壁は、高さにかぎりがあり、それは保護関税のような障壁にもたとえられる。幼稚産業保護関税は、国内産業に対し効率化する機会を与えるために必要であるとして正当化されるが、それと同じように、企業や組織にとって一定の忠誠は、機能低下からそうした企業・組織が回復する機会を与える働き方をする。離脱に対する特定の制度的障壁が正当化できる理由としてしばしば挙げられるのは、衰退に陥ってはいるが回復の見込める組織、すなわち離脱が自由に行なわれれば存続できるものも存続できなくなるような組織において、発言を促すことである。これこそが、直接意図されることは少ないにしても、なぜ離婚手続が複雑で時間・費用を要し、また神経をすり減らすものとなっているかということの正当な理由であるように思われる。ある労働組合が工場レベルで唯一承認された交渉主体としての立場を別の労働組合から引き継ぐのに、非常に複雑で時間を浪費する手続をアメリカの労働法が規定しているのも、これと同じである。こうしたことが規定されている結果、労働者が組合のサーヴィスに不満を感じた場合、彼らは、そう簡単に手っ取り早く別の労働組合に移れないのであって、自分が加入している組合の機能を回復させようと努力する可能性のほうがはるかに高くなる。

離脱と発言の代替性はすでに議論したとおりだが、こうした議論に照らせば、離脱に対する特定の制度的障壁、もしくはそれがない場合に、忠誠という一般的かつ非公式の障壁が特に望ましく、また「有効となる」条件について、いくつか述べることができる。まず第一に、すでにみたように、発言か離脱かの選択において、しばしば発言が放棄されるのは、必ずしも発言の効果が離脱よりも劣るからではない。発言の効果が、回復に向けて影響力を行使し圧力をかける方法を新たに見つけられるかどうかにかかっているからである。そうした発見が事後的にはいかに「容易」に思われても、事前の予測では、発見の可能性はかなり割り引かれている。創造性とは常に予想外の出来事として現われるからである。このとき忠誠は、離脱の費用を引き上げることによって、不均衡を正す手助けをする。こうして忠誠は、普通なら躊躇するかもしれないのに、離脱に代わる、創造性を要する行為へと人々を導く。忠誠は、目の前の課題の困難を過小評価させる機能を備えている。すでに別の著作で論じたことだが、こうした過小評価はまさに今述べたような具合に、実り多き「目隠しの手」（Hiding Hand）として作用する。[3][訳注三] したがって、離脱オプションは可能でも完全に効果的なわけではなく、また発言を効果的に用いるには多大な社会的創意が必要である場合にはいつでも、忠誠、あるいは離脱に対する特定の制度的障壁が有効に機能する。

　第二に、忠誠がどれだけ効力を発揮するかは、利用可能な代替的選択肢が近くにあるかどうかによる。二つの競合する組織の産みだすものが価格・品質の点でかけ離れている場合には、二つのうち一方が徐々に衰退したとしても、多くの人が離脱するまでに、発言の作用する余地は幅広く存在している。したがってこうした場合、忠誠はほとんど必要とされない。しかしながら、両組織が互いに手近な代替的選択肢であり、そのため、一方のわずかな衰退によって顧客・メンバーがそそくさと相手方に寝返るような場合には、忠誠は、離脱に対する障壁としての役割を担う。こうした結論は、いささか面食らうものである。一つのパラドクスといえるが、この結論によれば、忠誠とは、もっとも非合理的にみえるときにこそもっとも機能するということになる。つまり、同じく利用可能な別の組織にあまりにも類似しているため、愛着を抱くこと自体に正当な理由があるようには思われない組織に対して強い愛着をもつ。忠誠がこのようなものであるときこそ、忠誠はもっとも機能している。この非合理的に思われる忠誠は、よくみかけるものであって、たとえば、クラブ、フットボールチーム、政党への肩入れを思い浮かべるとよい。第六章で論じたように、たしかに二大政党制の下での政党が互いに歩み寄ったり似かよったりする可能性は、一部の人が推測するほど大きくはない。だがたとえそうであっても、上で述べたような傾向がたびたびみられる。似かよっていればいるほど、政党への頑なな忠誠は非合理的で愚かであるようにみえる。だがまさに忠誠がもっともよく機能しているときというのは、そうなのである。ところが他方、自らの祖国に対する忠誠はなくてもすますことができる。というのも、国家とは通常、非常に差別化された産物と考えられるからである。コミュニケーションが発達し、近代化が広がった結果、各国が互いに似たようなものになりはじめたときにこそ、離脱が早く機能しすぎ、過剰になる危険性がでてくる。最近の例としては「頭脳流出」がこれにあたる。こうした点では、一定の忠誠は大いに役立つ。また、歴史・言語・文化を共有しているため非常に似た国家があるが、この場合も、こうした国々では、地理的に非常に孤立している国々よりも忠誠が必要となる。このことはまさに、先に（第五章で）述べたラテンアメリカと日本の比較のなかで示唆されている。

そして最後の点。高品質・高価格の製品が「身近で」利用できるとき、影響力をもつ顧客が失われる危険性があることについては、すでに第四章で述べたとおりだが、このことによって、他と比較して忠誠がどれだけ必要になるかということに関し、もう一つの結論が得られる。質、名声、その他望ましい特徴によって単一の尺度で組織をランクづけできるとすれば、その尺度の下位を占める組織は、上位の組織よりもはるかに忠誠、そして凝集力をもたらすイデオロギーを必要とするだろう。多くの事例から明らかなように、こうして忠誠が必要となることについては、アメリカ社会において「置き去りにされた」人々のさまざまなグループでも、国際社会における第三世界諸国でも、正しく認識されている。もっとも評価の高い組織・グループが、これとは反対に、自らの支配する忠誠の水準が下がること［つまり離脱が促進されること］から利益を得られるかもしれないということについては、次章で述べる。

忠誠者による離脱の脅し

離脱と発言とのせめぎあいにおいて、忠誠が重要な概念となるのは、忠誠が存在する結果、メンバーが少しばかり長く自らの組織につなぎ止められ、そうでない場合よりも大きな決意をもち工夫を凝らしながら発言オプションを行使するようになるから、というだけではない。それが有効な概念となるのは、忠誠が不忠の行為、すなわち離脱の可能性をも含意しているからである。悪のない世界で善良であろうとすることが不可能なように、打破できない独占状態にある企業・政党・組織について忠誠を語ることは無意味である。忠誠は離脱を先延ばしにするが、忠誠の存在そのものが離脱の可能性を内包している。もっとも強く忠誠を抱いているメンバーでさえ離脱する可能性がある。このことが、組織に対する彼の交渉力の重要な中身である場合が多い。離脱の脅しに支えられ、発言が回復メカニズムとして効果的に機能する可能性は、目にみえて高まる。離脱の脅しが公然となされる場合であろうが、あるいは、離脱の可能性が状況を決する重要な要因であると関係者が十分認識しているだけであろうが、そうなのである。

忠誠の感情がない場合、離脱それ自体には、代わりの製品・組織に関する情報を集めるコスト以外、実質的に費用はかからない。また忠誠がなければ、すでに説明したように、メンバー個々人は組織に対する自らの影響力を過小評価するであろう。したがってこうした場合、離脱の決定は静かに下され、実行される。離脱の脅しをかけるのは、典型的には忠誠者、すなわち、意識が高く脱退や変更という苦渋の決断を下す前にあらゆる手段を尽くそうとする人間なのである。

こうして今や発言と離脱の関係は、これまでよりも複雑になっている。ここまでの議論で明らかにされてきたのは、離脱オプションがあまりにも簡単に利用できると、いかに発言の行使される可能性が低くなるかということであった。今ここで明らかになったのは、発言メカニズムの有効性は、離脱の可能性によって高まるということである。発言メカニズムを開拓し利用しようという意欲は、離脱によってそがれるのだが、発言メカニズムを効果的に行使する力は、離脱によって増大する。幸いにも、こうした二律背反的状況は解決不可能ではない。上の二つの命題は、ともに、(a) 発言はどのような状況の下で行使されるのか、(b) 発言はどのような状況の下で効果的になりうるのか、ということを明らかにしているにすぎないからである。すなわち、離脱は可能でなければならないが、自らの属する組織の衰退がはじまるやいなや、さっさと離脱できるほど簡単すぎたり、離脱が魅力的なものでありすぎてはならないということである。

この命題がどれだけ現実に妥当するかは、政党が党員の発言にどれだけ応答するかという事例によって説明できる。全体主義的な一党体制の下での政党が何ら応答しないという悪名はすでにとどろいている。だが多党制の下での政党もこれと同じく発言に応答しなかった。前者の場合、発言と離脱、いずれの可能性もないことは、その政党の支配体制がどのようなものであれ、その体制が党機関を絶対的に支配していることを意味する。だが後者の場合は、離脱も発言もともに利用可能であることによって、党内民主主義は発言を発展させる機会を逸する。多くの政党が存在するため、党員は通常、不満を感じた場合、さっさと他の政党に転向しようとするからである。こうして彼らは「内部からの変革」のために立ち上がろうとはしなくなる。この関連で重要なのは、ミヘルスのいう「寡頭制の鉄則」、すなわち、すべての政党（その他大規模組織）は例外なく自己の利益に忠実な少数者によって支配されるようになるという鉄則が、主に、大陸西ヨーロッパの多党体制に関する身近な知見に基づき提唱されたことであろう。(訳注四) だとすると、党員の思いに対する政党の応答がもっとよくなるために考えられる最善の体制とは、相互の隔たりは幅広いものの架橋不可能なほどではない少数政党制となる。こうした状況では、離脱は可能だが、その決断はお気軽ではなくなる。したがって、事態の推移に不満がある場合の反応としては、発言が多くなるし、党員たちは自らの発言が効力を発揮するよう奮闘するであろう。私たちの理論から導かれるこうした予測は、党内闘争がどれだけ活発であるかということによって立証される。既存の二大政党制が真の民主主義からどれだけかけ離れていようとも、党内闘争は、両政党に顕著にみられる。インドの国民会議派やメキシコのＰＲＩ（制度革命党）は、全体主義的ではないものの、ほぼ一党体制といえるような制度における政党の代表例である。こうした政党の場合でさえ、多党体制の下、非常に権威主義的ないし寡頭的になりがちな多くの政党よりも、発言という手段が目立つ。*

二大政党制の下で、離脱は、一方の政党の党員ないし党員グループがもう一方の政党に移る結果として発生するだけではない。いつでも第三の政党を旗揚げできるという意味での離脱もある。したがって、党員が発言に真剣に取り組むためには、新党の旗揚げがあまりに簡単すぎてはならない。それがあまりに簡単すぎないための条件は、第三の政党を作ることに対し一般的に存在している制度的障壁によって満たされるだけではなく、二大政党制の存在そのもの、二大政党制の伝統によっても満たされている。他方、発言をもっとも効果的に機能させようとすれば、離脱するぞという脅しに現実味がなくてはならない。離脱が重要な役割を果たす場面では特にそうである。したがって、アメリカの大統領政治のなかで、発言の効力を最大化するための条件は、党員グループが大統領候補指名党大会（convention）までは党内にとどまることができ、なおかつ、党大会終了時点から選挙の間に第三の政党を結成できるようにしなければならないということになる。もしも新党旗揚げを画策するグループが党大会以前に政党資格を得なければならず、離脱が非常に難しくなれば、意見を異にするその集団は、党大会前に離脱するか、離脱という効果的脅しをかけられないまま党大会に臨むかしなければならなくなる。こうした場合、離脱に関し厳しい条件を設定することによって、発言の強化に失敗してしまっている。つまり、こうした条件だと、あまりにも早い離脱を促すか、あるいは発言の効果を弱めてしまう。この点については、アレクサンダー・ビッケルが適切に述べている。

第三の政党のアメリカ的特徴とは、……それが二大政党における一方の内部で影響力を行使しようとして、それに失敗し、のちに外部で活動しようと決断した人々の集団によって構成されていることである。選挙への参加を早めに締め切る州では、そうした人々は、選挙年の早い時期に、候補者指名に向けて大政党が行なう予備選挙その他の活動に先んじて、大政党とは別組織を作ることが義務づけられる傾向にある。というのも、そうさせなければ、彼らは、その後、第三の政党として活動するためのあらゆる機会を逸するからである。(4)

著者ビッケルは、二大政党制の観点からすれば、こうした措置は逆効果だと書き加えているが、発言と離脱をもっとも効果的に組み合わせることによって政党が党員の不満に応答しやすくするという観点からも、同じ判断が下せる。

以上のような議論から、二つの結論が明らかとなる。(一)制度設計の細部も離脱と発言のバランスにとっては非常に重要であること。(二)逆に、組織内の民主化がどれだけ進んでいるかが、両者のバランスによって説明できること。

ボイコット

ボイコットは、離脱の脅しと同じように、発言と離脱の境界線上で生ずる、もう一つの現象である。ボイコットによって、離脱は単なる脅しにとどまらず、実際に成就される。だがボイコットとは、ボイコットされる側の組織における政策の変更という特定の明確な目的に沿って行なわれるのであり、だからこそ、本当の意味で二つのメカニズムの特性を併せもっている。発言の手段であった離脱の脅しは、ここでは、鏡に自らを映すように、再参入の見込みに姿を変えている。というのも、この場合、メンバー・顧客は、ボイコットに至った条件が改善されれば元に戻ろうとすると考えられるからである。

少なくともボイコットの時点では、ボイコットした企業・組織から日ごろ買い入れている商品・サービスを代わりに提供してくれるところがないが、しばらくはそうした商品・サービスがなくてもすませられる。顧客の置かれている状況がこのような場合、ボイコットは、顧客にとっての武器となることが多い。したがってボイコットとは、他に参入するつもりはなく実行される一時的な離脱であり、ストライキと同じように、ボイコットする側・される側双方にとって費用がかかる。この点においてもまたボイコットは、企業・組織に損失を引き起こす離脱の特質と、メンバー・顧客に時間と費用の負担を強いる発言の特質とが結びついている。

忠誠者行動をモデル化するための要素

二つの競合する財・組織からどちらかを選ぶという行為が忠誠によって影響を受けるとき、実際に何が起こっているのかについて、より一般的なモデルを提示すると理解しやすい。こうした考察を進めるにあたっても、日ごろ買っている製品、あるいは所属する組織が衰退しはじめるものと考えよう。ここで特に焦点をあてたいのは、企業ならびに企業の製品よりも、組織とその政策である。したがって質の低下は、主観的な言葉で再定義されなければならない。すなわちメンバーの視点からすると、質の低下とは、組織の政策に反対する気持ちが増大することと同義である。

図1　組織に反対する気持ちが高まっていくときの忠誠者行動

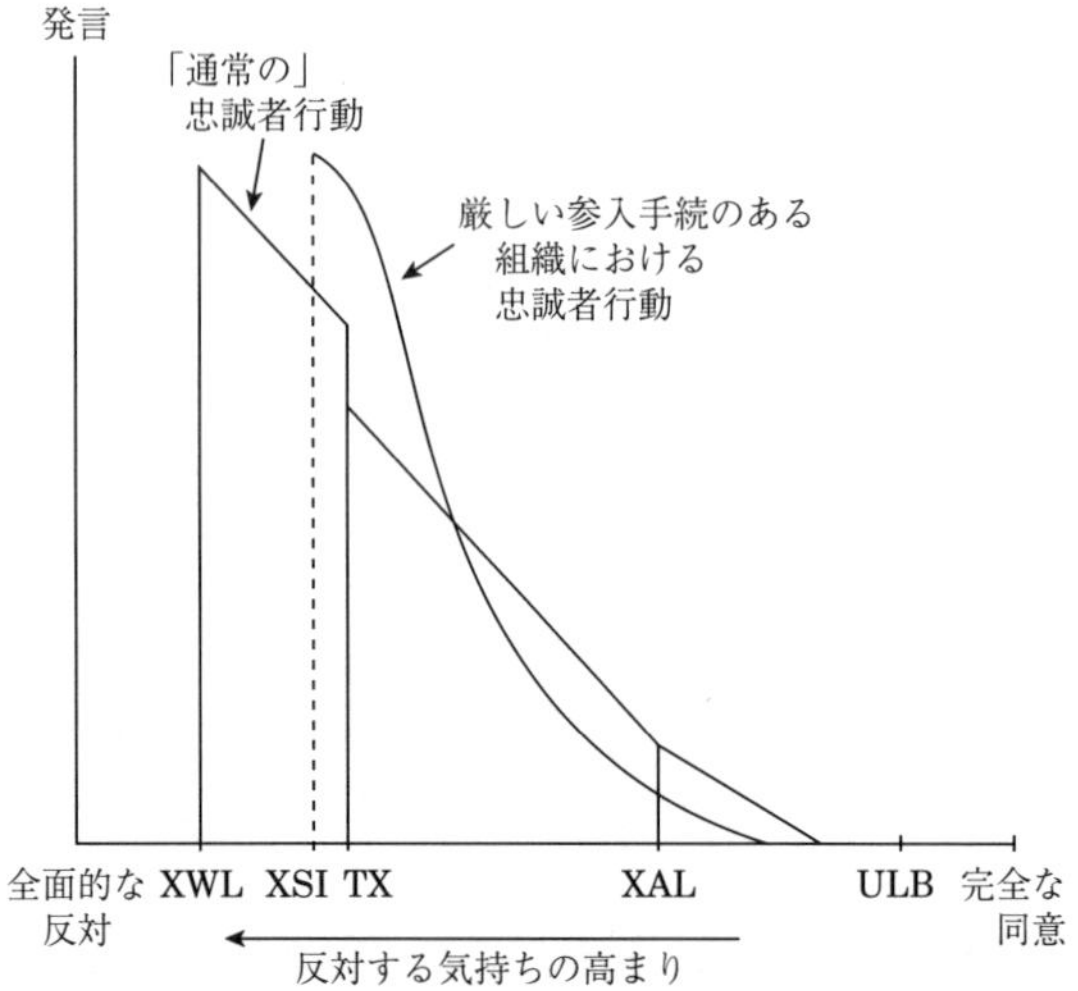

図1において、横軸では、メンバーが組織の政策に完全に同意している点から全面的な不一致を表わす点に推移するまでの組織の質を測る。縦軸では、不一致の程度に応じて現われる効果的発言の総量を測る。

組織が「誤った」方向に進んでいくプロセスのある段階で、メンバーは自らの影響力を駆使して、そのプロセスを正し、反転させようとするし、こうした試みは、不一致の度合が高まるほど強くなっていく。このプロセスが進んでいくと、忠誠がない場合の離脱点（XAL：eXit in the Absence of Loyalty）に至る。ここで忠誠は、離脱の決断に対するブレーキとして作用する。忠誠を抱くメンバーは離脱しないが、それでも彼には何かが起こっている。つまり彼は、メンバーであり続けることをきわめて不愉快に思いはじめ、吐き気をもよおしたり、あるいは、ドイツ共産党員同士が党の路線に不満を抱いたとき口にしたフレーズを使えば、バウフシュメルツェン（*Bauchschmerzen*）（腹痛）を引き起こしている。通常、彼は組織の路線を変える試みをそれまで以上に強化し、この目的に向けて、ますますさまざまな形で発言を行使しようとする。したがって発言関数はＸＡＬ点で曲がり、以後その傾きが急になる。そして不一致の度がさらに高まれば、メンバーは離脱を思い浮かべるようになり、もし発言の効果を高めると少しでも期待できるなら、離脱するぞと脅す行為にでる（TX：Threat of eXit）。離脱の脅しは、その後生ずる発言量の非連続的増大を意味するので、ＴＸ点で発言関数は垂直的に上昇している。その後ついに忠誠が消え去る点に至り、その結果として離脱が生ずる（XWL：eXit With Loyalty）。忠誠が顧客・メンバーの心をどれだけ強くつかんでいたかは、XALとTXの間の長さ、あるいはXALとXWLの間の長さで測ることができる。この二つの長さは、忠誠に二種類あることを示している。つまり前者は、離脱を想定しない忠誠を表わしている。社会における多くの基本的な組織においては、その一員であることでどれだけ不愉快な思いをしていようとも、離脱は通常、メンバーにとっては思いもよらない。これに対しXALとXWLの間の長さは、忠誠者行動についての、より包括的な概念を表わしている。TXとXWLの長さは、メンバーが離脱について考え、組織の政策を変えさせるため離脱の脅しをかける間に、衰退がどれだけ進むかを表わしている。こうした脅しが特に強力な武器になる状況であれば、衰退が進むなかで生みだされる効果的発言の総量は、忠誠者行動全体を表わすXAL・XWL間の長さよりも、TX・XWL間の長さのほうに密接に関係するだろう。

このモデルを使いながら、忠誠者行動に関する考察をさらに進めることができる。一人の忠誠者が離脱し、その後、彼の見放した製品なり組織なりが回復を遂げたとしよう（ある製品からの離脱は、競合する別の製品への「参入」を意味するのが普通だが、ある組織からの離脱は、メンバーであることからメンバーでないことへの変化を意味するにすぎないことがある）。彼は、組織が「回復に向かう」どの時点で、再びその組織に参入するだろうか。質の回復が彼の離脱したXWL点に至るとすぐに彼が再参入するなど、とてもありそうにない。まさにXALとXWLの間で嫌な思いをしたわけだから、彼は、今度は少なくとも、製品・組織が以前吐き気をもよおしはじめたXAL点に戻るまで再参入を見送るであろう。再度衰退が発生して、すぐさま腹痛に陥ることはないという保証が十二分に得られるように、より高い品質を求めるのも当然である。もちろん、衰退のプロセス全体によって、再参入などまったく考えられないほどの傷が残されている場合も多い。したがって離脱点と再参入点が一致することはないであろう。離脱点と再参入点の乖離を測れるとすれば、それはさまざまな製品・組織に対する忠誠の強さを測る、もう一つの方法となる。

上記のモデルにおける品質の漸進的低下とその後の回復を、資産価格の継続的下落とその後の上昇に置き換えて考えれば、忠誠者の行動は、経験が少なく小心者で端株ばかり扱う投資家の行動にそっくりである。というのも、そうした投資家に典型的な行動、つまり、もうこれ以上損をしないようにと安く売り、自分が売ったときよりも株価がかなり上昇したあとで高く買い戻すという行動をとっているようにみえるからである。しかしながら忠誠者は、そうした投資家と異なり、必ずしも「間抜け」なのではない。彼が衰退する製品や組織にこだわるのは、回復の可能性が増大するという見返りがあってのことである。彼が間抜けにみえ、たしかに間抜けだったということになるのは、そうした回復が実際には生じなかった場合だけである。この場合、忠誠者行動に暗黙のうちに含まれている回復への賭けに負けたということになる。

ここから経済学者にとって興味深い考察ができる。すなわち、ここで描きだされた忠誠者行動が存在すれば、価格（あるいは品質）と購入量とが一対一で対応する伝統的な需要曲線は引けなくなり、二本の異なった曲線に分けなければならなくなる。忠誠を勝ち得ている製品の質が低下し、その後改善に向かう場合、品質の下降局面における需要の動きをみると、最初は需要の弾力性が低く、最終的には、質の低下が耐えられないほどになって、ついには忠誠者の離脱に至るというように、需要の弾力性は高くなる。品質が回復する場合、需要はまったく異なった動き方をする。品質の改善局面では、需要の弾力性は、低品質域においては低い。改善がたしかなものになっていくとともに、結果的にだんだん高くなるだけである。(5) もちろん常に需要は、現在の品質だけではなく、ある程度は過去の品質の関数である。というのも、人間の知覚作用は瞬時に働くものではなく、時間的な遅れがともなうからである。企業・組織の過去の業績は顧客・メンバーの現在の行動に影響を与えており、忠誠は、こうした影響力を増幅する。

以上述べた点からすると、ここで無意識の忠誠者行動という考え方もできることが分かる。離脱点と再参入点が一致しないというのと似た状況は、これまでは心理学者たちが分析してきた。たとえばもし、連続的に変化する映像を被験者にみせながら猫の画像をだんだんと犬の画像に変化させ、その後、被験者に対し、同じことが逆方向でみせられるとすれば、被験者の目は、実験開始時点の形象が何であれ、その開始時点の形象に対し「忠誠をもっている」かのように動く。つまり、猫から犬のほうに変化させられる場合、映像の大部分は「猫」と認識されるし、逆の場合は「犬」と認識される。[6] こうしたところにも、変化を認識すること全般にまつわる難しさが現われているが、変化を認識するのが難しいからこそ、組織の質が改善していく際、人はなかなか参入・再参入に踏み切れないし、それと同様に、組織の質が低下していく際、無意識の忠誠者行動が生じることにもなる。[7] 無意識の忠誠者行動は、定義上、不満を感じることによって生ずるものではないので、それが発言につながることはない。点ＵＬＢ（Unconscious Loyal Behavior）から始まるこうした行動が忠誠者的に映るのは、発言ないし離脱が生じて当然というような衰退がまさにはじまったと感づいている外部の観察者の視点に立った場合にかぎられる。メンバー自身は、起こりつつある衰退がどの程度のものか、まったく気づいていない。

モデルの概要は以上で述べたとおりだが、さまざまな形をとる忠誠者行動を以下で考察するのにも、このモデルは役立つであろう。

厳しい参入手続と離脱に対する厳格なペナルティによって修正される忠誠者行動

ここまで忠誠は、離脱を先延ばしにするという行為によって発言を強化し、それゆえ企業・組織を過度の離脱、早すぎる離脱の危険から救いだす可能性をもった力であると考えられてきた。しかしながら、すでに若干は述べたが、忠誠がうまくその役割を果たさない状況もある。発言と離脱をうまく組み合わせようとして、忠誠を育むためのさまざまな制度が作られたわけではないのは明らかだからである。そうなっているとすれば、「人間が意図した結果ではなく、行為の結果として」知らず知らずのうちに、そうなっただけである[8]。

このように隠された、意図せざる調和をみつけだすことは、常に社会科学者の楽しみではあるが、それらをみつけだすことには、調和に至らない状況に目を向ける義務もともなう。今の問題に関しても、最適ではない結果をもたらす機会はいくらでもある。忠誠の度がすぎ、したがって、離脱と発言の組み合わせにおいて、離脱が不当に無視される状況が発生するかもしれない。第二に、忠誠を促す制度や仕組みが、離脱を犠牲にして発言を鼓舞することと、ただ関係がないばかりではなく、それらが実際には、離脱とともに発言をも抑えつけることが多々ある。これが十分に理解されなければならない。組織を管理する人々にとって、離脱や発言を通じるフィードバックが利益となるのは長期的にみた場合のことであって、短期的には、メンバーの脱退あるいは不満になるべく邪魔をされないように安全な場所に身を置き、自分の望みどおりに行動する自由度を高めることが彼らの利益となる。したがって、社会的観点からみて理想的なように離脱と発言を組み合わせるための制度的仕組みをあれこれ考えることなど、経営陣には期待できない。

組織への参入費用を高くし、離脱に対し厳しいペナルティを設定することが、離脱あるいは発言、もしくはその両方を抑えつける忠誠を生みだし、それを強化する主な方策の一つである。忠誠者行動に関する本書のモデルは、こうした方策によってどのような影響を受けるのだろうか。無意識の忠誠者行動という考え方がこの問題への手がかりを与えてくれる。上述のとおり、この種の行動が発言を生みだすことはない。また、すべての忠誠者行動と同じように、これも離脱を先延ばしにするので、メンバーに離脱も発言もしてもらいたくはない人が経営を担っている組織では、こうした行動がありがたがられる。したがって、このような組織は、忠誠者行動を、いわば意識的なものから無意識的なものへと変えさせる方策を探し求める。

実際には、これら二つのタイプの行動を明確に区分することはできないことも多い。なぜなら、組織の顧客・メンバーは、自己を偽ること、つまり自分の属する組織、自分の購入してきた製品の質が低下したり欠陥があっても、それをきちんと認識するのではなく、逆にこの認識を封じ込めることに大きな利益を有するかもしれないからである。もしも製品の購入や組織への所属に多額の金をつぎ込んできたとすれば、特にその人はこうした認識を抑えようとするであろう。したがって、参入費用が高かったり、参入手続が厳しい組織では、どのような衰退であれ、メンバーがそれを認識するのは遅れがちとなり、発言の開始も遅くなる。しかしながら、まさに同じ理由で、いったん衰退に目が向けられれば、参入手続が厳しい組織のメンバーは、自分が高い参入費用を支払ったのは、結局のところ正しかったのだということを証明しようと、懸命に闘うだろう。こうして、発言の開始は厳しい参入手続によって遅れるのだが、その後、忠誠者行動をとる段階になった場合、発言の行使は、通常よりも活発になる可能性が高い。つまり、参入費用が高いことによって、発言がいつ行使されるのかは変わってくるが、発言の総量が減ることはないと考えられる。[9]

こうした考察結果から、認知不協和の理論には修正が必要であることが分かる。自らの認識・信念と折り合いをつけにくい、それとは「矛盾した」行動・行為をとってしまった場合、人は自分の認識・信念をどのように変えて、自らの行動・行為との整合性を高めようとするのか。通常、認知不協和の理論が明らかにしてきたのはこうしたことである。先ほどのケースにあてはめると、そうした行為とは、程度の差はあれ厳しい参入手続を経ることであるし、認識とは、よく知られた実験のなかでは、自分がメンバーとなっている組織の活動があまりに退屈であるのをどう感じるかということであった。通常の認知不協和の理論から導かれるのは、そしてその実験で確認されたのは、参入手続が厳しければ厳しいほど、自己を偽る度合も高まる、つまり、メンバーにとって退屈であるはずの活動が魅力的に感じられるということである。[10] ここで、自己を偽るにも何らかの限度があると想定してみよう。そしてさらに、より重要なことだが、メンバーがイニシアティヴをとることによって、組織の活動をもっと面白くさせる余地があると想定してみよう。このとき、基本的には同じ実験状況から次のような結果がでてくると予想される。すなわち、厳しい手続を経て参入したメンバーは、最初は他の人より自己満足の度が強く、いいなりであっても、その後は、気持ちをより前面に押しだすようになり、積極的に活動するようになるということである。したがって、不協和の状況だからといって信念・態度・認識のほうが変更を迫られるだけではない。現実世界のほうを変えるための行動が不協和状態を克服し緩和する代替的な方法である場合（とくに、そのための唯一の方法である場合）、不協和の状況から、そうした行動が実際に生みだされることもある。[11]

この仮説は、スタンフォード大学のフィリップ・ジンバルドー教授とその研究室の人たちによって実験的に検証されるはずである。[12] こうした実験的試みの結果についてはしばらく措くとしても、ここで具体的に説明するため、歴史的事例を取り上げてもよいだろう。よく知られ、また歴史的検証にもよく耐えてきた格言、すなわち「サターン（Saturn）のように、革命はそれ自身の成果をも食い尽くす」というものを取り上げてみよう。[訳注五] なぜこのようなことがいわれるのか、今では容易に理解できる。「革命を起こす」にあたり、革命家たちは、個人として多大な犠牲を払っている。自ら危険を負担し、自己犠牲的行為をもろともせず、一心不乱に革命に関わるからである。ところが、革命が実際に成就すると、期待された事態と現実との間にギャップが生じる可能性が非常に高い。新たな現実を引き起こすのに大きな犠牲を払った人は、このギャップを埋めるため、その現実を何とかもう一度変えようとする。この過程で彼らは、今や権力の座に着いた革命の同志たちに闘いを挑む。こうして革命後も続く闘争のなか、数多くの革命家たちは、このどちら側についていようと、失墜する。

同じ原理について、もう一つの具体例はアメリカの現実からも引きだせるが、これについては、第八章で取り上げることとしたい[13]。以上述べてきたように、高い参入費用を支払うからといって、必ずしも参入費用の支払先への黙従という事態を生みだすとはかぎらない。なおさら確固たる決意をもって、明確に発言を行使することも考えられる。もちろん、事態の進行にメンバーがもはや目をつぶっていられなくなるときまでに衰退が進んでしまい、腐敗が突如露わになった場合にとりうる反応としては離脱しかありえない、ということも起こる。したがって、厳しい参入手続は、結局のところ、発言だけでなく離脱も活性化させるかもしれない[14]。「積極的に立ち去ることもできれば、積極的にとどまることもできる。」エリク・エリクソンのこのフレーズが、ここでも的を射たものとなる。このフレーズは、品質重視の消費者が起こす行動との関連で一度引用したが、ここで再びでてきたのは偶然ではない。厳しい参入手続が品質重視の意識を高めるのは、明らかだからである。

忠誠者行動のモデルが変容を迫られるもう一つの事例は、組織が離脱に対し高い代償を支払わせることができる場合（そのうえ、離脱には必ず参入があるわけだが、その参入代金の没収まで可能な場合）である。離脱の代償は、生涯にわたって関わる組織を失うことから生命そのものを失うことにまで及ぶ。その中間的なペナルティとしては、除名や誹謗中傷、生計手段の剥奪などがある。離脱に対し、こうした高いペナルティを課すことのできる組織とは、もっとも伝統的な人間集団、すなわち家族・部族・宗教的共同体・国家といったものであるし、またギャングや全体主義的政党といった、現代になって結成されるようになった組織もそうである[15]。離脱に対し高い代償を支払わせることができれば、それによって組織は、メンバーのもっとも効果的な武器の一つ、すなわち離脱の脅しに対して強力な防護壁を手にする。離脱に厳しい制裁がともなうのであれば、離脱の考えそのものが抑制されるのは明らかである。そして、制裁が離脱行為自体に対してだけではなく、離脱の脅しにも適用されるのではないかということになれば、そうした脅しも手控えられるであろう。先のモデルで説明すれば、点TXは左側に移動し、事実上消滅してしまう可能性がある。すなわち忠誠を抱く人が実際に離脱する点XWLに重なる可能性が高くなる。そしてもちろん、点XWL自体も左側に移動するかもしれない。実際、離脱を思いとどまらせることが、離脱の代償を高くする大きな目的だからである。しかし、離脱に対し厳しいペナルティを課す意思も能力もないが、自発的で強力な忠誠を勝ち得る組織と比べた場合、組織が徐々に衰退していく状況下でのメンバーの行動には大きな変化が生ずるだろう。つまり、離脱の代償が高い組織では、離脱それ自体が延期されるのではなく、離脱の脅しが省略されることになる。

離脱費用が高い組織では、発言にはどういったことが起こるのだろうか。（家族や国家など、生まれるとともにその一員となる場合のように）参入費用はゼロだが離脱費用の高い組織と、参入費用も離脱費用も高い組織とを分けて考えることによって、いくつかの仮説が引きだせる。上述したことからも明らかなように、後者のような組織の場合、不満を感じはじめるのが遅れ、したがって発言を行使しはじめるのが遅れる。この一方で、離脱費用が高いことによって、発言の効果的手段となる離脱の脅しが取り除かれてもいるので、こうした組織（ギャングや全体主義政党）では、発言も離脱も両方とも抑えつけることが可能となる場合が多くなる。この過程で、こうした組織は、大体において、二つの回復メカニズムを自ら剝ぎ取ってしまう(16)。

家族・国家などは、離脱費用は高いが参入費用は高くはない。こうした伝統的集団については、状況はまったく異なる。ここでは、生まれながらの権利として完全に「所属している」という事実によって発言が育まれるし、したがって離脱の脅しが事実上使えないといった穴も埋め合わされる。離脱が非常に高くつく、あるいは「考えもつかない」という事情だけでは、発言を抑えることはできないし、それどころか、発言を活性化させる可能性もでてくる。おそらくはこうした理由から、離脱だけを抑えつける伝統的集団のほうが、参入にも離脱にも高い代償を課す集団よりもはるかに強い生命力をもつことになったのである。

「公共財」（あるいは公的害悪）からの離脱の困難と忠誠

所属する組織に納得いかない点があるにもかかわらず、なかなか離脱しない。これがまさに忠誠者行動の特質である。忠誠が存在する場合、離脱に与えられていた性格は急変する。すなわち、機敏な顧客がよりよい買い物に走る合理的行動は、誉めたたえられるべきものから、今や、恥ずべき離反・逃亡・裏切りとされてしまう。

これまで検討してきたように、忠誠者行動は離脱に対するペナルティという一般的な考え方をとおして理解できる。ペナルティは外から直接課される場合もあるが、多くの場合、内面化されている。個人は、所属するグループからたとえ特別な制裁を受けない場合でも、グループを離れることには大きな代償がともなうと感じる。こうしてみると、ペナルティが課される場合であれ、課されない場合であれ、代わりの優れものがあるにもかかわらず、メンバーとして残り離脱しないと決心するのは、予想される私的便益と私的費用とをバランスにかけるという完全に合理的な発想からそうしているように思われるかもしれない。しかしながら、人が忠誠者行動をとるのは、そんなお決まりの動機によらない場合もあるかもしれない。組織を離れるべきときが来たのかどうかを判断する際、メンバー、それも特に影響力のあるメンバーが残ることを決めるのは、必ずしも、離脱の結果、自分たちが被るであろう精神的・物質的苦痛によるのではない。むしろ、自分が離れれば所属する組織はいっそう悪くなるのではないかと考えて、残留を決めることもある。

こうした行動は、第四章で議論したのとは逆の行動である。そこで示されたのは、ある条件の下では、もっとも影響力のあるメンバーが一番最初に離脱するということであった。ここで結論がひっくり返っているのは、まったく新しく、またやや奇妙にも感じられる仮定を導入しているからである。すなわち、メンバーは、離れたあとでも、組織の活動や組織が「産みだすもの」（output）に関心をもち続けるという仮定である。もちろん、こうした仮定は、消費者と製品の関係に関しては、ほとんどあてはまらないし、メンバーと組織の関係に関しても、多くの場合はあてはまらない。もし私がいつも買っている石鹸のブランドが気に入らなくなり、別のブランドに変えようと思うとき、そうした変更が自分の慣れ親しんだブランドの質をさらに悪化させると考えるわけではない。そのとき、たとえそう考えたにせよ、購入をやめているかぎり、そのブランドに関心をもつことはないだろう[17]。このような反対事例を援用することによって、今議論している特殊な忠誠者行動を形成する二つの条件を明確にすることができる。

まず第一に、あるメンバーの離脱は、組織の産みだすものの質をさらに悪化させるということ、第二に、そのメンバーは、組織に残ろうが残るまいが、こうした悪化を気にかけるということ、この二つである。

第一の条件が意味するのは、製品の質は購買者の数、売上額が変われば変わってくるということである。一部のメンバーが脱退すれば、品質はさらに低下し、したがっておそらく、残ったメンバーなどからの「需要」もさらに低下する。これはまさに、不安定均衡およびミュルダール流の累積的継起の典型的事例である。ここでは、消費者・メンバーは完全競争下の品質受容者（quality-taker）というよりもむしろ、「品質形成者」（quality-maker）である。購買者個々人が自らを価格受容者ではなく価格形成者であると意識する状況とは、もちろん、独占の理論、独占的競争の理論からなじみ深いのだが、ここで経済学者に珍妙な印象を与えるのは、形成・受容という関係の方向性である。通常の価格形成状況においては、供給曲線は右上がりになっていると考えられるので、購買者が退去（需要曲線が下方シフト）すれば、価格は低下し、あるいはそれに応じて品質が改善するであろう。それとは反対に、今ここで議論している事例では、品質形成者である「購買者」が退去することによって品質が低下する。というのも、今や「購買者」は現実的にはメンバーの一人であり、そういう立場で供給サイド・需要サイドの両方に、すなわち組織が産みだすものの産出にも消費にも関わっているからである。したがって、産みださ れるものの品質にもっとも影響を与える人たちが、（そうである可能性は高いのだが）残りのメンバーよりも品質を重視する人たちでもあるなら、彼らは、品質が少しでも低下すれば離脱しはじめるだろう。そして、それがさらなる質の低下につながり、そのことがまた離脱に拍車をかけていく。

こうした状況においてもまた、忠誠者行動、ことに離脱後の結果を意識し離脱を躊躇するメンバーの行動が入り込んでくることによって、全面的な不安定状態が回避される。換言すれば、不安定な状態が蔓延するおそれがあることをメンバーが意識するなら、その不安定状態は避けられるかもしれない。だがここで本当に問題となるのは、なぜ一メンバーが、自分の離脱が組織の質に与える影響を気にかけ、質の低下を予想して離脱を躊躇するのかということである。こうした行動の唯一合理的な根拠とは、組織の産みだすもの、組織の質が離脱したあとも自分にとって重要であるような状況に置かれているということである。いいかえるなら、完全な離脱が不可能な状態にあるということである。つまり、ある意味で、もうその商品は買わないと決めたにもかかわらず、その商品の消費者であり続けることであるし、形式的には離脱したにもかかわらず、その組織のメンバーであり続けるということである。

再び私立学校と公立学校の競争を例にとって、この重要な状況を具体的に説明してみよう。子供を公立学校から私立学校へ転校させようとしている親は、それによって、公教育の衰退に拍車をかけるかもしれない。もし自分たちの決断がもたらすこのような結果を認識すれば、そうした親は、社会全体の厚生という理由で、あるいは私的な費用・便益計算の結果からでさえ、自分たちの決断を最終的に断念するかもしれない。というのも、親子の生活は、これから先、地域社会の公教育の質に影響されるからである。公教育の質が低下するとすれば、転校させることで、わが子がより高度な教育を受けられるとしても、それには費用がともない、転校が薦められないほど、その費用が大きくなる可能性もある。

経済学者は私的財と公共財（あるいは集合財）を区分するが、この区分がここでの議論に直接関係がある。公共財とは、一人の消費・使用によって他人の消費・使用分が減少しないという形で、ある特定の地域社会、国家ないし地理的領域のメンバー全員が消費する財と定義される。一般的な例としては、犯罪防止や国家の防衛があるし、その他、だれもが享受しているし享受すべきである公共政策の成果としては、一国の国際的な名声、読み書き能力や国民健康水準の高さなどが挙げられる。こうした公共財に際立った特徴とは、だれもが消費できるだけではなく、それを供給する社会から逃亡しなければ、その消費から逃れられないことである。したがって、公共財を口にする人は、公的害悪（public evils）も語っている。公的害悪は、公共財の供給が不適切だと皆が等しく認識する状況から生じるだけではない。ある人にとっての公共財、たとえば警察犬や原子爆弾が十分に配備されることが同じ社会の別の人から公的害悪だと判断されれば、この事実からも、公的害悪が生じる。そしてまた、公共財が公的害悪に転化する状況もごく簡単に思いつく。たとえば、外交・軍事政策の「産みだすもの」が国際的名声どころか国際的汚名になってしまうように、一国の外交・軍事政策が展開される場合を思い浮かべるとよい。品質の低下とその結果生ずる離脱・発言を扱う本書の立場からすれば、こうしたことが生ずる可能性は特に興味深い。

公共財という概念によって理解しやすくなるのは、ある製品、ある組織から本当に離脱することなど不可能な状況もあるという考え方である。不完全な意味での離脱という意思決定（こうした決定もありえるかもしれないが）でさえ、そのことによってもたらされる当該製品のさらなる衰退を考慮しなければならないからである。いったん公共財という概念を導入すれば、たとえ不完全にであれ、どのようにすればそうした財から離脱することができるのか、把握するのは現実に困難となる。

実際に、一市民が自分の子供を私立学校にやることによって公教育から「逃げだす」ことはもちろん可能だが、同時にその市民は、これから先、自分と自分の子供たちの生活が公教育の質に影響を受けるという意味では、逃げだすことができない。このように、買うこともできるし買うのを手控えることもできるといった、表面上は私的財のような財は数多く存在している。しかしながら、それらには「公共財的な側面」がある（経済学者はこれをもって「外部性」と称することが多い）。他人がそれらをただ単に生産したり消費したりするだけで、当該社会のすべてのメンバーの生活が影響を受け、生活の質が良くなったり悪くなったりするからである。おそらくこうしたことは、普通に販売される商品やサービスに関しては、それほどあてはまらないし、重要でもないだろう。だが、メンバーとの関係上、こうしたことが中心的な特徴となる組織は数多い。もし私がある組織、たとえば政党と意見を異にした場合、党員であることはやめられる。だが反対すべきその政党が活動している社会の一員をやめることは通常不可能である。また、もし私が外交政策の形成に参画し、結果的にそれに不満をもてば、政策を形成するその公職を辞することはできる。だが自分にはますますひどくなっているようにしか思えない外交政策を続ける国家の一市民として感じる不愉快な思いから逃れることはできない。これら両方の事例において一個人は、離脱する前は政党の綱領や外交政策といった公共財の生産者であるとともに消費者である。彼は生産者であることはやめられるが、消費者であることはやめられない。

こうして、まったく新しいタイプの忠誠者行動を合理的に説明できるようになる。常識（および需要の理論）にしたがい、離脱性向は製品の品質への不満、政党の路線との食い違いが増すほどに上昇する関数として、ここでは描かれてきた。今や両変数［離脱と不満］に何ら関係がなかったり、あるいは両者が反比例の関係になることすらあるということを明らかにできる。公共財の品質が低下すれば、メンバーであり続けることによって負の効用がもたらされ、不快感が生みだされ、また恥ずかしい思いもする。だが公共財の場合、そのメンバーはいつも、こうした不愉快な事態と、自分が逃げだしたのち、さらに低下するであろう品質が、メンバーではなくなった自分、および社会全体にもたらす損失とを比較する。予想されるこうした損失を回避できることが、今や忠誠者行動による利益となる。そしてもしこの利益が、メンバーであり続けることの費用とともに増大するのであれば、わがメンバーがますます不幸になるのは明らかだとはいえ、離脱したいという気持ちが、品質低下にともなって強くなる必然性はない。衰退にともない、組織の産みだす公的害悪に拍車がかかったり、害悪が耐えがたいレベルにまで高まると見込まれる場合、メンバーの不幸な状況、および逆説的な忠誠者行動は、その極みに達する。したがって先ほど述べた理由により、離脱できなかった期間が長ければ長いほど、離脱の意思決定は、いっそう困難になるであろう。最悪の事態を回避するためには内部にとどまらなければならないという確信は、離脱しそこねているうちに、だんだん強くなっていく。

通常、この種の理屈は、ご都合主義《オポチュニズム》をあとになって（あるいは今から）正当化するものである。だがしかし、不本意ながらも認めなければならないのは、この種の（状況が悪化すればするほど、ますます逃げだせなくなるという）忠誠者行動が、非常に重要な役割を果たせる場合があるということである。現在の国際情勢における大国に特にあてはまる状況なのだが、ある組織がまさにとてつもない規模で公的害悪をもたらしかねないような場合がこれにあたる。これら大国の路線が間違っていて危険なものであればあるほど、事情をよく知る政策決定者たちには、ある程度の決断力のなさが要求される。そうなれば彼らの一部は、大きな被害をもたらす可能性のある危機が本当に勃発したとき、なお「内部に」とどまり影響力を行使できるからである。こうした状況で、決断力のなさ［つまり離脱しないという決断］が不足しているよりも過剰であることのほうが、私たちにとって大きな問題となる可能性もあるが、この点については、後述する。それでもやはり、ここで明記しておく必要がある。今日、世界の権力中枢は私たち全員の身にとてつもなく大きな公的害悪をもたらしかねない。したがって、もし決定的な時点で決断力（発言）に転化するのであれば、決断力のなさが長引くこと（離脱しそこなうこと）には、「十分な機能」あるいは「社会的有効性」があるということになる。

公共財や公的害悪を産みだす組織・企業がつくりだす環境においてこそ、忠誠者行動（すなわち不満や心のざわめきにもかかわらず離脱を延期すること）が広がり、いくつかの際立った特徴が現われる。先ほど確認したように、「正しかろうと間違っていようと、わが祖国」というのが、一見ひねくれたような「間違っていればいるほど、わが祖国」という感覚に転化する可能性なども、こうした特徴の一例である。さらにいえば、離脱が現実に生じた場合でも、その性格は、これまで論じてきた離脱とはタイプが異なる。私的財を生産する組織から離脱する場合、離脱は、顧客・メンバーと製品・組織との関係を終わらせる。実際、何かが間違っているというシグナルを経営陣に送ることによって、離脱は品質が回復するためのきっかけを与えるが、こうした効果は、離脱する顧客・メンバーによっては、まったく意図されない。彼は「気にもかけない」のである。他方、公共財の場合には、そこから完全には離脱できないので「気にかけ」続ける。離脱したところで人は逃げきれるわけではなく、その公共財の消費者、あるいは少なくともその外部効果の消費者のままである。こうした条件の下では、顧客・メンバーは、今立ち去ろうとしている製品・組織の改善に向けて自分の離脱を役立てることに、自らすすんで関心をもつだろう。この場合、彼は、組織の運営方法が刷新されなければ改善など不可能だと判断している。今や離脱とは、抗議をしつつ退去することを意味し、一般的には、内部からの変革のために働くのではなく、外部からその組織を非難し、それと闘うことを意味する。いいかえるなら、もはや選択肢は、発言か離脱かではなく、内部から発言するか、それとも（離脱してのち）外部から発言するかになる。したがって離脱するか否かの意思決定は、まったく新たな問題に左右される。すなわち、誤った政策を内部から変更しようとするよりも、外部からそういった政策と闘うとすれば、どの時点が（自分の気持ちがより安まるかというだけではなく）より効果的かという問題である。

公共財に「固有の」離脱とこれまで論じてきた（私的財からの）離脱との違いが顕著に現われるのは、公共財から離脱した顧客・メンバーが、あたかも私的財から離脱したかのように振る舞うときである。アメリカ合衆国のように、私的財にあふれ、私的財に対応するなかで身につけられた行動様式に支配されている社会では、おそらく、公共財から離脱しているにもかかわらず、私的財から離脱しているかのような混同が生じる。こうした混同は、最近の事例にも簡単にみいだせる。国の政策に異議のある高級官僚たちは、職を辞するとき、その政策を激しく非難したりはせず、純粋に私的な意思決定として辞職を決断する。すなわち、「家族のことを考えれば」自分にとって、よりよい話が来たから自分は立ち去るのだというわけである。アメリカ社会、アメリカの価値観、政府の行動は自分たちになじまないと感じる若者たちが、「逃避しようとしている」のも同様である。彼らは、価値観・政策に関する既存の枠組みを最初に変えることもせずに、よりよい枠組みを手に入れられるかのように、そうした行動にでる。二種類の離脱をこうして混同すると、気分は何となく落ち着かない。そうした気分を推し量るには、官僚のうち一人でも、ヴェトナム戦争に反対しジョンソン政権から「逃げだして」、直ちに政府の軍事政策を公然と攻撃していたなら、もしかすると経験できたかもしれない安堵感にまずは思いをめぐらしてみるとよい。さらにまた、ユージン・マッカーシー上院議員が一九六八年に行なった選挙運動によって、アメリカの多くの若者たちが、ただ「嫌なことから手を引く」だけではなく、まさに既存の枠組みを変える行動にでることが可能となったとき、多くの人々の間で実際に感じられた安堵感を思い浮かべるとよいだろう。(訳注六)

(1) ここで、離脱の欠如を「未開性」と結びつけるつもりはない。エドマンド・リーチ(Edmund Leach)が明記しているように、数多くのいわゆる未開種族は、けっして閉じられた社会に生きているわけではない。*Political Systems of Highland Burma* (1954) という古典的研究(関本照夫訳『高地ビルマの政治体系』弘文堂、一九八七年)のなかで、彼は、ある社会システム(グムサ)のメンバーが別の社会システム(グムラオ)に定期的に出入りする様を詳細に跡づけている。離脱は、リーチが研究対象とした部族の間よりも、いわゆる進歩した開放的社会において、より効果的に排除されているかもしれないのである。

（2）　補論Bの図3によれば、影響力（すなわち、品質の回復が完全に達成できる可能性）がV_3の高さで正しく表現される人なら、競合製品の確実性よりも、なじみ深い製品の回復する望みがわずかでもあれば、すすんでそちらのほうを選ぶだろう。つまりこうして、その人は発言を選択するのである。他方、影響力がほとんどなく、またそのことを自覚している人なら、わざわざそうした選択をする可能性は低い。通常、そうした人が離脱よりも発言を選ぶためには、なじみ深い製品の回復する可能性が競合製品の利用可能性に匹敵するぐらい確実でなくてならないのである。

（3）　*Development Projects Observed* (Washington : Brookings Institution, 1967), ch. 1.（麻田四郎・所哲也訳『開発計画の診断』巌松堂、一九七三年、第一章）

＊　これに関連し、私の議論にとって非常に重要な点を、マイケル・ウォルツァーが最近の論文のなかで示唆している (Michael Walzer, "Corporate Authority and Civil Disobedience," *Dissent*, September-October 1969, pp. 396-406.)。この論文では、西欧の民主主義社会において、最高の政治権力に対しては厳格な民主主義的コントロールが働くのに、その同じ国で機能している企業体に対しては、なぜそうしたコントロールが働かないことが多いのかが対照的に論じられている。ウォルツァーが述べているように、多くの商業・工業組織、研究・教育機関、宗教組織において、発言がこうして欠如していたり脆弱であったりする状況は、「今いるところが嫌なら、立ち去ることができる」という論法で正当化されることが多い（p. 397）。現状そのものに対しては何もできないという趣旨である。ウォルツァーが強調しているのは、こうした論法はお粗末ない い逃れであって、民主化を阻むようなことは許されるべきではないということである。だが、政治学の現実的問題として明記すべきは、離脱の機会が広まれば広まるほど、組織自体がいくら民主的な環境のもとで動いていても、組織内民主主義の導入にその組織が抵抗し、それを回避し先送りにするのが容易になるのは明らかだということである。

（4）　Alexander M. Bickel, "Is Electoral Reform the Answer ?" *Commentary* (December 1968), p. 51.

（5）　この命題は、簡単に図示できる。次頁の図は、横軸に購入量を、縦軸に品質（の低下）をとってある。品質がまずはQ_1にあり、徐々に低下してQ_3に至り、その後、品質がゆっくりと回復しQ_1に戻ると考えよう。このとき曲線ＡＢＣは、低下局面での需要の動きを示し、曲線ＣＤＡは、回復局面での需要を表わしている。低下・回復サイクルの局面次第で、品質Q_2における需要は、Q_2BになったりQ_2Dになったりするのである。

(6) K. R. L. Hall, "Perceiving and Naming a Series of Figures," *Quarterly Journal of Experimental Psychology*, 2: 153-162 (1950). これと同様の結果は、種々雑多の断片的な情報がいかにして結びつけられ統合されていくかということを研究するための実験のなかでも明らかにされてきている。たとえば、被験者に対し、人間の特徴を示すいくつかの形容詞を読み上げていく場合、そうした形容詞によって描きだされた人物に対する総合的判断は、形容詞が読み上げられた順番に依存する。つまり初めのほうで読み上げられた形容詞が明らかに、高いウェイトを与えられる。たとえば「知的な、思慮深い、むら気のある、自己中心的な」という順で読み上げられた場合、この逆の順番で読み上げられた場合よりも、全体的によい印象を与える。この現象は、「初頭効果」(primacy effect) として知られている。Norman H. Anderson, "Primacy Effects in Personality Impression Formation," *Journal of Social Psychology*, 2: 1-9 (June 1965). および、そこで引用されている文献を参照せよ。

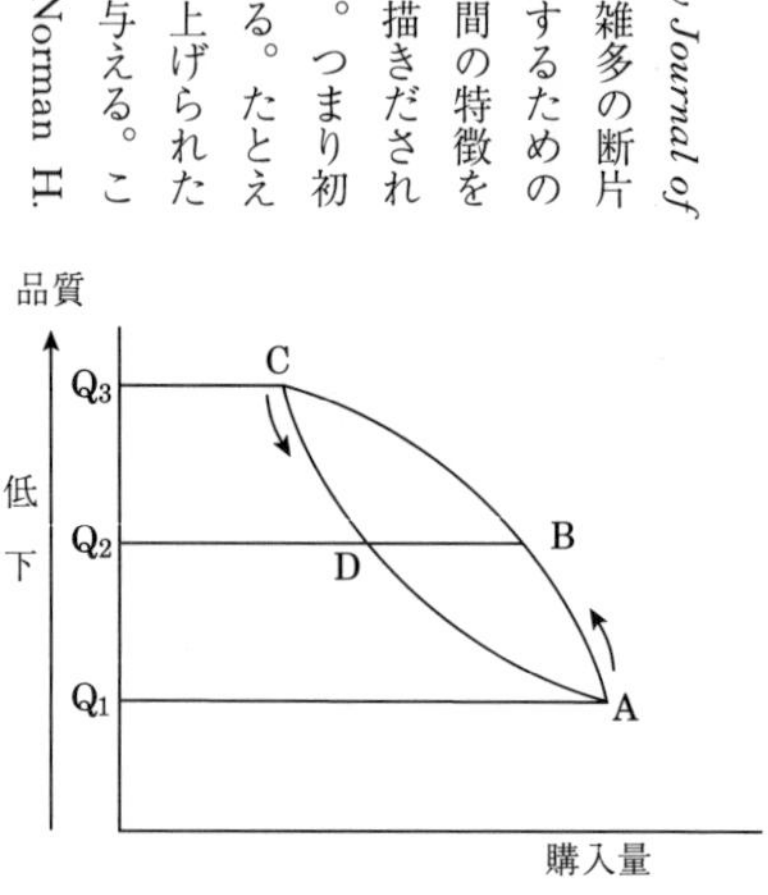

(7) Robert Jervis, "Hypotheses on Misperception," *World Politics*, 20: 439-453 (April 1968), and Albert O. Hirschman, "Underdevelopment, Obstacles to the Perception of Change, and Leadership," *Daedalus* (Summer 1968), pp. 925-936.(訳注七)

(8) このフレーズは、F・A・ハイエクが、F. A. Hayek, *Studies in Philosophy, Politics, and Economics* (Chicago: University of Chicago Press, 1967). に収められた論文のタイトルとして使ったものだが、ハイエクによれば、これは、Adam Ferguson, *Essay on the History of Civil Society* (1767) にまで遡れる。

(9) 以上のようなことは、図1において曲線で示されている。

(10) E. Aronson and J. Mills, "The Effects of Severity of Initiation on Liking for a Group," *Journal of Abnormal and Social Psychology*, 59: 177-181 (1959). また、アロンソン＝ミルズによる実験結果についてのさらなる精緻化、およびいくつかの批判に対する反証については、H. B. Gerard and G. C. Mathewson, "The Effects of Severity of Initiation on Liking for a Group: A Replication," *Journal of Experimental Social Psychology*, 2: 278-287 (July 1966) を参照のこと。これら

の論文に関し、より突っ込んだ説明については、補論Eを参照せよ。

(11) 一見似ているようだが、ここで提示された仮説は、Leon Festinger, H. W. Riecken, and Stanley Schachter, *When Prophecy Fails* (Minneapolis: University of Minnesota Press, 1956). において提唱され検証された仮説とは、根本的に異なっている。認知不協和に関するこの古典的文献のなかで、著者らは、自分たちの信じていたことがまったくの偽りだとされた場合、そのことがそれを信仰していたグループに与える影響について研究している。そして、認知不協和の理論が想定することに沿う形で、そうした人々は以前にも増して周りの人たちへの布教活動を活発に行なうようになると述べたのである。しかしながら、こういった活動は偽りという判定を「忘れ去ること」によって、つまり協和しない認識状況を（変革することよりもむしろ）消し去ることによって、不協和という状態を取り除こうとする試みと解釈されなければならない。アロンソン＝ミルズにしても、フェスティンガーらにしても、協和しない認識状況（グループの活動が退屈であるとか、予言された洪水が発生しないとかという状況）を、いったん生じてしまえば変えることのできない一回かぎりの事態として取り扱っている。だが現実世界では、多くの状況がもちろん繰り返されるのであって、「この次には」変化にさらされる状況も多い。

(12) 教授によって提案された研究の目的・構想について、詳しい説明は補論Eを参照のこと。

(13) 本書一二五―一二六頁を参照のこと。私は別のところで同じような議論を展開し、開発計画を困難から救いだすための努力がもっとも活発になるのは、すでに多大な支出がなされているために、計画の責任者たちが、その計画に完全に関わらざるをえなくなっているときであると述べたことがある。この論脈にしたがえば、もちろん事が成功裡に解決されるというのが前提だが、困難が生じるのは遅ければ遅いほどよい、ということになる。これについては、Hirschman, *Development Projects Observed*, pp. 18-21.（前掲訳書、二八―三二頁）参照。

(14) こうして離脱が活性化することは、図1では、ＸＷＬよりも前に点ＸＳＩ（eXit of members having received Severe Initiation）が位置していることによって示されている。

(15) 共産党から抜けだすことの恐ろしさについての説明は、Gabriel A. Almond, *The Appeals of Communism* (Princeton: Princeton University Press, 1954), ch. 12. を参照のこと。

(16) このことは、デイヴィッド・アプターの提示した命題、すなわち、一社会において強権性を高めれば、権力者への情報の流れという点で何らかの代償が支払われなければならないという命題の特殊ケースである。これについては、David Apter, *Politics of Modernization* (Chicago : University of Chicago Press, 1965), p. 40.（内山秀夫訳『近代化の政治学』（上）未來社、一九六八年、七四頁）を参照せよ。

(17) がっかりさせられたために取引をやめた企業が苦況に陥ったと聞けば、私は実際には、「ざまあみろ」という逆の反応を示すかもしれない。

(訳注一) ディケイター（Stephen Decatur）（一七七九～一八二〇年）はアメリカの海軍士官。ハーシュマンも引用した一節は非常に有名で、一八一五年、イギリス海軍との戦闘後、アルジェ、チュニス、トリポリからの海賊の襲撃を鎮圧し帰還したときの乾杯の挨拶である（『岩波＝ケンブリッジ世界人名辞典』岩波書店、一九九七年、五九五頁）。

(訳注二) アブラハムがイサクを「焼き尽くす献げ物」にしようとする一節は、聖書の「創世記」にある。信仰とはいかなるものであるかを示すとされるものだが、キルケゴールはこの一節に対する自らの解釈を「おそれとおののき」で書き残している（桝田啓三郎訳『キルケゴール著作集』第五巻、白水社、一九六二年、所収）。ハーシュマンはこの引用でもって、打算や期待の要素を含む「忠誠」と純粋な「信仰」との違いを際立たせようとした。

(訳注三) 原注(3)にあるように、「目隠しの手の原理」は『開発計画の診断』第一章で展開された。ハーシュマンは、開発プロジェクト論を扱ったこの著作において、個別プロジェクトの履歴を辿ると、いずれも当初予期しなかったような難しい事態に直面し、よろめきながらも何とかやりくりされてきたものが多いということをまず確認した。彼は、現実世界にありがちなこうした事態、すなわち、まるで「神の手」が私たちの目を覆い、行く手を遮っている障害をみえなくさせているからこそ、危険で困難なプロジェクトも実行に移されることに着目し「目隠しの手の原理」と名づけたのである。眼前の困難を過小評価してしまうのは、たしかに人間の「想像力」の限界であるが、逆に、だからこそ自らの「創造力」に対する過小評価が補正され、プロジェクトが実行される。ハーシュマンは、正統的理論から導かれる、発展のための前提条件よりも、プロジェクトに取り組むことにともなう学習効果のほうを重視していた。詳しくは、矢野修一『可能性の政治経済学―ハーシュマン研究序説』法政大学出版局、二〇〇四年、第六章を参照のこと。

(訳注四) ミヘルス（Robert Michels）はドイツの政治学者（一八七六～一九三六年）。彼は、ドイツ社会民主党の組織を研究し、たとえ民主主義を標榜する政党であっても、巨大化するにつれて少数者の手に組織運営の実権が集中していく傾向があるとした。現象説明力の大きさゆえに「寡頭制の鉄則」という考え方は、多くの学問領域で受け入れられた（猪口孝他編『政治学事典』弘文堂、二〇〇〇年、一八八頁、一〇五四頁）。

（訳注五）「サターン」とは、ローマの古い農耕の神「サートゥルヌス」（Saturnus）のことであり、ギリシアのクロノス（Kronos）と同一視される。クロノスは天空神ウーラノスと大地の女神ガイアの子である。クロノスは父から支配権を奪い取ったが、ウーラノスとガイアがクロノスは自分の子によって支配権を奪われるであろうと予言したので、彼は自らの子供を次々と呑み込んだとされる（高津春繁『ギリシア・ローマ神話辞典』岩波書店、一九六〇年、一二〇頁、一三〇頁）。本文中での比喩はこうした事態を指している。

（訳注六）第八章でも言及されているが、ユージン・マッカーシー（Eugene J. McCarthy）は、一九六八年、民主党大統領候補の座をめぐって現職大統領リンドン・ジョンソンに挑戦した。掟破りともいえるマッカーシーのこの決断によって、ジョンソンは大統領選不出馬を余儀なくされたが、最終的には、マッカーシー自身もロバート・F・ケネディの前に敗退した（『岩波＝ケンブリッジ世界人名辞典』一〇四七頁）。

（訳注七）ハーシュマンの論文はその後、*A Bias for Hope : Essays on Development and Latin America*, New Haven : Yale University Press, 1971, ch. 15. に収録された。

第八章　アメリカ的なイデオロギー・慣行のなかの離脱と発言

離脱と発言をアメリカ的なイデオロギー・伝統・慣行と関連づけて検討すること。ここまでは、大事ではあるけれども相当大きなこの問題を本書の最後のトピックとして、あまりまともには取り上げてこなかった。私が注目している点、そして当惑している点を簡単に述べれば以下のようになる。すなわち、離脱はアメリカ的伝統において驚くほどの特権的地位を与えられてきたこと、だが今や、いくつかの重要な局面において突如全面的にその地位を奪われていること、そしてそれが、あるときにはよい方向に作用し、またあるときには悪い方向に作用しているということである。

アメリカ合衆国をまさに形づくり、成長させた要因は、発言よりも離脱を重視してきた数多くの意思決定である。この「アメリカの経験の究極的性質」は、ルイス・ハーツによって明確に描かれている。

ヨーロッパからアメリカに逃げだしてきた一七世紀の人たちは、ヨーロッパでの生活は息苦しいと強く感じていた。だが彼らは、違った意味での革命家であり、彼らがそこを立ち去った事実は、けっして些末な出来事ではない。というのも、母国にとどまり「教会法や封建的法律」と闘うことと、国をあとにしてはるか彼方に立ち去ることとは別なことだからである。旧世界に自由主義を樹立しようとすることと新世界でそれを樹立することとはまったく別のことがらなのである。T・S・エリオットの言葉を借りるならば、革命とは殺戮し創造することだが、アメリカの経験は変わっており、創造の領域でだけ積み重ねられてきた。森林の伐採やインディアンの撲滅は、それはそれで、英雄的で血なまぐさく伝説的なことではある。だが、それと自らが属する社会の秩序を破壊することとは比較しようがない。第一の経験は、まったく外在的であり、外在的であるということは、実際に完結させられるということである。これに対し第二の経験は、フロイト的な父親殺しのように、外部との闘争であると同時に内部的闘争でもあり、ある意味で永続的である。(1)

煩わしく落胆させられる発言よりも、きっぱりとした離脱をこのように好むというのは、「わが国の歴史を通じて繰り返されてきた」(2)。ヨーロッパからの離脱は、フロンティアの漸進的開拓によって、アメリカ合衆国内に再現されたのであり、フレデリック・ジャクソン・ターナーは、これを「過去の呪縛から逃げだすための扉」として描いた(3)。たとえ「西へ向かう」機会が、アメリカ東部に住む大多数の人々にとって、現実というより神話であったかもしれないにしても(4)、神話それ自体が非常に重要な意味をもった。というのも、その神話によって、すべての人が問題解決のパラダイムを提供されたからである。フロンティアが閉じられたあとでも、この国が広大で、また移動が容易であることも手伝って、アメリカ人は他のどのような国民よりも「物理的逃避」による問題解決を考えることができる。他の国民なら、自分が「放り込まれた」ある特定の状況下、その場所で状況を甘んじて受け入れるか、あるいは改善のための努力をしたり、置かれた状況と闘う場合でも、物理的逃避を行なうことが可能である。トクヴィル以来、いろいろな人々がアメリカ人の風変わりな順応性を観察してきたが、これも今述べた形で説明できるかもしれない。どのような状況であれ、もしも非常に気に入らないなら、いつでもそこから完全に逃げだすことができる。そのような場合、なぜわざわざ反対の声を上げ、面倒なことに身を投じなく

てはならないのか。［これが通常のアメリカ人の感覚なのである。］

注意すべきは、これらすべての「逃避」が本当の意味での離脱、すなわち公共財よりも私的財からの離脱の性格を有していることである。立ち去った社会に与える影響が何であれ、それらはすべて意図せざる副次効果だった。自らのコミュニティを離れた人たちは、その行為によってコミュニティを改善しようとか、外部からコミュニティに闘いを挑もうという気など、さらさらなかった。そうした人たちは亡命者というより移民であり、自ら立ち去ったコミュニティの行く末など、そこから離れるやいなや「何ら気にもしなくなった」。こうした見方からすると、現在、ヒッピーのようなグループが行なう「現実逃避」運動は、実にアメリカ的伝統に則っている。この場合もまた自分をとりまく社会秩序への不満は、闘いよりも逃避につながっている。不満をもったグループはそこから撤退し、別の「舞台」を立ち上げる。こうしたグループが「非アメリカ的」だと感じられる理由は、おそらく撤退行為そのものにはない。そうではなくて、因襲の支配する社会を拒絶する彼らの行為が、その社会に影響を及ぼそうとする試みとして理解されるから、つまり示威的な「他者性」（*demonstrative* "otherness"）と認識されるからである。社会からの逸脱と社会への反抗を奇妙な形で結びつけ、自らの離脱を大仕掛けにすることによって、彼らは、初期のピルグリムや移民、パイオニア的な先祖たちの場合と違って、実際には発言に近い行動をとっている。

離脱がアメリカ国民の頭のなかを支配してきたことには、アメリカ人の伝統的な成功観が影響している。成功――つまりは社会的上昇移動と同じなのだが――は長い間、進化的個人主義の観点からとらえられてきた(5)。成功した個人は、まずは社会的階層の底辺から出発し、階層を駆け上がるとともに必然的に自らの所属したグループを置き去りにしていく。彼は次なる上位グループへと「入り込む」、あるいはそのグループに「受け入れられる」。肉親は一緒に連れて行っても、それ以外の他人をともなうことはほとんどない。成功とは、実際、自分の育った貧民地区から、はるかに素晴らしい近隣区域へと物理的に移動し続けることに象徴され、またそれによって崇め奉られるものである。成功した人はのちに、慈善事業に資金を提供し、貧しい人々、あるいはかつて自分が属していたグループや近傍に住む人々のうち支援するに値する人々を救済しようとするかもしれない。だがもしも民族的・宗教的マイノリティが上位の社会階層に到達したとすれば、本質的にそれは、数多くの個々人が前述のやり方で、それぞれ協力することなく積み上げてきたサクセス・ストーリー、物理的移動の結果であって、グループの一致団結した努力のたまものではない。

アメリカの現実のなかでブラック・パワー運動の何が新しいのかというと、それは、その運動が、私たちの社会のなかでもっとも抑圧されたグループ全体にとって、実現不可能であるばかりか望ましくもない社会的上昇移動のこうした伝統的パターンを拒絶したことである。ブラック・パワー運動は、選ばれた少数の黒人が個人的に白人社会に入り込んでいくことを軽蔑するとともに、ひとつのグループとしての黒人を「集団的に鼓舞」し、自分たちの住みかとしての黒人居住区を改善することに強く関わってきた。このことは非常に重要である。一人の人物がこうした事情を代弁し、次のように述べている。

> 黒人の統合、特におしるし程度に行なわれてきたこれまでの統合は、一つのグループに属するメンバーの個人的な地位を引き上げるものではあった。しかし逆説的なことに、グループ内のもっとも有望なメンバーを数多く引き抜く一方、そのグループ全体の運命を変えることはできないため、さもなければそのグループが結集できたはずの集団的な力を弱めてしまう。(6)

ここでの論理は、すでに述べたナイジェリアの鉄道、公立学校などの状況に驚くほどよく似ている。離脱には効果がなく、その一方で、企業にとってもっとも品質志向の高い顧客、組織にとってもっとも貴重なメンバーの離脱によって、発言が致命的なほど弱められていたからである。

差別を受けてきたマイノリティに関しては、さらに踏み込んだことを主張できる場合が多い。すなわち離脱は、それを実行した個人の立場からしても不満が残り成就しえないということである。こうした論点は目新しいものではない。だがそれが、アメリカ合衆国で「上昇できた」ユダヤ人や黒人に対してではなく、アンデス・インディアンに対してなされた議論だとすると興味深い。

アンデス地方において個人の状況変化に通常みられるパターンとは、その人が自分の生まれた高地コミュニティを立ち去り、インディオ的なバックグラウンドを拒絶し、ありとあらゆるメスティーソ的なステイタス・シンボルを身につけメスティーソになりきることである。しかしながら、こうした方法でメスティーソ化する個人は、自らが都市上層階級の支配する世界では蔑まれるマイノリティ、「チョーロ」(cholo) にすぎないのだと悟ることとなる。都市上層階級など、そうした人には望むべくもない(7)。

これに続けて著者は、こうした個人的移動にともなう不満のプロセスを、革命によってボリヴィアにおいて可能となった集団的プロセスと対比している。

他方、ボリヴィア古来のインディオ・コミュニティにおいては、グループ自体が間に入りメスティーソ的特質の受容を規制している。グループ内の個々人は、みな同じペースを保っていて、他の人たちよりも「よりメスティーソ的」であろうと抜け駆けする者はほとんどいない。そのコミュニティから物理的に立ち去るとか、メスティーソになろうとしてインディオ的行動パターンを拒絶するとかという強い動機も存在しない。むしろ個々人は、一つのグループとして真の意味で文化上の変化に参画している。……ステイタス・シンボルを獲得しようとあくせくすることもない。なぜなら、スペイン語を話せもしないのに、たとえばネクタイを着用するような人間を嘲笑う感覚が根強いからである。(8)

社会的上昇移動のうち、一個人が「逃避」するパターン、あるいは「人種の坩堝《るつぼ》」から成り上がるパターンよりも、上述の例と同じように「集団的圧力」を好むのは、イタリア南部、ブラジル北東部といった非常に遅れた地域の実情を訴える人たちに従来からみられる特徴である。国内他地域にキャッチ・アップするための計画のなかで、こうした論者たちは、たいていの場合、他地域への移住にはそれほど重要な役割を与えてこなかった。彼らは移住を地域の地位向上に貢献するよりはむしろ、優秀な人材の「出血」(hemorrhage) をもたらす不幸なものと考える傾向にあった。

下層階級から才能溢れるごく少数の者だけが社会的階梯を上昇していくことによって、上層階級による下層階級の支配は、階級の分断が固定化されている場合よりも、はるかに確実となる。このことは、上層階級の家族が下層階級の有望な若者を養子にする政策が体系的にとられている社会を思い浮かべてみれば明らかである。この種の養子縁組は、徳川時代の日本にみいだされるが、まさに当時の日本は、「二世紀もの間、平和と安定」を享受した。(9)

実際問題としては、恵まれない集団、これまで抑圧されてきた集団が地位を向上させるには、個人的プロセスと集団的プロセスを組み合わせること、つまり離脱と発言を組み合わせることが必要となるであろう。集団的プロセスは、ある途中の段階で非常に顕著となるだろうし、社会が長らく分裂してきたような場合、そして経済的不平等が宗教や人種、皮膚の色といった壁によって強められているような場合、そうしたプロセスは特に必要となる。事実、アメリカ合衆国では、現実とイデオロギーとは異なることが多かった。すなわち、よく知られているように、人種上のマイノリティが影響力を強め、地位を高めたのは、ただ単に個人的なサクセス・ストーリーが積み上げられてきた結果ではない。彼らが利害集団を結成し、いくつかの政治分野では明らかに多数派に転じて、国内政治における中枢を担うまでになったからである。* とはいうものの、ブラック・パワーの教義は、それがあからさまに集団的プロセスを主張しているために、上昇移動へのまったく新しいアプローチを示している。それは価値観に計り知れないほど大きなショックを与えた。なぜなら、所属集団から離脱することによる成功というアメリカ社会における最高の価値観を拒み、こき下ろしたからである。

　これまでの慣習と相容れない、最近のこうした発言を別とすれば、アメリカではやはり離脱のイデオロギーが有力であった。アメリカは、離脱を土台とし、離脱によって発展してきた国なので、それが社会の基本的かつ有益なメカニズムであると、何ら疑問視されることなく信じられてきた。だからこそ、二大政党制や企業間競争といった制度の効力を、アメリカ国民は強く信じているのであろう。企業間競争に関していえば、二、三の巨大企業によって支配されている市場など、実際には理想的競争モデルからはかけ離れているのだと経済学者が述べたところで、国民は信用しない。自分の愛用品をA社の製品から競合するB社に切り替えられるうちは、離脱に対する国民の愛情という基本的な象徴体系は満たされる。

　だが、愛情が突然憎しみに変わるように、離脱に対する国民の溺愛が、ある重要な領域において離脱の完全な締めだしという事態を引き起こすこともある。移民は自分の国を離れるとき、困難な決断を下し、たいていの場合、数多くの強い感情的な絆を断ち切るのに高い代償を払っている。そして新しい環境に入り込み、それに適応する過程でさらなる代償を払っている。こうした結果もたらされるのは、高い代償を払って得たものを愛さなければならないという強い心理である。来し方を顧みれば「前の国」はますますひどい国のように思えてくるだろう。他方、新しい国はもっとも偉大で「人類の究極かつ最高の希望」であり、その他ありとあらゆる面で最高なものとして浮かび上がってくるだろう。こうなれば、人は幸せでなければならなくなる。おそらく、幸せでなければならないという、こうした集団的強迫観念があるために、幸せという言葉は、米語では他の言語で使われる場合よりも、はるかに弱い意味しかもたない。このことは、ドイツからやってきた二人の移民が長い年月を経てニューヨークで初めて出会ったという話のなかに、うまくいい表わされている。一人が尋ねる。「君はここで幸せかい。」（"Are you happy here ?"）もう一人が答える。「ああ、幸せだよ。でもドイツ語で答えるなら幸せじゃないけどね。」（"I am happy, *aber glücklich bin ich nicht.*"）[10]

一国の中央銀行が最後の貸し手であるのと同じように、アメリカ合衆国とは、長きにわたり「最後の国」であった。先祖が奴隷としてやってきた人々という重要な例外はあるが、大部分のアメリカ国民にとって、国を離脱するなど長らく考えもつかないことだったのである。[訳注一]

しかしここで考えてみよう。事態に十分には満足できないとしたら、そのときはどうなるだろうか。高い参入費用は忠誠に影響を与える。すでに述べたこの議論に沿っていえば、嫌気がさしたと人が公言する時期は先延ばしになると予想できる。これはまさに、幸せの強迫観念に支配されている局面である。しかしながら、状況がさらに進み、もはや嫌気を抑えきれなくなるかもしれない。そのときには、いくつもの反応がでてくる。

（一）すでにみたように、新たな離脱が試みられるかもしれない。だが今回の離脱先は、この国の（幸いにして広大な）領域内になるだろう。

（二）この国が間違っていないことなど明らかなのだから、不幸、嫌気、その他の責任は、そうしたことを感じるに至った本人の側にあると思い込む。そこで、さらなる「調整」が行なわれる。

(三)　そして最後に、この国が間違っていることが結局のところ明らかになったとすれば、そうなってほしいと人が切望する理想的な場所に、この国は作りかえられなければならないということになる。したがって、発言が並はずれて強い力で姿を現わす。人間の作る制度は完全にできるし、諸々の問題は解決できるのだというアメリカ人に典型的な確信によって、発言は活気づくだろう。幸せでなければならないという強迫観念は、この国をイメージどおりの国にするために発言を行使しなければならないという強迫観念に置き換わる。ちょうど離脱がこの国の起源に貢献したのと同じように、実際のところ、発言がこの国の成し遂げたいくつかの偉業に貢献している。

　このアメリカ的な状況設定のなかで、離脱オプションの拒否がこの国からの離脱に限定されているのなら、それほど懸念することもない。しかしながら、離脱を拒否する現象に関し、これとは異なり最近になって、はるかに芳しくない形態がみられるようになった。アメリカの行政官が自分の意に反する政策に抗議して辞任するのを極端に嫌がるのも、その一例である。

　すでに考察したことが、ここでの議論に関連している。アメリカ合衆国市民が国の離脱を考えるなど不可能だと思うのには理由があるが、その理由の多くは、少し形を変えただけで、政府高官が離脱を考えるときの状況にもあてはまる。アメリカ市民が「最高の」国から離脱するなど思いもよらないのと同じように、政府高官は「最高の」国の政府、さらには世界でもっとも大きな力をもった政府とのつながりを断ちたくないという、抗しがたい欲求を抱いている。辞められないというこうした状況は、ときの政権の対極に身を置き、政府の政策に強く反対したとして知られているマッカーサー元帥やアドレイ・スティーヴンソンのような人たちにもあてはまる。(訳注二)スティーヴンソンの置かれた苦しい立場は、一九六六年、『マックバード!』において風刺された。そのなかでスティーヴンソンは、離脱と発言を天秤にかけ、離脱に魅力なしと判断する「インテリ気取り」(Egg of Head)として描かれた。

自由にものをいえば、人は影響力を失う。
嘆願・祈願で変革するチャンスはもうない。
内部からの批判者として悪魔の所業を修正するチャンスはある。
これが今なお私の望みなのだ。
クラブを辞める、辞めて外からなかをのぞきみるなんてまっぴらだ！
部外者になって、見知らぬ世界に足を踏み入れるなんて。
そうした世界から戻ってきた旅人なんてめったにいやしない。……
離れるのが怖い。私は変革に向けて内部から働きかけるつもりだ。[11]

「嫌気」のさした政府高官がそれでもなおジョンソン政権をなかなか辞められない状況は、苦痛な戦争が二年続いたのち、綿密に分析された。以前はまさにインサイダーであったジェームズ・C・トムソン・ジュニアが、闘争をめぐる官僚制のその他多くの側面とともに、この状況に関する論文をしたためたのである。[12] 状況説明に関する彼の主要論点の一つは、トムソンいわく異端者の飼い慣らし（*domestication of dissenters*）である。これは、政権内において疑問を抱いている人に、「公式の異端者」つまり粗さがしをする人間の役目を「割り当てる」ことによって成し遂げられる。飼い慣らしの過程では、疑問を抱いた人の良心は和らげられるが、それと同時に彼の役回りははっきりとし、しかも予測可能となる。この予測可能性によって、彼の力は致命的なほど失われる。つまり反対する立場にいても、その意味はなくなる。[13] 異端者は、「チームの一員」として「役割を演ずる」という条件で、自らの見解を表明することを許されている。このようなやり方で彼は自らの最大の武器、すなわち抗議して辞職するという脅しを前もって断念させられているのである。

交渉が異端者にとってきわめて不利であるのは明らかだが、だとすると、なぜ彼は異端者の立場に立とうとするのかという疑問がわいてくる。これに答えようとする場合、前章のいくつかの論点をここでも活用できる。まず何より、政府が意のままにできる、とてつもなく大きな権力を考慮すれば、最終的な政策決定を、「タカ派」と「ハト派」という相対立する二つの立場の中間的なコースにみいだすことは常に可能である。したがって異端的な両派のメンバーは「自分がいなかったなら、はるかに悲惨な決定が下されていただろう」といつも実感させられる。ことにハト派は、いかに自らが「苦労を背負う」ことになっても、今の地位にとどまるのが自分の義務であるという理屈をつけたがる。巨大な権力が善いことのために、そしてハト派にとって特に気になるのが、悪いことのために行使されている。日々目のあたりにするこうした権力行使を考えれば、ごくわずかな影響力を発揮することでも、ハト派にとっては価値があるように思われてくる。公共財からの離脱を議論したときと同じように、ハト派の理屈にもたしかに真理が含まれている。だが、これがまさに困った問題の原因となる。こうした状況では、ご都合主義《オポチュニズム》が公共精神として正当化される可能性があるからである。さらに便利なことに、人知れず苦難を引き受けているのだと格好をつけることもできる。こうしてさまざまな動機が組み合わさり非常に魅力的になっているので、ご都合主義的行動は、たとえ正当化する理屈があっても、それにみあわないほど強く、長く、勝手に繰り広げられるであろう。ハト派は、自らの離脱が事態の展開にもたらす破壊的結果を過大評価するとともに、自らの影響力も過大評価することになるだろう。「権力は腐敗する。大きな権力をもった国なら、たとえごく小さな影響力でも大きな腐敗をもたらす」。アクトン男爵のこの有名な格言はさまざまな読み方ができるように思われる。(訳注三)

今述べている状況では離脱が不当に無視されかねないという見方は、別の点からも支持される。第四章で議論したように、ある商品について、低級品の品質低下は、高級品あるいは最高級品の品質低下の場合よりも離脱につながりやすい。低級品・中級品の品質低下の場合、消費者は簡単に離脱を選択する。品質の低下していない商品が代替品として同じような価格・品質でいつでも利用できるからである。これに対し、高級品・最高級品の顧客は、もしもその商品に愛想が尽きはじめたとしても、代わりのものをそう簡単には手に入れられないであろう。したがって彼は、発言を行使すること、つまり「内部から働きかけること」のほうを選ぼうとする。これと同じように、（衰退している）政府から離脱するのは、大規模で世界的な権力を行使できる国の場合よりも、小規模ないし中規模国のほうが簡単だと推論してよいだろうか。厳密にいえば、そう推論できないことは明らかである。なぜなら、政府からの離脱の場合、市場メカニズムを作用させることができないからである。たとえ政府が衰退したにせよ、別の政府に「移る」ことなど、普通はやらない。にもかかわらず、ここには一つの類似したメカニズムが作用しているといえるかもしれない。小規模ないし中規模国の場合、「規模的に似たような国」の数は多く、その行動は同クラスの他国と比較できる。そうした国の政府が依拠する行動規準は、理解しやすい。どういったときにその規範が守られていないことになるのか、分かりやすいのである。だが超大国に関しては、比較のためのこれと同じような規準は存在しない。なぜならそうした国は、超大国特有の負担と責任という観点に照らした場合、一般的な規準は自国の行動にはあてはまらないのだと、ある程度の根拠をもって主張できそうだからである。力のある大国の政府から離脱する決断が、嘆かわしいことに特に起こりにくい理由には、こうした事情もあるのかもしれない。

なぜ「嘆かわしいことに」なのか。それは、どんな組織の場合でも同じように、政府の仕事内容を質的に回復させるにも離脱が重要な役割を演ずるからである。政府組織を改革したり、あるいは政府を打倒したりすることによって、離脱はその役割を果たすのだろうが、いずれにせよ、政府重鎮が声を上げながら離脱することによって引き起こされる波紋が、多くの場合、発言が機能するために不可欠であり、それを補完する。このよい例が大統領選への出馬を決めたユージン・マッカーシー上院議員の行動で、この決断は事の展開に大きな影響をもたらした。彼の行動は、民主党政治家の幹部クラブから離脱するということであり、政権政党内部を伝統的に支配してきたゲームのルール（だれも大統領の再選の申し出に反対しないというルール）を打ち破ることであった。だがこれと同じような、声を上げながらの離脱は、何人かのメンバーは疑念を深めていたにもかかわらず、大統領の「政権内部」からは起こらなかった。バーバラ・ガーソン、ジェームズ・トムソンがそれぞれ最初に風刺し分析したのだが、こうして離脱を渋る状況は、しだいに国民的問題、さらにはスキャンダルであるとまで考えられるようになった。このような流れでジェームズ・レストンは、ジョンソン政権を以下のように事後評価している。

残された記録からただちに明らかになるのは、大統領府のトップに近い地位を、原理・原則に則ってきれいに退くという技はほぼ失われたということである。アンソニー・イーデンやダフ・クーパーはネヴィル・チェンバレン内閣を立ち去った。だが今や彼らと同じように、なぜもうこれ以上政策に賛同できないのかということを明確かつ詳細に説明しながら辞職する者などいない。……戦争が拡大していた重要な時期に（なお自らの地位にとどまった）ほとんどの人間は、国に対してもつべき忠誠心を大統領に捧げていた。そのうちの何人かは……公職を離れた現在、それが国益にかなっていたのかどうか、思いをめぐらせているところである。(14)

だがこれまで本書が注目してきたように、離脱を差し控える理由は非常に根強く、ここで書かれたことに込められている道義的な非難や戒めは、それほど効果的ではなさそうである。ここでは、発言を促進する方法を探し求めたのと同じように、抗議しながら離脱するという行為を活性化するための制度的工夫に目を向けるほうが有益である。トムソンもこうした流れで議論を展開し、アメリカ大統領府のメンバーが抗議しつつ辞職することを特にやりたがらないのは、イギリスと違って「退いてのちに座るための椅子が議会のなかにない」からなのだと述べた[15]。一般的にいってアメリカ大統領府のメンバーが拠って立つ基盤は、通常の場合、政党の政治力や世論にはない。こうした関連でいうと、大統領府のメンバーやその他政府高官は利害集団のリーダーから集められるか、さもなければ後ろ盾となる何らかの集団を持つべきだという最近の論調は、もっと研究するに値する。おそらくそうした人なら、「大統領府のメンバーたることの罠」（*member-of-the-team trap*）といえるようなものに、そう簡単には引っかからないであろう。

（1）　Louis Hartz, *The Liberal Tradition in America* (New York：Harcourt, Brace & World, 1955), pp. 64-65.（有賀貞訳『アメリカ自由主義の伝統』講談社学術文庫、一九九四年、九八―九九頁）

（2）　Hartz, *The Liberal Tradition*, p. 65n. ここで留意したいのは、同じ脚注で、彼は次のようにも述べていることである。「実際のところ、アメリカ人にとって物理的逃避とは、ヨーロッパ人が社会革命を経験することの代わりになる。」（同上訳書、一〇一頁）

（3）　一八九三年、彼は著名な論文「アメリカ史におけるフロンティアの重要性」（"The Significance of the Frontier in American History"）を書いたが、ここでの一節は、その最終パラグラフから引用したものである。この論文は、以下の本に再録され、引用個所はその三八頁にある。Frederick Jackson Turner, *The Frontier in American History* (New York：Henry Holt, 1920). 非常に興味深いことに、ターナーは、その後の論文で次のようなことに注目している。すなわち、もしもアメリカ合衆国において民主主義の活力を保ち続けようとすれば、フロンティアの消滅後は、「発言」に似た新たな政治プロセスがフロンティアの代役を担わなければならないだろう、ということである。「現代は、古い理想を新しい状況に適合させなければならない時代であり、伝統的民主主義を保持する統治体制をますます求めるようになっている。したがって、選挙のたびに社会主義が一定の票を獲得するとか、新たな方針に則ってさまざまな政党が結成されているとかは、それほど驚くようなことではない。予備選挙の要求、一般市民による上院議員選出の要求、またイニシアティヴ、レファレンダム、リコールの要求が拡がっていること、その昔、民主主義のパイオニア的役割を担った地域でこうした傾向が顕著にみられることもまた、驚くようなことではない。これらは、かつて民主主義の防護壁の機能を担っていた自由な土地が失われつつあるとき、その代わりになるものを何とか探し求める行為である。フロンティア消滅の結果、発生している行動なのである。」(p. 321)

(4) たとえば、F. A. Shannon, "A Post-Mortem on the Labor Safety-Valve Theory," *Agricultural History*, 19: 31-37 (January 1945) を参照のこと。この論文は、以下の文献に再録されている。George R. Taylor, ed., *The Turner Thesis* (Boston: D. C. Heath & Co., 1949).

(5) Richard Hofstadter, *Social Darwinism in American Thought* (Philadelphia: University of Pennsylvania Press, 1945).

(6) ネイサン・ヘアー(Nathan Hare)の言葉(John H. Bunzel, "Black Studies at San Francisco State," *The Public Interest*, no. 13, Fall 1968, p. 30. から引用)。これまで行なわれてきたような統合が黒人社会から「潜在的リーダーシップ」を奪っているということは、以下の文献でも論じられている。Stokely Carmichael and Charles V. Hamilton, *Black Power* (New York: Vintage Books, 1967), p. 53.

(7) Richard Patch, "Bolivia: The Restrained Revolution," *The Annual of the American Academy of Political and Social Sciences*, 334: 130 (1961).

(8) *Ibid.*

(9) R. P. Dore, "Talent and the Social Order in Tokugawa Japan," in John W. Hall and Marius B. Jansen, eds., *Studies in the Institutional History of Early Modern Japan* (Princeton: Princeton University Press, 1968), pp. 349, 354.(宮本又次他監訳『徳川社会と近代化』ミネルヴァ書房、一九七三年、二七一頁、二八〇頁。)マイクル・ヤングの考えたことは、このプロセスをさらに一歩進めたものである。個人的移動の結果、上層階級と下層階級がますます分断されるという彼の反ユートピア的状況では、「心配になるほど赤ん坊売買のブラック・マーケットが繁盛する。エリートの家庭で生まれた頭の悪い赤ん坊は、ときには若殿にふさわしい持参金付きでマーケットに送られ、下層階級の利口な赤ん坊と交換される」という事態が展開する(Michael Young, *The Rise of Meritocracy*, 1958, Penguin Books, 1968 edition, p. 184. 窪田鎮夫他訳『メリトクラシー』至誠堂、一九八二年、二二二―二二三頁）。

＊　ここでの叙述に沿う形で、説得力があり、十分な実証に裏打ちされた見解がだされている。これについては、Christopher Lasch, *The Agony of the American Left* (New York: Alfred A. Knopf, 1969), pp. 134-141. を参照せよ。

（10）　米語以外の「幸せ」という言葉にどれだけ強い意味が込められているかについて、もう一つの事例を挙げておこう。ウンベルト・サバは、その詩を次のように書きだしている。

In quel momento ch'ero giá felice
(Dio mi perdoni la parola grande e tremenda)……

語感を弱めるが、これを訳すと次のようになる。「私がまだ幸せだった頃（神よ、幸せなどという荘厳で畏敬すべき言葉を使うのをお許しください）……」(Umberto Saba, *Il Canzoniere*, Rome: Giulio Einaudi, 1945, p. 220.)

（11）　Barbara Garson, *MacBird!* (New York: Grassy Knoll Press, 1966), pp. 22-23.

（12）　James C. Thomson, Jr., "How could Vietnam Happen? An Autopsy," *Atlantic Monthly* (April 1968), pp. 47-53.

（13）　トムソンは次のように述べている。「ボール氏が疑問を表明しはじめると、彼は政権に暖かく迎え入れられた。つまり、彼はヴェトナム戦争に関し、身内の立場で反対の意見を述べるよう促されたのである。結果は目に見えていた。戦争がエスカレートしていくと、彼は自らの不満を述べるよう定期的に要請された。ボール氏は気分がよかったと私は思う（彼は正義のために闘ったのだから）。他の人たちも気分がよかった（自分たちはハト派の意見にも十分耳を傾けたということになったのだから）。こうして、不愉快な状況はほとんど生じなかった。議員クラブは元のままだった。もちろん、ボール氏が沈黙し続けていたら、あるいは一九六六年の秋、最終的に辞職するよりも前に立ち去っていたとしたら、事態がもっと悪くなっていたということもありうる。だがもちろん、政権内で疑問表明の役回りを演じた最近の例として、ビル・モイヤーズのような人も実際にいたのである。会合に彼が到着すると、大統領は、『ようこそ、爆撃反対男』と親愛の情をもって迎え入れたといわれている」(p. 49)。[訳注四] 官僚制のもとで発揮できる力は予測可能性に反比例するということは、以下で説得的に論じられている。Michel Crozier, *The Bureaucratic Phenomenon* (Chicago: University of Chicago Press, 1964), ch. 6.

（14）　*The New York Times* (March 9, 1969). これよりも前にジョン・オズボーンが述べた、以下のような不満についても注目せよ。「現代の官僚は大義のために辞職することなどないということを、私たちは今や認識すべきだと思う。だが、ジョージ・ボールその人にふさわしい敬意を払いつつ述べておかなければならないことがある。……それは、原理・原則に則った辞職がときに応じ行なわれれば、ワシントンの状況は改善されるだろうし、ボールが引き合いにだし嘆き悲しんだような、誤った構想や判断を躊躇させたり、場合によっては先んじて抑え込むことさえできるかもしれない、ということである。」（*The New Republic*, June 15, 1968, p. 27.）本書の校正作業をしているとき、幸運にもこうしたパターンの最初の事例をみつけることができた。一九六九年の十月、ランド・コーポレーション（RAND Corporation）の六人のアナリストが『ニューヨーク・タイムズ』、『ワシントン・ポスト』という、アメリカがヴェトナムから即刻かつ一方的・全面的に撤退することを主張している新聞社に、非常に筋のとおった投書を送ったのである。事の性格上、新聞社とこうして直接コミュニケーションをとることは、抗議しつつ辞職するという行為にきわめて近い。それは政府の政策に対する公然たる抗議である。なぜならランドは、国防省との契約によって大きな利益を得ているからである。抗議をしている本人たちはランドから離脱していないのだが、彼らが「離脱させられる」リスクを背負っているのは明らかである。この投書は一九六九年十月十二日付のワシントン・ポスト紙に掲載された。それにともなって書かれたコラムのなかでジョセフ・クラフトは投書を称賛し、政府の政策に対する内部批判はけっして公にされるべきではないという「アパラチクの掟への絶縁状」であると述べた。[訳注五]

(15) Thomson, "How Could Vietnam Happen ?"

(訳注一) ここでハーシュマンが「重要な例外」としているものの具体例は、もちろん、ジャマイカ出身の活動家マーカス・ガーヴィー（Marcus Garvey）（一八八七～一九四〇年）が主導した「アフリカ帰還運動」である。結局は破綻するものの、アフリカン・アメリカンのアフリカへの帰還は一時期、現実的な夢として語られていた。これについては、本田創造『アメリカ黒人の歴史（新版）』岩波新書、一九九一年、一五八―一六五頁参照。

(訳注二) スティーヴンソン（Adlai Ewing Stevenson）は、アメリカの政治家・弁護士（一九〇〇～一九六五年）。イリノイ州知事を務めた後、一九五二年、一九五六年の二度、民主党の大統領候補となったが、いずれもアイゼンハワーに敗れた。一九六一年から六五年までは国連大使を務めた（『岩波＝ケンブリッジ世界人名辞典』岩波書店、一九九七年、五〇〇頁)。

(訳注三)　アクトン (John Emerich Edward Dalberg Acton) (一八三四～一九〇二年) は、イギリスの歴史学者で『ケンブリッジ近代歴史叢書』を創刊・編集した人物。自由党国会議員も務め (一八五九～六四年)、一八六九年、男爵に叙せられる。一八九五年、ケンブリッジ大学の近代史教授となった (『岩波＝ケンブリッジ世界人名辞典』岩波書店、一九九七年、一〇頁)。

(訳注四)　ボール (George W. Ball) はケネディ、ジョンソン政権の国務次官で、戦争が激化するなかヴェトナム戦争に反対する発言を行なっていた人物として知られている。のちに一時期、国連大使も務めた (http://en.wikipedia.org/wiki/George_Ball)。モイヤーズ (William Bill Moyers) は、左派のジャーナリストだが、ケネディが創設した平和部隊 (Peace Corps) の副長官となり、続くジョンソン政権では大統領特別顧問、ホワイトハウス報道官を務めた (http://en.wikipedia.org/wiki/Bill_Moyers)。E・マッカーシーやA・スティーヴンソンを含め、ヴェトナム戦争当時の民主党政権内の人物模様、各人の言動に関しては、D・ハルバースタム、一九六九年の名著『ベスト&ブライテスト』(上・中・下巻、浅野輔訳、朝日文庫、一九九九年) に詳細に描かれている。

(訳注五)　ここで「アパラチク」(apparatchik) とは、ロシア語で共産党の機関専従員のことで、組織に盲目的に従うものの代名詞である。ハーシュマンは「aparatchik」と表記しているが、文脈からいっても「apparatchik」が正しいと思われる。

第九章　離脱と発言の最適な組み合わせは可能か

これまでの章では、離脱が発言を追い払い、軌道から外れた企業・組織の効率性を元に戻す責務を離脱が背負いすぎている状況を数多く扱ってきた。状況によっては発言が有効な回復メカニズムとして機能しうること、したがって発言は適切な制度でもって強化する価値のあることが示されたわけである。議論のバランスをとるという殊勝な気持ちが働き、ここ何ページかにわたり私が注目したのは、効果的な回復からほぼ全面的に遠ざけられているのは今度は離脱のほうであり、それが大きな損害をもたらしている状況であった。これで議論は一巡したので、もうすぐペンを置くことにしよう。だが、議論を進めるうちに描かれたものには、重々しい装飾がやたらと施されてしまった。だとすれば、本書を閉じるにあたり、やや図式的な説明をしておくのも有益かもしれない。

まず第一に、いろいろな組織の特徴を一つの表にまとめるのが有効である。この表は、本書が扱ってきた二つの反応メカニズムの有無を規準として組織を分類してある。これが非常に大まかな要約のつもりでまとめられているのはいうまでもない。ここで提示された分類は条件付きであること、ボーダーライン上のケースのあることは、本書全体で注意を促してきたとおりである。

この表から明らかなのは、競争市場における営利企業のように、発言よりも主に離脱によってメンバー・顧客の不満に関する情報を受け取る組織と、離脱などほとんど聞いたことがなく、程度はさまざまであってもメンバーにとっては発言が利用可能であるような、より伝統的な人間集団との間には基本的な違いがあるということである。離脱も発言もともに重要な役割を演ずる組織は比較的少数であり、そのうちもっとも重要なのはさまざまなタイプの任意団体である。そこにはその非常に重要なサブカテゴリーとして競争的政党が含まれている。また営利企業の顧客でも、ある種のタイプは離脱を選択せず、企業の施策に直接影響を与えようとする場合が多いだろう。

組織メンバーによる一般的な反応

		離脱：可	離脱：不可
発言	可	任意団体 競争的政党 一部営利企業（たとえば少数顧客向けに販売する会社）	家族　部族 国家　教会 全体主義的ではない一党体制における政党
発言	不可	顧客との関係で競争的な営利企業	全体主義的な一党体制における政党 テロリスト集団 犯罪組織

　メンバーによる離脱や発言をまったく免れている組織は、おそらくはない。表中でこうしたカテゴリーに該当する欄に挙げられている組織は、明示的にも暗示的にも両メカニズムを認めないが、構造上、最初からそうなっている。ここでは、離脱は裏切り、発言は反乱とみなされる。このような組織は、結局のところ他の組織ほどは生きながらえないであろう。離脱も発言も非合法となり厳しく罰せられるので、回復がもはや可能でもなく望ましくもないような段階にまで衰退してはじめて、両者が機能するからである。さらにいえば、この段階になると発言も離脱も、非常に強烈に作用し、改良的というよりも破壊的結果をもたらす。

　とはいえ、この表は、フィードバック・メカニズムを両方とも備えている組織が、どちらか一方にだけ依拠する組織よりも必ず進歩しているとか、生き延びる力があるとかということを含意しているわけではない。どんなメカニズムが備わっていようと、またそれがどのような組み合わされ方であろうと、すべてはその組織がどれだけそのメカニズムに応答できるかにかかっている。離脱のありうる組織が顧客・メンバーの減少に非常に敏感であれば、すべてはうまくいく。発言のありうる組織がメンバーからの不満や抗議を真剣に受け止める場合も、そうだろう。だが、ある組織がたまたまある特定の反応を引き起こしたとして、もしそれを特に感知しなかったなら、あるいは、そもそも感知するためのメカニズムをもっていなかったら、どうなるだろうか。本書の大部分は、そういった不適切な応答、間違った応答を扱ってきたのであり、こうした議論はもう一つの表のように要約できる。

当然ながらここでの最大の関心は、組織が何ら応答しないような反応メカニズムしか、事実上その組織に備わっていないケース、「異常で」病的なケースである。つまり、品質の低下によって影響を受けた人々は、あれやこれやの方法で自らの感情を表明するのだが、経営陣がそうした反応に慣れていたり無関心になっていたりして、あえて軌道修正する気になどならないケースである。こういった状況は、特に第四章、第五章において事細かく論じた。これは、衰退が離脱を招いたとしても、発言が生じた場合ほどには経営陣を悩ませることがない組織に関わる状況であった。しかしながら第八章では、これとは正反対の状況が現われた。リンドン・ジョンソンのもと実績を低下させていたアメリカ合衆国大統領府という組織を扱ったわけだが、そこでは、離脱がより効果的であったはずなのに、発言が不毛な言い訳として繰り返された。

衰退していく組織の力強い回復には、メンバーがもう一方の反応メカニズムを働かせるほうがよいにもかかわらず、その組織が引き起こすのは別の反応メカニズムということがある。本書の議論からこうした一般的観察を得たわけだが、ここからいくつかの結論が引きだせる。こうした一般的なまとめには利点がある。それによって直ちに、救済策にはさまざまなものがあり、いろいろな組み合わせのあることがはっきりする。衰退すればまず離脱を引き起こすが、離脱には発言よりもはるかに鈍感である組織の例を取り上げてみよう。この場合、もっと離脱に応答できる組織にするという施策はまったく正しいが、それと同時に、その組織のメンバーを離脱から発言に切り替えさせる努力も必要である。こうして可能な救済策の範囲が広がる。たとえば、顧客の減少にあまり活発に反応しない鉄道公社の例を考えてみよう。このとき行なわれる典型的な勧告とは、「財務上の規律」を高めよ、である。そうすれば、鉄道の管理者は倒産の影におびえる民間企業と同じように、収益低下に反応するというわけである。だがそれに対する代替的ないし補完的措置として、顧客の発言を強化するための方策・手段を模索する価値があるのは、もはや明らかである。これは、発言の費用を削減し、その報酬を高めるという直接的方法によって可能である。そして同じく、離脱の費用を引き上げる、また離脱の機会を減らすことさえ行なうという間接的方法によっても可能である。

これと同様に、発言を引き起こすがそれは無視し、離脱であれば応答する組織の場合、制度を適切に設計し直して、離脱を簡単で魅力的にすることが考えられなくてはならない。そして同時に、発言にもっと応答する組織にしなければならない。制度設計の改善に向けてここで提唱されているアプローチは、通常考えられている政策選択の幅を広げる。そしてそれによって、経済学者が離脱を、政治学者が発言を偏重するという、それぞれがほとんど生来的に備えている根強い傾向を回避できるのである[1]。

しかしここで、私たちのアプローチができないことについて、一言述べておく必要がある。すなわち、ここでのアプローチは、離脱と発言の最適な組み合わせに向けた確実な処方箋を提示するものではない。また、試行錯誤を繰り返せば徐々に近づけるはずの最適な組み合わせがあり、それをすべての制度が獲得できると考えようというのでもない。いつど

衰退は主にどちらの反応を引き起こすか

組織は主にどちらの反応に敏感か	離　脱	発　言
離脱	競争的営利企業（その基本的要件については第二章参照）	異議は認められるが「体制内化」されている組織
発言	代替的反応方式があるため競争にさらされる公企業 怠惰な寡占企業 会社—株主関係 インナーシティ等	メンバーからの忠誠をかなり引き寄せるとともに民主的に応答する組織

のようなときであっても、本書でいう二つのメカニズムのうちどちらかが欠けていると指摘することはできる。だが、時間を超えて安定しているような、二つのメカニズムの非常に効率的な組み合わせを特定できるなどということはありえない。理由は簡単である。いずれの回復メカニズムもそれ自身が、本書でずっと引き合いにだしてきた衰退の諸力のもとにあるからである。こうして最後に一言付け加えているのは、何も哲学的考察の一貫性を確保するためだけではない。もっと俗っぽい理由もある。すでに述べたように、組織経営に携わる者の短期的関心は、自らの行動の自由を拡大することにある。したがって経営陣は全力を挙げ、離脱であれ発言であれ、顧客・メンバーが行使できる武器を彼らから奪おうとする。そしていうなれば、フィードバックであるべきものを安全弁へと転化しようとするであろう。異端的見解の囲い込み・飼い慣らしによって、発言が骨抜きにされている様は、前章末尾で述べたとおりだが、発言は単なる「ガス抜き」になりかねない。離脱もまた同じように弱められる可能性がある。前述のように、周りの目には競争しているようにみえ、離脱に通常敏感な企業・組織は、不満をもったそれぞれの顧客・メンバーを互いに取り込みながら、共謀的なゲームを演ずることを覚えてしまう。競合する組織・企業によるそうしたゲームがうまくいけば、ある人の離脱は別の人の参入で補償されるので、衰退する組織にとって、もはや深刻な脅威ではなくなる。

　特定の環境で消費者・メンバーがある反応方式を選好していると思われるとき、こうして経営陣は、その反応方式の効果を低下させる手段をみつけだしている。他方、消費者・メンバーはといえば、このような状況下、なおその反応方式にこだわり、もう一方を退化させることによって、ある意味で経営陣の仕事を楽にしてやっている。折に触れ（特に発言に関して）述べたように、馴染みのないほうの反応方式がもつ効果は、もう一方の方式と比べ不確かなだけではなく、ますます過小評価されるようになる。なぜなら、今選好されているメカニズムが日常的に馴染み深いために、馴染みのない反応方式を有効に利用しようとすれば、その効力がきちんと認識あるいは再認識されなければならないからである。このように、創造的な認識といっても実際にそこに至るまでは、まったく当然のことながら、私たちはそれが創造的であると信じようとはしない。したがって、離脱が支配的なとき、発言の効果は過小評価されるし、逆の場合も同じであろう。たとえば、いったん離脱よりも発言のほうをわずかでも選好すると、それは累積的な動きとなり、離脱の魅力はさらに薄れ、離脱を選好するなど思いもよらなくなる。この結果、経営陣が発言に対する防備を固めようと奮闘している、まさにそのとき、メンバーはますます発言を頼みとすることになる。

　離脱と発言が最適な効果をもつように組み合わさり、それが安定的になるための好条件など、まずありえないというのは、以上述べてきた理由からである。一方の反応方式にだけ頼りがちとなるにもかかわらず、その効力はしだいに低下していく可能性が高い。したがって支配的な反応方式が不適切だとだれの目にも明らかになってはじめて、結果的にもう一つの反応方式が再び入り込んでくる。

　もう一方の反応方式が入り込んでくることのショック効果によって、爽快な結果が生まれることもある。最近のその顕著な事例は、ラルフ・ネーダーの勇敢な先駆的行動からはじまった。長い間、離脱が支配的で、ほとんど唯一の反応方式であった領域に、消費者の発言が突如現われたのである。発言が支配的な反応方式であるとき、同じように離脱が活気づくという逆のケースもありうる。なぜそうなるのか。発言をし「内部から働きかける」ことによる効果が薄れたとき、なぜ離脱、すなわち退くという行為が突然影響力をもつのだろうか。通常、離脱は、一人のメンバーとして自分がもっている以上の影響力を獲得するために行なわれるものではない。にもかかわらず、結果的にそうした影響力をもつことがよくある。特に離脱がとても非日常的な行為である場合、そうなることが多い。社会心理学者がよく指摘するのは、「コミュニケーションの源が消えてなくなると、意見の変化はよい方向に向かう」ということである。[2] 離脱は、あとに残った人たちを動揺させる。離脱してしまった人に対し「言葉を返す」のは無理だからである。離脱することによって、人は自らの主張を、相手が回答しようのないものにする。歴史のなかで殉教者たちは大きな影響力を与えてきたが、これも今述べたような文脈で理解できる。殉教者の死とは、元に戻すことができないという意味で究極の離脱であり、彼らの主張は反駁しようがないという点で究極の形をとるからである。

以上、離脱と発言の最適な組み合わせという考え方に対する批判を踏まえ、ここで三つの提案をしておこう。ある組織が衰退に立ち向かう能力を保持するためには、その組織が二つの反応メカニズムのうちどちらか一方に依存している場合、もう一方の反応メカニズムをときに応じて入り込ませる必要がある。その他の組織の場合は、離脱と発言が主役を交互に演ずるという規則的な循環を経なければならないであろう。そして最後に、どんな最適な組み合わせであれ、不安定になる傾向を生まれながらに備えているのだということが分かっていれば、離脱と発言を両方とも健全に維持する必要のある制度を設計し、それを改善するためにも役立つかもしれない。

本書にはもっと直接的な影響力があるかもしれないと思い描いてみたい気もする。現在無視されている反応方式がどのようなものであっても、その隠された潜在能力を開花させられるかもしれない。それが場合によって離脱や発言の行使をあと押しすることになるかもしれない。まあ物書きというのは、せいぜいこんなことを夢みながら、物を書くものなのである。

（1） 教育に関するフリードマンの提言について、第一章で行なった議論を参照のこと。

（2） Serge Moscovici, "Active Minorities, Social Influence and Social Change," a paper prepared at the Center for Advanced Study in the Behavioral Sciences, 1968-1969, p. 31. この論点を支持するため、モスコヴィッチは、M・シェリフ（Muzafer Sherif）とC・ホヴランド（Carl I. Hovland）の実験結果を引用している。

補論A　発言と離脱に関する簡単な図解*

*本文二五頁、三一頁、および三七—四〇頁を参照のこと。

需要を示す伝統的な図を若干修正することによって、品質低下の結果、離脱と発言がどのように生みだされるのかを示すことができる。以下では、需要が品質に対して弾力的であること、すなわち品質が低下した場合、消費者は、発言の可能性、予想される効果について考えることなく離脱すると想定されている。

図2(a)において需要は、価格ではなく品質の関数として示されており、品質が縦軸で表わされている。品質が低下すればするほど、原点からの距離が遠くなるように描かれているため、需要曲線は通常の右下がりの形を保持している。点L_0は通常の品質、点L_1は品質低下を示している。図2(b)は、経済学の慣習に則り単位価格を縦軸で示している。両図とも、横軸には購買量をとっている。単位価格が変化しないまま、品質がL_0からL_1に低下したとき、需要はQ_0からQ_1に低下し、総収益の損失は、図2(b)において長方形$Q_1Q_0P'_0T'$という領域で示される。これが離脱（長方形E）である。収益のこうした損失が企業の利益をどの程度低下させるのか、あるいは帳消しにしてしまうのかは、図に示されていない費用の条件しだいであることは、いうまでもない。

他方、発言は、図2(a)において、OQ_1で示される離脱しなかった顧客の数、L_0L_1で示される品質低下の程度に依存する。したがって、これから起こる発言の総量は、長方形$L_0TP_1L_1$の領域に比例する。これが発言（長方形V）である。

図2　需要が品質の関数である場合の発言と離脱

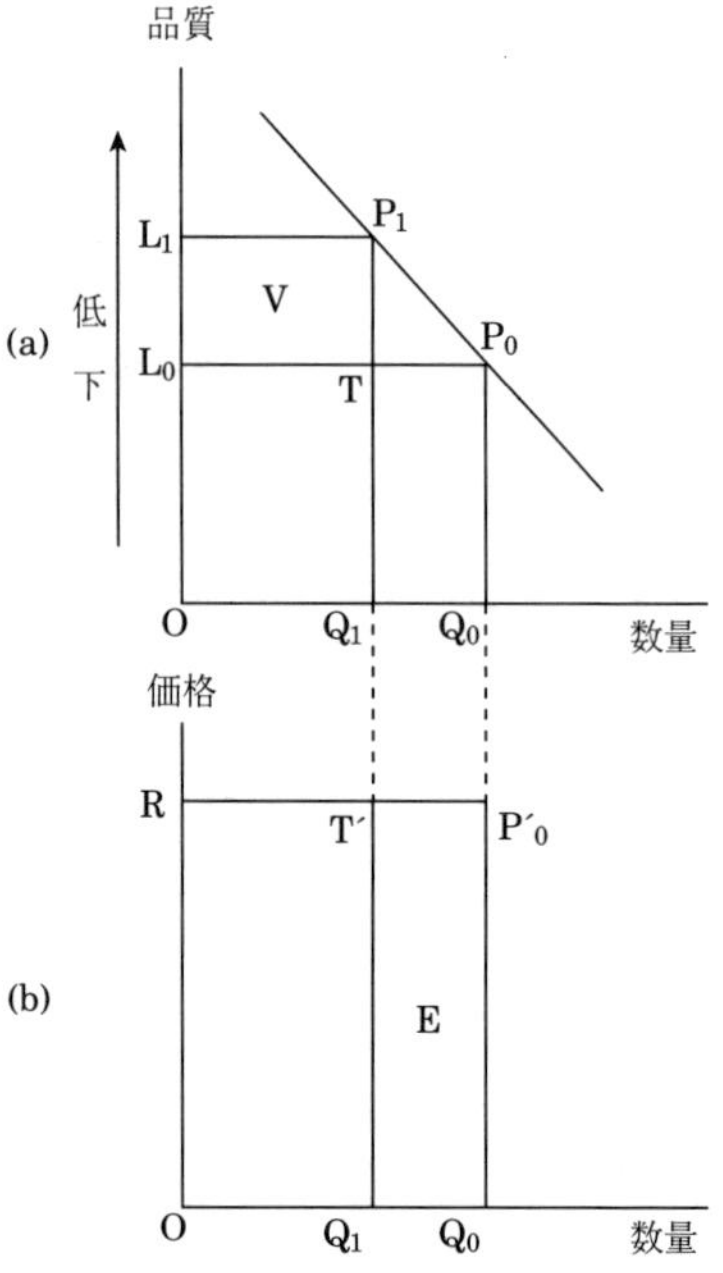

一般的には、長方形EとVは、直接足し合わせることはできない。だが品質のどのような低下であれ、離脱と発言は何らかの形で組み合わさり、経営陣に影響を与えている。影響力全体のなかで、それぞれがどの程度の割合を占めるのかを測定できたとすれば、こうした品質低下に対するものとして、長方形EとVがそれぞれの影響力を正確に反映するように、価格図（図2(b)）中の縦軸の目盛りを打つことができる。たとえば、図2は、品質がL_0からL_1に低下したとき、離脱が発言の二倍の効力をもつことを示すように描かれている。もし、一定の範囲内で、発言と離脱の効果がそれぞれの長方形の大きさだけで決まり、それに比例するとすれば、企業に影響を与える圧力の総量において発言と離脱がどれぐらいの割合となるかを左右する決定的要因は、需要の品質弾力性である。こうした条件の下、品質弾力性が高いほど発言と離脱の総体的効果が高くなるのは、長方形Vの縮小によって回復効果が受ける負の影響以上に、長方形Eが拡大するときだけである。

不満をもった顧客は社員の手をわずらわせたり、欠陥商品を思いどおりに「修理」させたり交換させたりするので、発言は経営陣に直接的な費用を負担させる可能性がある。そうだとすれば、発言は金銭面での負担を直接もたらすが、それは図2(b)のなかにも表わすことができる。たとえば、離脱しない顧客の半分が不満を抱き、その平均的な不満が商品売価の半分に相当する費用をもたらすとしよう。このとき発言は、長方形ORT′Q_1の四分の一にあたる金銭面での損失を引き起こしている（離脱が収益を通じて利潤に影響を与えるのに対して、発言は直接、利潤に影響を与えることに注意せよ）。しかしながら、ここで強調されなければならないのは、こうして金銭的単位に換算できるかどうかで発言の効果が決まるわけではまったくない、ということである。本文七八―八〇頁には、この点に関する若干のコメントがある。

補論B　発言と離脱の選択*

以下の注記は、品質が低下したある製品の顧客個人の立場からみた離脱と発言の代替的関係を、より専門的な表現で展開するものである。図3において、品質は横軸で示されている（今度は、原点から離れるにしたがって品質が改善するものとしている）。一方、縦軸は、少なくとも特定の品質改善が発言によって成し遂げられる累積確率を示しており、それは顧客によって見積もられる。もともとの「正常な」品質は点Q_nで示され、Q_0まで品質が低下したものとしている。長方形$OQ_0Q_nQ'_n$内のどの点も、確率と関係づけられた品質改善を表わしている。その確率は、メンバー・顧客によって推定されたものであり、少なくともそのような改善が現実に成し遂げられるであろう確率である。Q_0からのわずかな改善と、（ある程度の時間内に）少なくともこうした改善が達成される大きな確率との組み合わせ、これと両変数の逆の組み合わせ［つまり大きな改善・小さな確率］との間で、消費者は無差別である。今このタイプの二つの無差別曲線が示されている。この無差別曲線は原点に向かって凸である。なぜなら顧客は、品質改善の大きさに比べて、その実現可能性が小さくなりすぎるのを嫌がるからである。点V_1、V_2、V_3は、発言オプションが完全に成功したことを表わしている。これらすべてのケースで品質は完全に「正常な」レベルに戻るが、この結果をもたらす確率はさまざまである。

離脱オプションはQ_Eのような点で表わされる。点Q_EはQ_0とQ_nの間に位置し、もっとも手近な競合品・代替品の

＊本論四〇―四四頁を参照のこと。

品質がQ_0より優れているがQ_nよりは劣っていることを示している。現在低下している製品の品質がQ_nであったとき、その競合品が選ばれなかったとするなら、最初からQ_EがQ_nより劣っているという位置関係になければならない。この図をもっとも素直に解釈する際には、二つの競合品の価格は同じであると考えるわけだが、後述するように、点Q_Eは、品質の低下している製品と品質・価格の両面で異なっている競合品を表わしていると理解することもできる。(1) Q_Eが示しているのは、離脱がどのような結果をもたらすにしても、それについては、発言と違って何ら不確実性が存在しないということである。競合品はいつでも代替可能なものとして手招きしており、目にとまるようにそこに存在している。消費者は離脱するか、発言の結果を待つか、どちらかを決断しなければならない。点Q_Eを通る無差別曲線（Q_EV_2曲線で示されている）とは、どちらにすればよいかの決断を難しくさせるような、品質の改善と、その改善の（あるいはより大きな改善の）実現可能性との組み合わせの軌跡である。しかし（長方形$OQ_0Q_nQ'_n$内のうち）Q_EV_2の右上方側に位置する点はすべて、発言か離脱かの葛藤において発言が勝るような、品質の改善と発言成功の確率との組み合わせを示している。またQ_EV_2の左下方領域はEよりも劣っており、したがって離脱に至る組み合わせを示している。

図3　発言と離脱の選択—メンバーの影響力およびリスクに対するメンバーの態度の関数

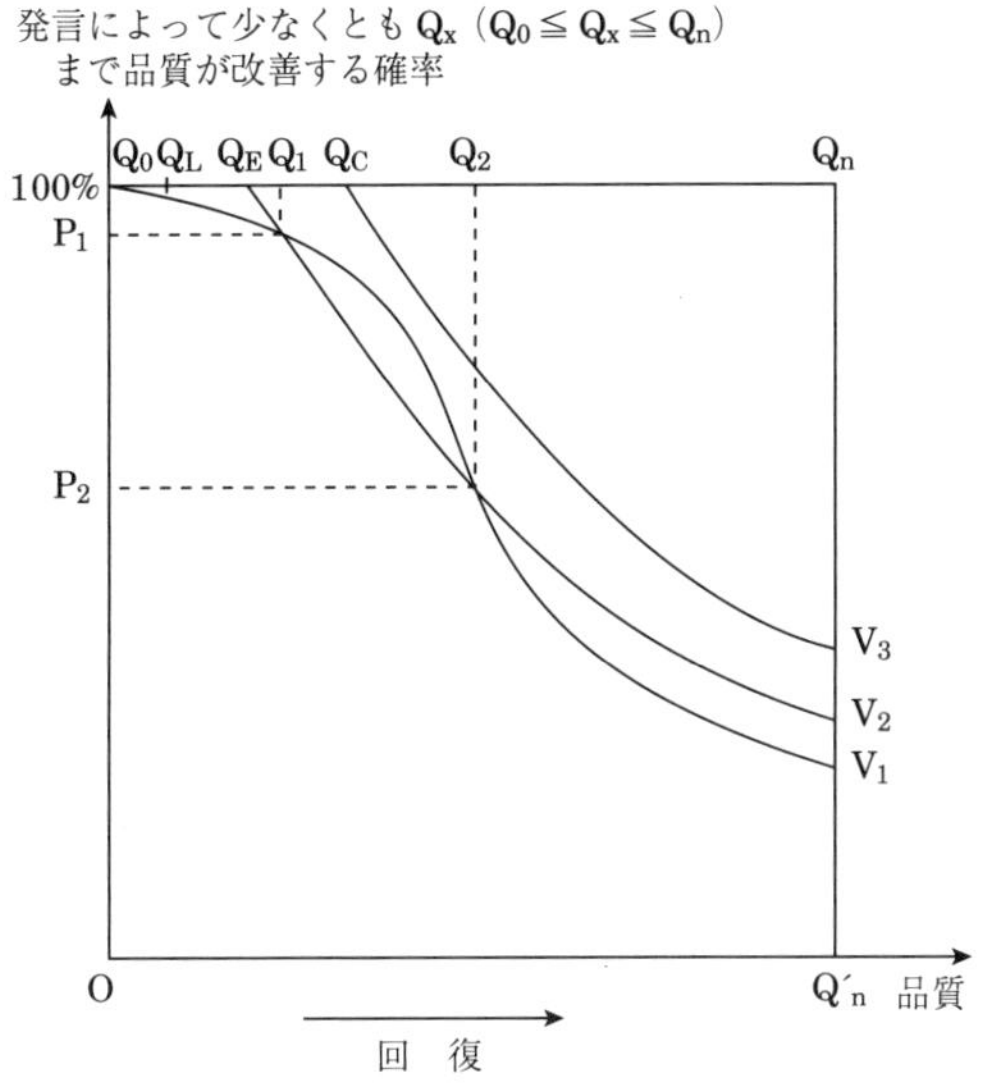

　現代の（フォン・ノイマン＝モルゲンシュテルン的）効用理論は、効用関数を構築することを目的として

いるのだが、離脱と発言のどちらかを選ぶという行為は結局のところ、人々が現実の生活状況のなかで、この理論が前提にしている選択に直面しているということである。すなわち、顧客・メンバーは二つの代替的な行動方針から選択するのであり、その一方（離脱）は、完全な確実性をもって特定の結果をもたらす。もう一方（発言）は、宝くじ的なオプションであり確率混合の状態である。ふたたび二つの事象が起こりうるのである。理論の世界と同じように、二つの事象のうち一方は離脱オプションがもたらす確実な結果よりもよいものだが、もう一方はそれよりも劣る（あるいは、無条件によいとはいいがたい）。発言オプションを考える人が予期する特定の確率とは、発言が少なくともQ_0以上の特定の品質改善を達成する確率（p）である。Q_0にいる意思決定者が直面するのは、Q_Eを選ぶか、あるいは［p, $Q_x^{\geqq}$；（1−p), $Q_x^{<}$］という確率混合を選ぶのかという問題である。ここで「$\leqq Q_x$」は、Q_x以上（Q_nまで）の品質を表わす。「$<Q_x$」は、Q_0からQ_x未満の品質を表わしている。無差別曲線は、このpとQ_xの補償変分から導きだせる。pが「1」であるとすれば、すなわち発言のもたらす結果が確実に分かるときには、顧客は、「$Q_x<Q_E$」の場合は離脱を、「$Q_x>Q_E$」の場合は発言を選ぶ。もしも「$Q_x=Q_E$」であるならば、顧客は（発言の費用がかからず、その結果がすぐに現われると仮定すれば）二つの選択に関し無差別である。したがって、結果が確実に分かっているとき、どちらが選択されるかは、Q_0とQ_nに対しQ_Eがどこに位置するかによってのみ決まる。つまり、品質の低下している商品の代わりに競合品をどれだけ利用できるかということにかかっているのである。しかし、発言の結果が不確実だとすれば、発言のリスクをあえて引き受けようという意思が消費者の決断における重要な要因として加わってくるのは明らかである。

自らの選好を知っているということに加え、発言オプションを考えている顧客・メンバーは、実際に達成されたさまざまな成功（成功の度合いは、通常の品質水準にどの程度まで回復できたかによって測られる）と結びついている、いろいろな確率について、なにがしかの考えを抱いていると想定してもよいだろう。その結果できあがる確率分布は、Q_0V_1のような「影響力曲線」となる。この曲線は、品質Q_0からの回復点のそれぞれにおいて、少なくともこうした改善が発言の結果として実現する確率を示している。影響力曲線は、累積確率分布である。仮に対応する点の分布が標準的な形になるとすれば、累積分布は、図に示されたシンメトリカルなS字型を示すであろう。その曲線は、発言の成果がまったくゼロか、よりよいものとなるか、そのどちらかになることが百パーセントはっきりしているQ_0からスタートする。そして発言によりもっとも起こりそうな結果の近辺で急下降し、その後、$Q_nQ'_n$線を切る形となっている。ここでこうなっているのは、発言によって完全に回復する可能性がゼロよりは大きいという楽観的な想定からである。

影響力曲線とQ_Eを通る無差別曲線との位置関係から、消費者が離脱を選択するか、発言を選択するか、読み取ることは可能だろうか。残念ながら、それは容易ではない。せいぜい指摘できることといえば、二つの曲線が重なる領域が大きければ大きいほど、発言オプションが選択される可能性が大きくなるということぐらいである。望まれる品質改善の広範囲に及ぶそれぞれについて、離脱の利用可能性を考慮したとき、最低限必要となる改善を、発言の実際にもたらす品質改善が上回るならば、発言が行使されるだろう。同様に、消費者の着目する、広範囲に及ぶそれぞれの機会について（ここでも離脱の利用可能性を考慮したとき）最大限受容可能なリスクを、発言の成功する可能性のほうが上回れば、発言オプションが選択されるだろう。図示されたようなケースでは、消費者が望ましい品質としてQ_1とQ_2の間に位置する点に着目した場合、あるいは受容可能なリスクとしてP_1とP_2の間に位置する点に着目した場合、発言が選択される。しかし消費者がP_1以上の高い確率でもって実現可能なものとして完全な回復、あるいは発言にともなうリスクが非常に小さい事象にたまたま着目している場合には、離脱が選択される。[2]

本論のいろいろなところで強調されているように、発言の力を発揮させる効果的な方法は、メンバーが実際にそれを行使しようと試みるなかで、はじめてみつかる場合が多い。そうであればあるほど、発言の有効性は、離脱か発言を選択しなければならない局面では過小評価されることになろう。こうした過小評価の補正は、衰退する製品・組織に対する忠誠があり、離脱の費用が高いと意識されることによって可能となる（第七章参照）。現在掲げている図でいえば、忠誠があるために離脱費用を高く感じるというのは、点Q_Eが左方に移動し、たとえば点Q_Lまで動くことによって表現できる。競合製品の品質が魅力的に映るのは、それが本質的に優れているときではない。その優越性の幅が十分に大きく、メンバー・顧客が競合品に切り替える際に被る「忠誠を捨て去る費用」を相殺して余りあるとき、魅力的となる。点Q_Lが示しているのはこういうことである。もちろん、点Q_LがQ_0の左側に位置することも考えられるが、この場合、離脱オプションはまったく排除されるであろう。

　これと同様に、この図を用いて、発言に生じうる直接的な費用も考えることができる。発言が時間と金を費やすものだとすれば、離脱を通じて可能となる改善に、さらに上乗せする品質改善を生みださなければ、発言の行使には至らないだろう。行使するだけの価値ありと発言が認められるのに必要な上乗せ分の品質改善がQ_EQ_Cだとすれば、Q_EではなくてQ_Cから始まる無差別曲線が、離脱と発言の二つの領域を隔てる境界線となる。

　さまざまな大きさ・強度をもってやがて生じるはずの発言に応じ、類似したいくつかの影響力曲線を提示することによって、分析をさらに複雑化することも可能である。その場合、これらさまざまな大きさの発言には、それに応じた費用が必然的にかかるので、「費用」を上回る「利益」を最大化するような、発言の最適規模を理論的に定義できるかもしれない。図に示されている、たった一つの影響力曲線をこの最適曲線とみなすことも可能である。個々人の発言がやがて生じる可能性の高い発言総量のごくわずかな部分しか占めない場合、別の解釈も成り立つ。こうした場合、個人は、二重の推測をする。まず第一に、彼は（自分自身によるものも含め）やがて生じるであろう発言の全体量を推測する。その次に、彼は発言のこの「客観的」全体量が成し遂げうるものについて推測するのである。

図3の表わしているものが、消費者・メンバー個々人の直面する選択状況であることはいうまでもない。離脱と発言が、こうして代替的な行動方針とみなされる場合、離脱を選択する人もいれば、発言を選ぶ人もいるであろう。なぜなら彼らは、それぞれ異なった選好マップをもち、自らの影響力や影響力行使にともなう費用について異なった推測値を考慮し、さらには、衰退している製品の受容可能な代替品として、競合製品をどの程度評価するのかについても異なった判断を下すこともあるからである。図でいえば、無差別曲線や影響力曲線の形状、点Cの位置が消費者によって異なる可能性が高いだけではなく、補論Dの注(4)で示されるように、点Eの位置も異なってくるであろう。

(1) 後述する補論Dの注(4)を参照せよ。
(2) 離脱するか、発言するかを決断しなければならない顧客・メンバーが、もしも確率分布の期待値しか考慮に入れないとすれば、そのとき彼は、この分布の一点だけを気にかけているにすぎないのであって、Q_Eを通る無差別曲線とこの点との位置関係から明確な意思決定ができるであろう。

補論C　逆転現象*

目利きを必要とする商品（a connoisseur good）の価格が上昇したとき最初にいなくなる消費者と、その品質が低下したとき最初に離脱する消費者とが同一ではないということはありえるのだろうか。この問題もまた、需要に関する伝統的な図を簡単に修正することによって分析できる。A、B、Cという三名の買手がおり、彼らはそれぞれ、目利きを必要とするある商品一単位をP_a、P_b、P_cという価格で購入する用意があるとしよう。図4(a)において彼らの需要は、それぞれ長方形で示されている。ここで、実際の単位価格がPであり、A、B、Cが各々一単位購入しているとしよう。Aの消費者余剰が一番大きく、B、Cがこれに続く。このとき、もし価格がP′に上昇し、品質が変わらないままなら、顧客Cはいなくなってしまう。ここで、価格（上昇）の代わりに品質（低下）を縦軸にとった図を描いてみよう（図4(b)参照）。そして、価格が不変のまま品質が低下した場合、どういうことが起こるのかを検証してみよう。品質が低下する前は、たとえば品質はQの水準にあり、三人の顧客はみな、その商品を購入している。今、品質が低下し、たとえばQ′になれば、三人の買手のうち一人が排除されることとなる。第四章の議論が示しているのは、最初に手を引く一人が、CではなくAであることが十分考えられるということである。なぜなら、Aにとって品質がQからQ′に落ちるということは、自らの消費者余剰がすべて吹き飛ばされるほど価格が上昇することと等価だからである。一方、Cにとっては等価的価格上昇は非常に軽微であり、

*本文五三―五六頁を参照のこと。

彼は市場にとどまる。同じ品質低下が異なった価格上昇を引き起こすといった事態は、Pから引かれた水平線と破線との距離がそれぞれ異なっていることによって示されている。ここで想定されている状況の結果、三人の消費者の、品質図における配列順と価格図における配列順とが逆になるであろうことは明らかである。すなわち、価格の観点からは限界的な消費者が、品質低下の場合には限界内の深奥部に位置する消費者となり、価格の観点からは限界内の深奥部に位置する消費者が、品質の観点からは限界的な消費者となる。

もちろん、こうした「逆転現象」は、いくつかある可能性の一つにすぎない［だが逆転現象は稀なケースではない］。ある商品が目利きを必要とする商品と認定されるには、以下のような条件が満たされれば十分なのである。（a）品質低下が等価的な価格上昇に反映されるが、その等価的価格上昇の大きさが消費者によって異なるということ。また（b）［品質低下によってそれぞれの消費者にもたらされる］等価的価格上昇が、各々の消費者余剰と正比例の関係にあること。[1] これら二つの条件は、価格面での限界的消費者Cが、品質が低下した場合に、最初にいなくなる消費者でもあるという状況とも矛盾しない。また、もっとも品質を重視するはずの消費者

図4　目利きを必要とする商品の場合に逆転現象が起こる可能性

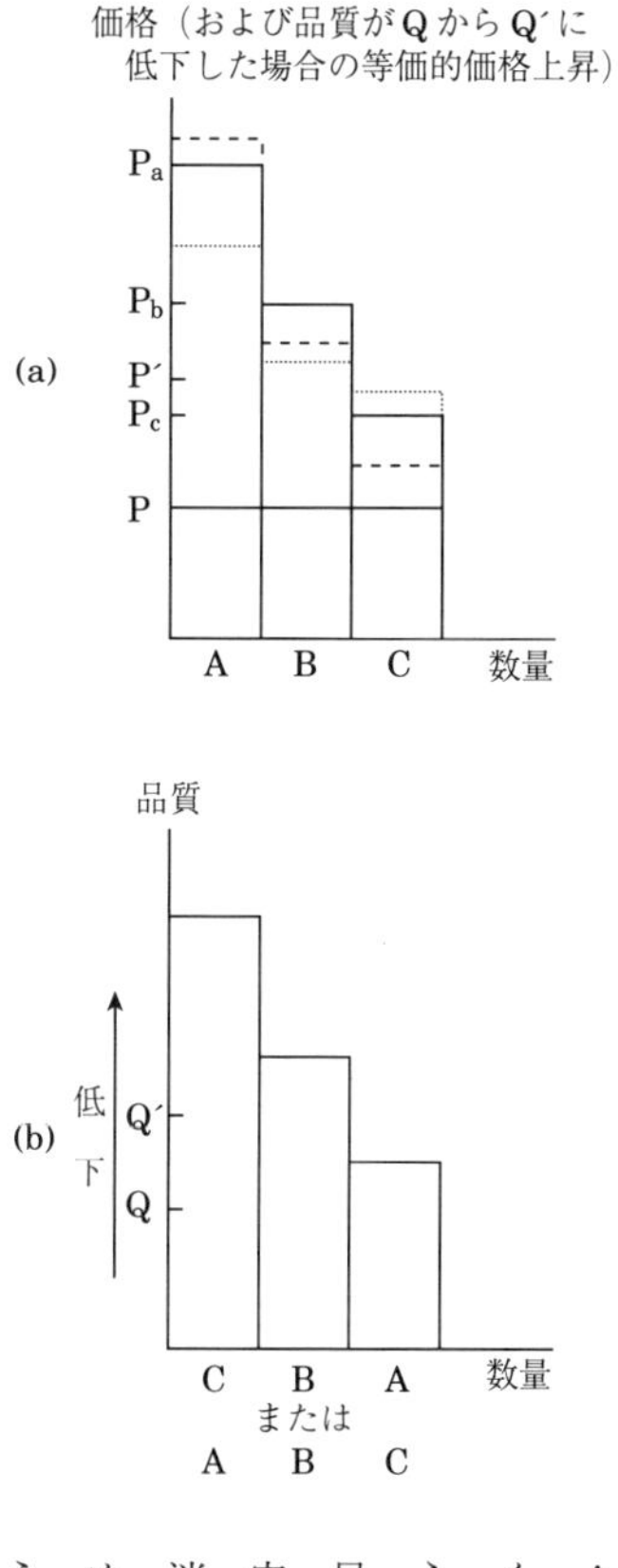

Aが、品質低下の際も一番長くとどまるという状況、たとえば品質低下の等価的価格上昇が非常に大きな場合でも、完全には払拭されないほどの消費者余剰を、そもそもはじめから彼らがもっているという理由だけで長くとどまると

いう状況とも矛盾しない。こうしたことは、価格図中に点線を引き、各点線と価格線Pとの距離が図のようになっているとき、起こりうるのである。こうした状況では、発言が重要な役割を演ずる機会は非常に大きくなる。というのも、大きな消費者余剰をもつ人は、現在、厚生面で多大な損失を被っており、それに不満を感じているのは明らかだが、だからといって満足のいく代替案をみいだせずにいるからである。したがって、彼らはその商品を購入し続けるかぎり、品質改善に向け、自らのもつ影響力をとにかく行使しようとするであろう。

（1）ここで付け加えなければならないのは、この二つめの条件が目利きを必要とする商品を定義づける条件となるのは、各消費者の所得があまりにもかけ離れていないときだけ、ということである。

補論D　価格上昇および品質低下への消費者の反応
―目利きを必要とする商品がいくつか存在する場合*

＊本文五六―六〇頁を参照のこと。

目利きを必要とする商品（a connoisseur good）を欲する消費者がいて、彼は、この商品のうち入手可能な数多くの種類（varieties）のなかから選択できるとしよう。高品質に対して高価格を支払う用意はあるが、当然ながら（a）自らの予算、（b）高品質をみきわめる鑑定眼、といった制約がある。こうして各消費者について無差別曲線図が描けるわけだが、無差別曲線が表わすものは、商品の一定量（たとえば車一台とかシャンパン一ケース）に関し、等価的満足（equivalent satisfaction）を生みだす、価格と品質のさまざまな組み合わせである。

そのような無差別曲線のうちいくつかが図5(a)に示されている。図中で品質（改善）は横軸、価格（上昇）は縦軸で測られている。（通常、右上方向なのだが）ここでは右下方向への動きが、消費者の厚生の明らかな増大を示している。

消費者を制約する二つの条件は、「品質鑑定上限」（quality appreciation ceiling）、「予算上限」（budget ceiling）と書かれた線によって示されている。一組の上限が示されているだけだが、もちろん、これらは消費者個々人によってまったく異なってくる。品質鑑定上限が示しているのは、品質がこれ以上どれだけ向上しようと、消費者が得られる満足は増えないという限界である。したがって彼は、その限度以上に品質がよくなっても金を払う気はないだろう。予算上限は、一つの商品しか存在しないのであれば、消費者の全所得として理解されるし、多く

図５　価格重視の消費者および品質重視の消費者による価格上昇・品質低下への反応

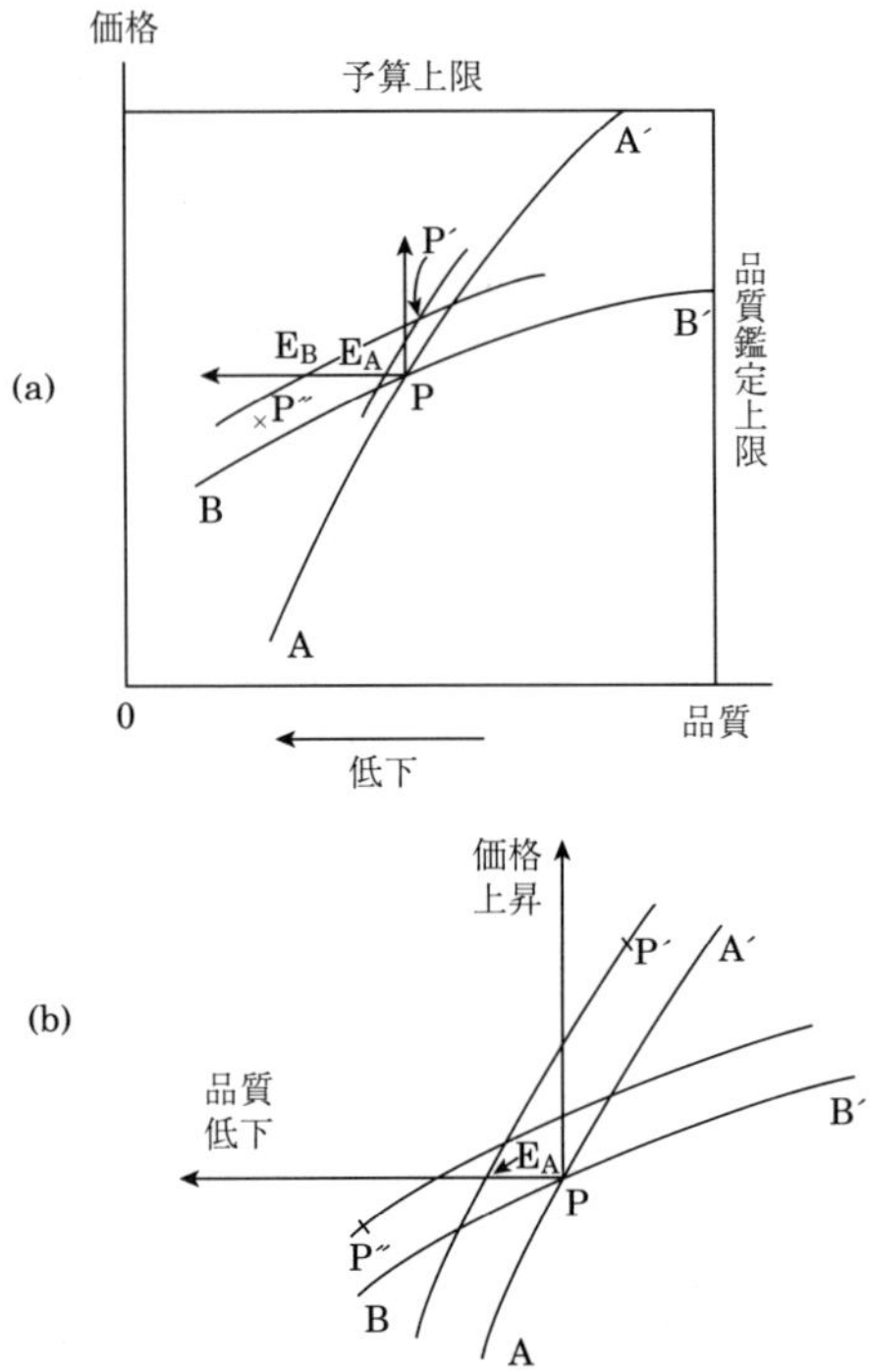

の商品がある場合なら、当該商品に対して払える上限を消費者自らが現在価格で設定した任意の数値として理解される。[1] 無差別曲線ＡＡ′のように、無差別曲線が品質鑑定上限に達する前に予算上限にぶつかるものがある。こうした曲線が表わしているのは、品質重視の消費者、細かいところにこだわる消費者の行動であり、彼らは、ほんのわずかな品質の改善にも喜んで、より多くの金を払う。無差別曲線ＢＢ′が表わしているのは、品質にこだわらない消費者、価格重視の消費者の行動であり、彼がより多くの金を商品に支払うには品質に顕著な改善がなくてはならない。ＢＢ′は予算上限に達する前に品質鑑定上限にぶつかる。このぶつかる点において、傾きは水平となっているのだが、このことがまさに意味しているのは、品質がさらに向上しても厚生の増大はもたらされないということ、したがって、より高い価格など受け入れがたいということである。

以下で行なわれる分析では、品質重視の消費者も、価格重視の消費者も、二つの上限内で行動していると想定されている。特に予算については、受容されうる品質に対し厳格な上限を設定してはいない[2]。

日ごろ購入している商品の品質が低下したり、価格が上昇したりする場合、消費者は、どのような条件の下、ある品質‐価格の組み合わせから別の組み合わせへと移行するのか。ここでようやく、この問題について検討できる。まずはじめに、目利きを必要とするある商品について、今二種類だけが利用可能であるとしよう。一方は、点Pの示す価格‐品質の組み合わせをもち、もう一方は、価格・品質ともより高い組み合わせとなる点P′で示されている。その後、点P″で示される種類が考察される。点P″における価格と品質は、ともに点Pが示すものよりも低いものとする。品質重視の消費者も価格重視の消費者も、点Pで示された種類の商品を買うことによって、最高の満足が得られる無差別曲線に到達するように、図が描かれている。(3)

日ごろ購入している商品の品質が徐々に低下すると、どういったことが起こるのだろうか。価格が同じままならば、品質の低下は点Pから左に伸びる水平線で示される。この線は点E_A（離脱点A）において、別に利用可能な高品質の商品P′を通る、品質重視の消費者の無差別曲線と交差する。この水平線が品質にあまりこだわらない消費者の同様の無差別曲線と点E_Bで交差するのは、それよりずっと後となる。ここから明らかなのは、唯一可能な代替品が高品質・高価格であるときはいつでも、品質重視の消費者は、それほど品質を重視しない消費者よりも早く離脱するということである。まったく同じ理由から、逆の命題も成り立つということが分かるだろう。すなわち、競合する唯一利用可能な商品が低品質・低価格である場合（これは図中点P″で示されている）、品質にあまりこだわらない消費者が最初に離脱する。高品質・高価格の代替品（P′）、低品質・低価格の代替品（P″）がともに利用可能な場合、Pからの品質低下がはじまったとき、品質重視の消費者がまずP′へと離脱し、衰退後しばらくしてから、品質にあまりこだわらない消費者がP″に離脱するということになる。(4)

この図を利用すれば、逆転現象、つまり品質が低下したとき、価格に関しては限界内にいる消費者が最初に逃げだす傾向にあることをより正確に定義づけることもできる。興味深いことに、PとP′あるいはPとP″のように二種類の商品しか存在しない場合には、逆転は生じないということが明らかとなる。PとP′という組み合わせだけがあるとしよう。商品Pの価格上昇は、点Pを起点とする垂直に伸びた線で示される。品質低下が水平線で示されるのと同様である。この場合、明らかに、垂直線も水平線も両方とも、品質重視の消費者の無差別曲線のうち点P′を通るものと最初に交わる。したがって、品質重視の消費者は、価格が上昇したときより品質が低下した場合のほうが素早く離脱するが、ここでは逆転は生じていない。彼はいつも最初に離脱する消費者なのである。これと同じく、反対にPとP″という組み合わせしかない場合には、品質にそれほどこだわらない消費者がいつも最初に離脱する消費者となる。したがって逆転現象が現われるには、P、P′、P″の少なくとも三種類の商品が同時に存在し、それら商品は、Pを挟んでP′、P″がそれぞれ反対側に位置していなければならない。こうして、拡大された図5(b)で確認できるように、価格上昇線は、品質にこだわらない消費者の無差別曲線のうち点P″を通るものと最初に交わる。一方、品質低下線は、品質重視の消費者の無差別曲線のうち点P′を通るものと最初に交差するだろう。いいかえれば、日ごろ購入していた商品の価格が上昇した場合には、品質にこだわらない消費者が(P″に向かって)最初に離脱し、品質が低下した場合には、非常に品質を重視する消費者が(P′に向かって)最初に離脱する。二人の消費者が離脱する順序は、価格上昇の場合と品質低下の場合とでは、実際、逆転しているのである。

したがって逆転現象は、珍しいこと(*curiosum*)であるどころか、価格・品質の組み合わせがいくつかあるような競争市場では、ごくあたりまえであるように思われる。

さらにもう一点、付け加えておこう。図のなかでP、P′、P″は、ある商品について消費者が選択できる、さまざまな種類を表わしている。もしもP、P′、P″を通る「商品種類連結」曲線("variety-connecting" curve)が描けたとすれば、それは、変換曲線(transformation curve)のように、無差別曲線に対し、反対のほうに凸の形状をとるであろう。なぜなら、品質を「同じ」程度ずつ改善しようとすると(この場合、品質は何らかの「客観的な」基準、つまり価格自体とは異なった基準でもって測られる)、通常、その費用は逓増するからである。図から明らかなように、品質重視の消費者が質の低下している製品を見放すスピードは、高品質の代替品がどれだけ利用しやすいかということにかなり影響される。したがって今注目している商品の近くにどれだけ利用可能な別の種類が存在するか、つまり商品種類連結曲線上の密度のちがいが、離脱と発言それぞれの役割を評価するうえで非常に重要になる。第四章で明らかにしたのは、この点である。

（1）　日ごろ購入していた商品の品質や価格が変わってしまい、消費者が同じ商品の別の種類に切り替える場合がある。このとき、ここでは購入される目利き品の単位数は変わらないと想定されている。同じ商品のなかに（価格と品質のさまざまな組み合わせをもった）いろいろな種類（varieties）がある。ここで考察しているのは、そうした商品一単位（あるいは一定単位数）の間でのトレード・オフであって、品質と数量のトレード・オフではない。後者のようなトレード・オフについては、H. S. Houthakker, "Compensated Changes in Quantities and Qualities Consumed," *Review of Economic Studies*, 19 : 155-164 (1952-1953)、を参照していただきたい。消費者の購買行動のなかで、品質は数量とトレード・オフの関係にあることも多いが、おそらくここで議論している状況のほうが、現実的にもつ意味は大きいだろう。なぜなら本質的に、消費者による重要な意思決定の多くは分割してとらえることができないから、あるいは分割してとらえることができないと考えられているからである。消費者が買おうとしているのは、たとえば一回の夕食、一台の車、一軒の家、あるいは子供のための教育一式なのであり、消費者は頭のなかで、これらの商品・サービスの品質に対して値をつける。品質によって購入量を調整するわけではない。

（2）　第四章で例示したタイヤや鉄道サービスの場合がほぼそうなのだが、もしも品質と価格のトレード・オフがすべての消費者にとって均一であるのなら、無差別曲線は、同じ傾きの平行線となる。極端な事例を考えてみよう。二「種類」の歯磨き粉の「品質」格差が、まったく同じ化合物の含有量が一方は二倍であるという格差に還元されるとしよう。この場合、時間選好や貯蔵スペース、その他、今の文脈ではさして重要ではない要因が入り込むのを除くと、大きいほうの歯磨きチューブがちょうど二倍の価格であれば、消費者にとって両者は何ら変わりがない。

（3）　このことは、P′およびP″で表わされる利用可能な別の種類が、AA′、BB′よりも満足度がより劣る領域に位置している事実によって示されている。同じ種類の商品が、品質重視の消費者にも、価格重視の消費者にも購入されるといったことは、市場では間違いなくいつでも起こる。この図が示しているのは、こうしたことがどのように可能なのかということである。利用可能な商品の種類が完全に連続的であり、その結果、「商品種類連結曲線（variety-connecting curve）」（これについては本文における以下の議論を参照）が限られた数の点ではなく、まさに連続的な曲線として描けさえすれば、価格‐品質の組み合わせに関し異なった嗜好をもつ消費者が、同じ種類の商品を購入することはない。

（4） 消費者個人の立場からすると、日ごろ購入している種類よりも高品質・高価格のものは、このようにして、日ごろ購入していたのと同じ価格で低い品質をもった、等価的満足をもつ商品へと転換できる。もちろん、この「等価的商品」は、消費者がどれだけ品質を重視するのか、あるいは価格を重視するのかによって異なる。このために、図3における点Q_Eは、消費者によって異なると述べたのである。したがって、点Q_Eは低品質・同価格の商品を表わすものとするという、一見厳しい条件をつけたようだが、これは、発言と離脱の選択について、すでに述べた分析に何ら変更を加えることなく外すことが可能である。点Q_Eは、品質も価格も日ごろ購入しているのとは異なる商品と、消費者個々人の無差別曲線上において、価格は同じで等価な商品として単純にとらえ直されなければならない。

補論E　参入手続の厳しさが人々の積極的行動に与える効果について
——一つの実験計画*

*本文一〇一—一〇三頁を参照のこと。この補論Eは、筆者も協力しながらフィリップ・G・ジンバルドー、マーク・シュナイダーの手によって書かれた。

あるグループの機能・活動が衰退し成果も芳しくない場合、メンバーはこれにどう応答するのかということが本書の中心的課題であるが、これまで、社会心理学者がこうした形でこの問題を直接研究したことはなかった。しかしながら、これに関連する問題は理論面でも実験の面でも注目されてきた。あるグループに入ったはいいが、期待していたほどには楽しくもなく、有益でもなく、また金儲けにもならないということが判明した場合、そのメンバーはさまざまな反応を引き起こす。こうした反応が考察の対象となってきたのである。なかでもレオン・フェスティンガー（Leon Festinger）の『認知不協和の理論』（*Theory of Cognitive Dissonance*）（一九五七年）からは、興味深く、反直観的な議論が展開されてきた。それによれば、あるグループへの愛着は、そのグループへの参入手続が厳しければ厳しいほど、グループに加入するための費用がかかるほど高まる。すなわち、グループに入るのに苦労した人は、苦労しなかった人に比べ、そのグループを魅力的と感じる（あるいは魅力が薄いとは感じない）。したがって、たとえグループの活動が「客観的にみて」がっかりさせられるようなものでも、厳しい参入手続を経た人は、参入費用がそれほど高くなかったり、まったく費用を要さなかった人ほどには、がっかりしない。こうした研究成果は、第七章で展開された仮説によって、まっこうから反論されたのではないにしても、事実上、少なくとも修正されている。そこで論じられたのは、参入手続の厳しかった人は、ある一定の環境のもとでは行動的少数派になって、革新的で改革的な行動を起こしたり、造反行動、脱退行動にでるということであった。この仮説について、より詳細に説明する前に、この分野における現在の研究状況を簡単にみておこう。

〈参入手続の厳しさがグループへの愛着度に与える影響〉

どんなグループであっても、通常、一個人として好きになれない点がいくつかはある。もしもその人がグループ参入に際し、不愉快で苦痛な手続、その他厳しい手続を経験したのであれば、メンバーとなるために自分が不愉快で苦しい経験をしたという認知は、グループの望ましくない点に関する認知とは協和しない。こうした不協和は、二つのやり方で和らげることが可能である。一つは、参入に際する不快感への認知を変更すること、つまり感じた不愉快など大したものではなかったとすること。もう一つは、グループの望ましくない特徴に関する認知の一部またはすべてを変更すること、つまりグループの魅力的な点を強調し、望ましくない点を無視することである。参入に際する不快感がそれほどでもない場合（不協和の度が低い場合）、第一の方法がとられる可能性が高い。しかし、参入手続が厳しくなるほど（不協和の度が高まるほど）、それが厳しく、不愉快で、苦痛をともなったという客観的事実をねじ曲げることは、ますます難しくなる。その一方で、グループに関する主観的認識をねじ曲げることは、かなり容易である。したがって、参入手続が厳しくなればなるほど、不協和の度が増し、そしてこれを和らげるために、グループに対する愛着が高まるはずである。

認知不協和の理論から導かれるこうした推論を検証するため、アロンソンとミルズは(1)、性に関するグループディスカッションに参加してくれる女子大生を募り、参入手続の厳しい（不協和の度が高い）グループ、参入手続が緩やかな（不協和の度が低い）グループ、（参入手続のない）対照群《コントロール・グループ》に振り分けた。厳しい条件で参入するグループには、男性の実験者に向かって、一二個の卑猥な言葉、性行為に関する二つの具体的な描写を声をだして読み上げさせた。参入手続が緩やかなグループには、性に関係するが、たわいのない言葉を五つだけ声をだして読み上げさせた。対照群には声をだして読み上げさせることはしなかった。そのあと、すべての被験者は、人を戸惑わせるような、このテストに合格したこと、したがって今行なわれているグループディスカッションに参加できるということが知らされた。被験者は、刺激するための材料をたえず与えられるように、他のメンバーの議論に耳を傾けなければならないが、話に加わることはできなかった。他のメンバーはその被験者がまだ読んだことのない本について議論しているのだということにした。こうして彼女は、下等動物の第二次性徴行動に関する、ごくありふれたディスカッションを聞かされた。（四人の女子学部学生からなる）そのグループはだらだらと話し続け、それぞれ矛盾したことを口にした。概して非常につまらない話であった。被験者には、このディスカッションのあと、ディスカッションおよびその参加者を採点させた。この評点がそのグループに対する態度を測る尺度であった。

結果は明確であった。卑猥な題材を読み上げるという厳しい参入手続を経た女子学生は、参入手続の緩やかな女子学生、参入手続のなかった女子学生よりも、グループのディスカッション、個々のメンバーの両方に好印象をもった。後二者のグループに違いはみられなかった。

アロンソン＝ミルズの実験および実験結果は、おびただしい批判にさらされ、二人とは異なった説明がなされた。参入手続の厳しさとグループへの好感度とが概念上関係していることを検証するために実験進行上の操作がなされたわけだが、批判はこの操作のいくつかの点に集中した。参入手続とグループディスカッションはともに性に関するものであった。したがって、厳しい参入手続は女子学生を性的に興奮させ、グループに加わりたいという気持ちを高めたのかもしれない。あるいは、こうした参入手続は、このあと性に関わるもっと面白いディスカッションが行なわれるのではないかという期待をもたせたのかもしれない。また、厳しい参入手続を乗り切った被験者は、緩やかな参入手続しか経ていない女子学生よりも、うまく乗り切ったという事実をいっそう強く感じ取り、満足感を得たのかもしれず、したがって彼女らはグループに対する好感度を高くしたのかもしれない。

アロンソン＝ミルズに対するこれらの批判がどの程度のものであるかをみきわめるには、どうすればよいだろうか。まず（一）グループディスカッションの中身とは質的に異なった参入手続を課すことによって、参入手続の内容を根拠とする説明を排除すること。そして（二）被験者が参入手続をうまくこなせたか、失敗したかにフィードバックするのを控えて、うまく乗り切ったという相対的な感覚を根拠とする説明も排除すること。こうしたうえ、アロンソン＝ミルズの実験の本質的なところを繰り返してみることが必要となるだろう。

このような実験を行なったのがジェラードとマシューソンである。[2] 二人は、参入手続に（電気ショックによる）肉体的な痛みを用いた。苦痛テストの結果は知らされる場合と知らされない場合とがある。そして、被験者はショックを与えられるが、それが参入手続のための処置とは知らされないという条件が付けられた実験であった。実験結果は、認知不協和の理論の見方を支持するものであった。つまり、参入手続が厳しいほど（苦痛が強ければ強いほど）、被験者は、苦痛テストにパスしたことを知らされているかどうかに関わりなく、退屈なグループディスカッション（今回は大学におけるカンニングについて）に好意を示した。参入手続がない（わずかなショックが与えられるだけで参入手続とはいわれていない）場合、ディスカッションの中身が退屈でも、不協和は何ら生じない。というのも、その退屈なグループに加わるという明確な目標のために苦痛を経験していないからである。したがってこの場合、好感度が増すとは予想できないであろう。不協和理論の見方が現実となるのは潜在的な不協和があるときだけ（参入条件が存在しているときだけ）という事実は、もちろん、参入手続の厳しさとグループへの好感度との関係を説明する不協和理論をいっそう支持する。実際のところ、これは、アロンソンとミルズがはじめに行なった実験よりも、はるかに強固な実験結果となったのである。

〈参入手続の厳しさが人々の積極的行動に与える効果〉

アロンソン＝ミルズの実験も、ジェラード＝マシューソンの実験も、被験者がグループの活動をたった一度、それもごく短期間体験するといったやり方で行なわれた。さらに、実験の行なわれた状況は、厳しいにせよ緩やかにせよ、いろいろな手続を経て新たに加わった人が自ら先頭に立ち積極的に参加しようとしても、その余地はなかった。しかしながら、この二つの条件は非現実的である。グループの活動は長く続くし、またメンバーは「進行中の事態」を受身の姿勢で経験するだけではないからである。したがって、これまで行なわれた実験は、不満を感ずるグループに対して、参入手続が厳しかったメンバー、緩やかだったメンバーが最初に起こす反応を検証したにすぎないように思われる。現在活動中のグループにこれら新規参入者がいったん加わったにもかかわらず、グループの活動ががっかりするような状態なら、この結果に対する認知が否定されたり、忘れ去られたりすることは、ますますありえなくなるであろう。こうして、不協和に対して最初に採られた解決策はだんだんと影を潜め、不協和を改善するために別の二つの方法が模索されはじめる。そしてそれらは、厳しい参入手続を経たため大きな期待をもってグループに加わった人たちの興味を特に引き寄せる。その方法とは、（一）グループから離脱すること、さらに（二）独創的に新機軸を打ちだしたり、改良志向の行動を起こしてグループを積極的に再編し改善していくこと、この二つである。

第一の選択肢は、グループを簡単に辞められる場合、すなわち離脱の費用が低い場合にかぎって可能となる。さらにいえば、これは必ずしも満足のいく解決策とはならない。（「自分はグループに入るのに苦しい思いをし高い加入費用を払った」という認知と「今自分はそのグループを離れようとしている」という認知との間に）新たな不協和を生みだすことがあるからである。忠義の対象をこうして変更する可能性は、同じようなグループ（すなわち機能的に同じ意味合いの目標をもったグループ）が身近にあれば、それだけ高まると期待される。離脱に費用がかかったり、そうでなければ困難であったりする場合、人はおそらく、離脱行動に対する周りの支援を求め、離脱が生みだす不協和を緩和しようとするだろう。したがって、同じ行動にでるよう、他人をとりわけ説得しようとするかもしれない。いいかえれば、厳しい参入手続を経た人は、離脱の脅しをかけ他人にもそうするよう圧力をかける場合は内部から、離脱した後は外部から、そのグループを批判するようになる。

第二の選択肢は、理論的にも実践的にも興味深い。離脱が困難であったり不可能であったりする場合、グループへの愛着とグループの欠陥を知ることとの間に生ずる不協和を改善するのに効果的な方法は、グループを再編し否定的要素を取り除くため行動を起こすことである。この解決法は、認知上のジレンマを効果的に解決してくれるからこそ、個人にとっては有益である。グループにとっては、この解決法は個人に対するよりもはるかに貴重である。独創的な新機軸を通じてグループが改善の方向に向かい、そのグループが長期にわたり持続する可能性が高まるからである。グループに対し大きな期待を抱いていたものの、現在のそのグループには否定的特徴がみいだされるとき、期待と現実の格差に対し、人々は積極的行動を起こし、独創的な新機軸を打ちだそうとする。これが現実となる可能性の大きさもまた、そうした行動にでた個人が背負うさまざまな費用の関数である。たとえば彼は、時間や労力、身につけた技術その他の能力を費やさねばならない。そして、グループを変えられないとか、自分が十分な影響力を行使できないといったことが明らかになれば、間違っているのは自分のほうだと烙印を押される危険性もでてくる。

こうして今や、検証すべき新たな仮説を以下のように手短に述べることができる。厳しい参入手続を経てメンバーになったものの、あとになってグループに不満を感じた人が、参入手続の緩やかだった人よりもそのグループに愛着を示すのは、最初だけである。参入手続の厳しかった人は、時間が経てば、積極的に新機軸を打ちだそうと率先して行動し、不満の源をグループから取り除こうとする。こうした行動の結果、グループを改善する方法が明らかになったり、改善策を考える集まりが組織されたりする。そして、先頭に立ってグループを改善しようとするリーダー、その他メンバーが明らかになり、相互のコミュニケーションが促される。さらには、参入手続が厳しかった人は、離脱する場合、ともに立ち去る他のメンバーを積極的に募ったり、そうでなければ社会的な支援を求めるであろう。

グループを改善するための行動、もしくはグループから離脱するための行動をとる場合、参入手続の厳しかった人は、こうした行動が自分および他のメンバーにとって正しいということを主張するために、グループの現状を実態以上にはるかに「ひどい」ものに仕立て上げる可能性が高い。この時点になると彼らは、参入手続が緩やかだった人よりも、そのグループに対し、よくない考え方をしている。したがって、参入手続が厳しかった人は、グループのメンバーとして経験を積むなかで、参入手続の緩やかだった人よりも、グループに対する愛着度が高い状態から低い状態へと推移するはずである。こうした予測が実験によって立証できるかどうか、たしかめてみるのは興味深いことだろう。

〈実　験〉

今述べた一般的な仮説は、アロンソン＝ミルズ（一九五九年）、ジェラード＝マシューソン（一九六六年）が採用した実験方法に基づいて検証されるが、今回は修正を加え、被験者は、まったくつまらないグループとのいくつかのセッションに実際に加わり、議論に参加する。被験者はスタンフォード大学の学部学生から自ら手を挙げた人を集める。彼らは五回連続で行なわれる催眠術訓練のセッションに参加し、なにがしかの報酬（xドル）を受け取る。被験者は、厳しい参入手続を経る人、緩やかな参入手続の人、参入手続のない人（対照群）のいずれかになる。そして連続で行なわれる訓練をまっとうしなければ、xドルをまったく得られない人（高い離脱費用）、欠席したセッションについてだけは報酬を受け取れない人（低い離脱費用）に分けられる。このように実験計画は、参入手続の厳しさ、離脱の費用という二つの要素を組み合わせた三×二という階乗で表わされる。実際の実験は、参入手続のための処置と三つのセッションだけから構成される。三回のセッションの間に、グループ、そのグループの活動、そしてメンバーへの好感度を測る材料が得られるし、また、グループのつまらない組織運営や活動を改善するため、積極的かつ革新的な行動をみせる機会もいろいろあるからである。

〈実験手順〉

催眠術訓練プログラムの五回のセッションにあらかじめ参加申込みをしていた被験者たちが実験室にやってきたとき、身上調書的な質問票に記入してもらう。そのなかの重要な項目は、参加を申し込んだ理由、そして当該グループ・グループの活動・グループのメンバーに対する期待の大きさを測る項目である。好感度、関心、退屈さ、生産性、教育的価値、知的水準、楽しさ、そのグループの魅力、組織運営、その他が百点満点で測られる。これらと同じ尺度が、それぞれの参入手続後、およびグループセッション後、グループへの好感度、魅力を測るために繰り返し使われる。比較のための基準線は、興味を抱きつつ催眠術の一連のグループセッションを受けた被験者集団のデータとする。

そして参入手続を設けない対照群を除く、すべての被験者はグループへの参入手続を踏むが、これは、心理的・肉体的に催眠術訓練をうまく受けられない人、あるいはグループの他のメンバーとうまくやっていけない人を外し選別するための手続であるとしておく。その後、被験者は、無作為に参入手続の厳しい人、緩やかな人に割り振られる。対照群となる被験者は、実験手順におけるこの段階を飛ばす。

主なグループ活動として催眠術訓練を用いる利点とは、厳しい参入手続が（これまでの二つの研究では、取って付けたようなものであったが）評価手順の自然な一部分として導入でき、意味あるものになるということである。その厳しい参入手続は数多くの行為からなり、それには肉体的にかなりきつい作業や不快感が含まれている。緩やかな参入手続は、厳しい参入手続として課されるこうした行為と内容は同じだが、強度が緩やかになっている。被験者たちには、これらはすべて、催眠術訓練を受けることが心理的・肉体的機能に与える影響を評価するために行なわれる行為であると説明される。こうした参入手続を経て、被験者たちは、プロジェクトに参加して受け取る報酬の条件について知らされる。最終的にｘドルをもらえるのはすべてのセッションに参加した場合だけにかぎられる人（離脱行為にともなう高い費用）、参加しなかったセッションごとに五分のｘドルずつ失う人（離脱行為にともなう低い費用）がいる。

自分のグループに参加する前に、各被験者は他の被験者の身上調書に目をとおし、あなたは訓練期間中、このグループとともに活動することになると告げられる。次に、グループセッションに対する期待の大きさを測る質問票に答えていき、参入手続の厳しさの関数である期待魅力・期待好感度を測る材料を提供する。その後、各被験者はグループの他のメンバーに紹介される。各グループは七名から構成される。参入手続の厳しかった人が二名、参入手続の緩やかだった人が二名、対照群としての被験者が二名であり、実験する側とつるんだ人物（他のメンバーには「伏せられている」）が一名いる。この人物の役割は後述する。ここにグループリーダー（実験者であり、これも「伏せられている」）が加わる。

セッション一……第一のセッションでは、テープ録音された「催眠術とは何か」というタイトルの講演を聴く。そのなかで講演者は、まったく陳腐な「催眠術についてほとんど知られていない事実」なるものを長々と披瀝する。話は主に、初期の催眠術師についてのどうでもいいような情報とか、催眠術訓練の成功度を評価するのに適切な実験計画についてのややこしく、混乱していて、矛盾した議論から構成されている。その後、被験者は、テープ録音された標準的催眠感受性テストを受けさせられるが、これも長ったらしく、つまらない。ここで休憩が知らされるが、その前に被験者たちは、グループへの自らの態度をもう一度評定するよう求められる。

セッション二……十分間の休憩後、第二のセッションが招集されるが、休憩中、被験者たちは訓練の進め方について議論することは許されていない（ただし、自分が何について学んだのかを考え、グループ評価に集中するよう指示される）。第一セッションに続きテープ録音された感受性テストが繰り返され、その後、グループリーダーがメンバーに対してテストの「講釈」を垂れはじめる。しばらくすると、リーダーは催眠術の感受性、およびその統計的関連事項について退屈な話を進める。ここで、先に述べた実験者側とつるんだ人物は、こんなことは自分が望んで参加したものとは違うといって離脱の脅しをかける。そして自分と行動をともにするメンバーが他にいないか、問いかける。実験者は、参加はあくまでも自発的なものであり、やる意思をもった被験者だけが参加できるものであるから、去りたい人はだれでも立ち去れるのだということを明確にする。実験者側とつるんだ人物に賛同する被験者の数は、離脱の尺度として用いられる。もちろん、立ち去る意思を自発的に表明する被験者の数も同じように離脱の尺度として使われる。退去するという脅しをかける被験者は、第三セッションが終わるまでとどまるべきであり、そうしなければ翌日夕方に行なわれる最後の二つのセッションに再び参加することはできないのだと諭される。これで被験者がいなくなる問題は回避される。離脱させまいとするメンバーの試みにも注目する。このセッションの終わりに、実験者はこれまでどおりの質問用紙を配布し、再びグループに対するメンバーの姿勢を測定するとともに、別の質問用紙も配り、グループの組織運営・活動を変えるための意見を尋ねる。これが独創的な新機軸を打ち立てる行動を測定するという第三の尺度となる。

セッション三……小休止の後、第三のセッションが招集されるが、実験者はここには来ない。部屋に一人の大学院生が入ってきて、自分がグループリーダーから、このセッションを終了させ、次回以降のセッションについての情報を与えるとともにグループから情報を集めてくるように頼まれたことを告げる。大学院生は、次の二つのセッションがセッション二と似たようなものであるとする文書を読み上げ、残りのセッションの細目についていくつか述べる。彼はまた、不協和を際立たせるため、各被験者が最初に行なった「好感度」評価を復唱するのだが、これはあくまでもそれとなく行なわれる。

次に学生たちは、インストラクターに会ってグループの活動や自分たちの参加内容について話しあいたい人はオフィスアワーの間にインストラクターと会えること、ただし事前にアポイントメントが必要であることが告げられる。被験者たちは、どんな問題を話しあいたいのか、いつ行くのか、グループリーダーとの話しあいに費やしたい時間はおおよそどれぐらいなのかを知らせなくてはならない。自分の意向をこうして表明することは、革新に向けての内面的動機を「行動面から」測るものとなり、実際にアポイントメントを取った被験者の数が純粋に行動面を測る尺度となる。

最後に大学院生は、実験者側とつるんだ人物が（もし他のだれもそうしない場合）口火を切る「自発的な」話しあいをリードする。その模様はテープに録音され、各被験者の独創的新機軸、グループ改善のための意見、離脱の脅しといった項目が拾いだされる。ここでこのセッションは終了となるが、最後の二つのセッションが翌日から二晩続けて行なわれることが念押しされる。明晩やってくる被験者はすべて、実験についての内容を知らされ参加に対する報酬が支払われるとともに、本物の催眠術訓練に参加する機会が与えられる。翌日現われなかった人にも郵送で同じように内容が開示され、報酬が支払われるとともに、本当のトレーニングに参加する機会があることが知らされる。すべての被験者は、実験終了後、実験結果の全文を受け取る。

〈反応の大きさの測定方法の概要〉

この研究において、大きさが測定されるものは以下のとおりである。

一、集団に対する好感度と魅力の大きさの測定
　a　実験前
　b　参入手続後
　c　それぞれのセッション後
二、離脱の大きさの測定
　a　自発的な離脱
　b　実験者とつるんだ人物による離脱の脅しに応答して生ずる離脱
三、発言と革新の大きさの測定
　a　自発的なコメント
　b　質問用紙上の意見
　c　グループリーダーと話しあうためのアポイントメント
　d　グループディスカッションのでき
　e　アポイントメントどおりにグループリーダーのもとに現われ、そこで行なったコメント

〈期待される実験結果〉

一、参入手続が厳しいほど、そのグループに対して最初に抱く好感度は高くなる。
二、離脱費用が高いほど、そのグループに対し最初に抱く好感度は高くなる。

三、不満があまり進行していない段階では、参入手続が緩やかで離脱費用が小さいほど、離脱の脅しが頻繁に発生する。
四、参入手続が緩やかで離脱費用が小さいグループほど、離脱が多くみられる。
五、厳しい参入条件（および高い離脱費用）を課された被験者は、時間が経過するにつれてグループに対する態度を大きく変える。最初の段階では、批判はほとんど、もしくはまったくみられない（実際、はじめのうち彼らは、批判に対してグループを擁護するはずである）。しかし、ある時点において、これらの被験者は発言ないし離脱を志向し、そのグループを批判する急先鋒となる。
六、厳しい参入手続を課され、高い離脱費用を負っている被験者たちによって、何らかの新たなグループ行動が生みだされる。
七、しかしながら、もしもその被験者たちがグループに対する影響力を行使できず、実際に離脱することになれば、彼らの動機の強さはそのグループへの反発となって現われてくる。彼らは、参入手続が緩やかで離脱費用も低いため早々と離脱していたメンバーよりも転向の度が激しく、グループを積極的に切り崩そうとする。彼らは、離脱行動に対する周りの支援を求めて、他のメンバーを自ら説得し離脱を促そうとするはずである。

（1）第七章注（10）を参照のこと。
（2）第七章注（10）を参照のこと。

〈訳者補説〉

「可能性追求」と「越境」の日々

――ハーシュマン激動の半生

はじめに

ここに訳出した『離脱・発言・忠誠―企業・組織・国家における衰退への反応』は一九七〇年に出版されたアルバート・O・ハーシュマンの代表作の一つである。これが非常に興味深く、狭義の学問分野を越えてインスピレーションをかき立てるものであることは、本編を一読していただければ分かるだろうが、この「訳者補説」では、ハーシュマンのさまざまな著作の背景をなす激動の半生を振り返っておきたい。学者として名を遂げるまで、彼がどのような人生を歩んできたのかを知ることは、淡々とコンパクトな形で書かれた『離脱・発言・忠誠』への理解を深めるにも何らかの助けとなるはずである。本書の献辞には、「小さなアイデアのもつ重要性について、そしてその小さなアイデアがどのように育ちゆくものであるかについて、私に教えてくれたエウジェニオ・コロルニ（一九〇九～四四年）に捧ぐ」とあるが、この人物との関係も明らかにしておきたい。

知識人の思想形成、知的活動には、程度の差こそあれ、彼らを取り巻く時代状況、個人的な体験、人間関係が何らかの影響を与えているはずである。ことに社会科学者の場合には、こうしたことが学問的営為に色濃く反映される例を数多くみいだせるように思われる。ハーシュマンについて述べる前に、まずは、いく人かの事例を一瞥しておこう。

たとえばジェームズ・トービンであるが、吉川洋はこんなエピソードを紹介している。吉川がイェール大学の大学院生だったとき、合理的期待形成学派の俊英ロバート・ルーカスがシカゴ大学からセミナーにやってきた。セミナーの途中、「非自発的失業」について質問をしたイェールの助教授にルーカスは冷ややかにこういったという。「イェールでは未だに非自発的失業などとわけのわからぬ言葉を使う人が、教授の中にすら居るのか。シカゴではそんな馬鹿な言葉を使う者は学部の学生の中にも居ない。」彼にとっては、職探しという「投資」を行なっている人はいても、「非自発的失業」者など存在しない。

だがルーカスのこうした言葉を受け、セミナーの最後に、臨席していたトービンがやや興奮した口調でやり返した。「なるほどあなたは非常に鋭い理論家だが、一つだけ私にかなわないことがある。若いあなたは大不況を見ていない。しかし私は大不況をこの目で見たことがある。大不況の悲惨さはあなた方の理論では説明できない。」どれだけ理路整然とした議論を展開しようと「非自発的失業」という概念を嘲笑うルーカスに、トービンがけっして同調できない背後には、自身が目にした世界恐慌時の悲惨な光景があった(1)。

また、伊東光晴が興味深いエピソードを紹介しているように、頑なまでに市場メカニズムの機能を信奉するミルトン・フリードマンの経済学にも、彼の人生が色濃く投影されているのかもしれない。伊東によれば、その昔、若きフリードマンが来日し、「自由」をめぐって日本のマルクス経済学者とひとしきり議論したあと、こう述べたという。

日本に来て本当によかった。日本のマルクス経済学者も、人間の自由が最も大切であるという共通の地盤の上に立っていた。実は私はユダヤ人である。ユダヤ人がスターリン治下のソビエトにおいてどういう待遇を受けたか。またヒトラー治下においてユダヤ人がどのような残酷な死を招いたかというようなことはいまさら申し上げるまでもないでしょう。私が自由な市場に委ねるのがいちばんいいということを主張するところには、国家も制度も民族も一切力を持たない、一つのメカニズムが人間社会を結ぶということが最も幸福であるという、ヒトラー治下の、スターリン治下のユダヤ人の血の叫びがある。(2)

もちろん、若き日の体験がどうあれ、本人がその後どのような理論活動を行ない、実践に身を委ねるかは人によって異なる。伊東はフリードマンの心情を十分理解しているが、その市場原理主義的主張も、それに基づくであろう彼のある種の「実践」も受け入れていない。

フリードマンの「実践」に関しては、宇沢弘文がいくつかのエピソードを紹介している。(3)シカゴ大学にいた宇沢は、一九六五年六月のある日、いつもどおり教授たちと昼食をとろうとしていた。そこにフリードマンが現われ、遅れて食事の席について興奮しながらまくしたてたという。その日の朝、シカゴ大学のメインバンクであるコンチネンタル・イリノイ銀行の窓口で、平価切下げの予想されるポンドの空売りを申し込んだところ、答えはこうだった。「われわれはジェントルマンだから外貨の空売りなどという投機的なことはやらない。」フリードマンは、資本主義においては儲かるときに儲けるのがジェントルマンなのだと怒り心頭の様子だったという。シカゴ学派の重鎮であるフランク・ナイトは、この話を聞き、独占の素晴らしさを歌い上げる冊子を書いたジョージ・スティグラーともども破門にした。フリードマンとスティグラーの二人については、今後自分のところで博士論文を書いたと公言することを禁ずると。シカゴ学派の創始者ナイトが自由主義をA・マーシャルの道徳哲学によって裏づけようとしていた流れを、フリードマン、スティグラーとも継承しなかったのである。

宇沢はこんなエピソードも紹介している。

黒人に対する人種差別が社会問題化していたころ、フリードマンは大学院のワークショップで、それは「差別」という次元の問題ではないといい放った。景気が悪くなると、黒人労働者は企業が必要とする技術や技能・能力をもちあわせていないので最初に解雇される。フリードマンによれば、これは「差別」の問題ではなく、「選択」の問題である。黒人は十代の頃、勉強するか遊ぶかという選択を迫られて、勉強して能力を高めることではなく、遊ぶほうを選択した。結局それは黒人にとって合理的な選択だったのであって、それに対して経済学者は文句をつけられないのだ、というのがフリードマンの主張だった。セミナー出席者がみな唖然として言葉もなかったとき、一人の黒人学生が立ち上がって彼にこういった。「プロフェッサー・フリードマン、私たち黒人に、自分の両親を選ぶ自由があったのでしょうか。」

さて、ハーシュマンの場合はどうだろうか。以下で詳しくみていくように、彼も上記の人たち同様、ないしはそれ以上に、時代状況、個人的体験がその後の知的活動に大きな影響を与えている。第二次世界大戦後のアメリカの学問・文化形成に関してまとめた著書のなかでルイス・コーザーが指摘しているとおり、ハーシュマンが六つの国に住み、三つの軍隊に入って戦い、社会主義と反ファシズムに関わる三つの運動に参加したことは、アメリカの学者としては型破りな経歴である。しかもこの体験、さまざまな人との交流が、その後の学問スタイル、実際的・問題解決的アプローチにつながっていった点は少なくない。(4)

激動の人生を知る友人たちは、ハーシュマンに自伝を書くべきだと勧めてきた。彼自身は、自伝を書くというのはアイデアをだしつくしたことを究極的に認めてしまう行為なのではないかと考え [Hirschman 1995: 117, 訳一四二](5)、これまでまとまった形で自伝は書いていない。ただ論文集に掲載された講演録やインタヴューでは、自らの人生を少しずつ語りはじめている。(6) 以下では、こうしたものに依拠しながら、まさに波瀾万丈というべきハーシュマンの半生を振り返っておこう。『離脱・発言・忠誠』にも反映される彼の学問的スタイルは「ポシビリズム」(possibilism)と称されるが、ここでその源流を辿っていくこととする。[7]

ハーシュマンが少年期、青年期を過ごした二〇世紀前半。世界では、革命と戦争が相次ぎ、また大恐慌に揺れた。営々と築き上げられてきた文明は、もろくも崩れ去り、ある者は故郷を追われ、ある者は職を失って路頭に迷い、またある者は理不尽な死を遂げた。利害対立が渦巻く、この壊れやすい人間社会を、それでもどうやって維持していくのか。市場経済という制度はたしかに重要である。しかしながら、ハーシュマンはフリードマンとは異なり、市場を神の地位にまで祭り上げたりはしない。「自由」という理念の崇高なることは身をもって知りつくしているであろう。ただ、同じユダヤ人ではあるが、社会科学においてハーシュマンは、市場原理主義者ミルトン・フリードマンとはまったく異なった道を歩むことになる。本書においてフリードマンが引き合いにださされているのはけっして偶然ではない。市場には調和・均衡へと導く能力が備わっているとし、すべてを市場に委ねるのをよしとする「市場原理主義」の権化をフリードマンにみいだしていたのである。[8]

一　ベルリン時代(一九一五〜三三年)

ハーシュマンは、一九一五年四月七日、神経外科医カール・ハーシュマンの息子としてベルリンに生まれた(二〇〇五年四月で九〇歳になる)。父母ともユダヤ人で、姉と妹がいる。本書が捧げられたエウジェニオ・コロルニ(Eugenio Colorni)とは、ひとつ年上の姉ウルスラの最初の夫であり、ハーシュマンの人生に多大な影響を与えた人物である。

ハーシュマンは、ベルリンのフランス系ギムナジウムで九年間の中等教育を受けた。ギムナジウム時代には、トルストイ、ドストエフスキー、ニーチェ、またその後奇しくもヨーロッパ脱出を手助けすることになるトーマス・マンらの著作を読む一方、友人たちの影響もあり、社会民主党の青年運動にも加わった。当時、マルクス、レーニン、エンゲルス、カウツキーらの著作も多く読み、特にレーニンには親近感を覚えた。ラテンアメリカの政策決定過程について数十年後にまとめあげた『進歩への旅』[9]での「改革屋」(reformmonger)という言葉はレーニンの著作の影響であるという。

ハーシュマンがレーニンに一定の魅力を感じているのは、レーニンに対する一般的なイメージとは異なり、彼の著作には、「革命的状況」は、何らかの歴史的必然性をもって起こるのではなく、非日常的な、意図せざる出来事が積み重なった結果はじめて生じるとする叙述がかなり残されているからであり[Hirschman 1998 : 96]、また、法則や原理にとらわれることなく、状況の変化に応じて実践的に戦略・政策を変化させ、改革の方向を模索しようとした姿勢が見受けられるからである[Hirschman 1998 : 53]。ちなみに、マルクスの著作のうち一番感銘を受けたのは『ルイ・ボナパルトのブリュメール一八日』であり、経済関係のものよりも歴史書のほうが興味深かったと述べている[Hirschman 1998 : 67]。

彼の関わった社会民主党の青年運動は、ディスカッションを主な活動内容にしていたとはいえ、ブリューニング政府への社会民主党の寛容(ないしは支持)政策をめぐっては大きな対立があった。結果、ハーシュマンは社会民主党内にとどまったが、今思えば、これが自らの人生のなかで「離脱」(Exit)か「発言」(Voice)かで悩んだ最初であると述べている。この時のメンバーに、のちの西ドイツ首相ウィリー・ブラントがいる。

運動の過程では、ラファエル・レイン(=アブラモヴィッチ)を含め、ロシアから逃れてきたメンシェヴィキ、あるいはメンシェヴィキの子供たちと交流することも多く、こうしたなかで当時のソヴィエトの状況も話題にはなったが、この時点ではソヴィエト体制の恐怖をきちんと認識するまでには至らなかった。しかしながら社会民主派にとどまったハーシュマンたちは、共産主義者と一線を画し、共産党で採用される非妥協的な路線に従うことは断固拒否していた。共産党が社会民主主義者に「社会ファシスト」というレッテルを貼ったのは、最大の侮辱であり、ハーシュマンは容認しがたかったようである［Hirschman 1998：51-55］。

一九三二年にギムナジウム卒業後、ベルリン大学に入学した。ナチスの勢力は次第に大きくなり、ついに反対勢力が非合法化されると、ハーシュマンらのグループはビラを作るなどして抵抗を続けた。このころ、のちに姉ウルスラと結婚することとなるコロルニと知りあうのだが、この若き哲学者にして反ファシズム運動の指導者こそ、ハーシュマンの思想形成に大きな影響を与えた一人である。後述するが、この義兄と反ファシズムの活動を続けていくなかで、「疑問を抱くということへの信頼」、「真実を追い求めるとともに体系的に疑うという姿勢」を身につけた。"bias for hope"（希望へのバイアス）、"trespassing"（越境）、"self-subversion"（自己破壊）とは、それぞれ彼の論文集のタイトルに盛り込まれた言葉だが[10]、ハーシュマンの方法を理解するうえでのキーワードでもある。これらは、いずれもがその奥底で、教条にとらわれることなく反ファシズムと社会主義の活動に身を投じ、ファシストの手によりローマで殺されたコロルニの思想と行動につながっている［Hirschman 1998：47］。

ナチスが政権を奪取した直後、父カールがガンで死去。父が死に、反民主主義的・反ユダヤ的勢力の影が身辺にも及んできたことから、ハーシュマンは、生れ故郷のベルリンを離れ、パリに渡る決心をする。一九三三年四月のことであるが、この決心は本書の成立と無関係ではない。

本文でも述べられているとおり、ナイジェリアの鉄道輸送の問題が本書執筆のきっかけになったことはたしかである。しかしながら、発想の本当の意味での源泉は、ユダヤ人同胞を残したまま、多くの若者同様、ナチス統治下のドイツから逃れたことへの罪悪感にあるのかもしれないと、ハーシュマンは『離脱・発言・忠誠』のドイツ語版序文で吐露している。もちろん、あの極限状況でだれが去り、だれが残ろうが、ヒトラーの時代にまともに機能する「発言」など行使できなかったであろう。それでもなお、一九三九年以後もドイツにとどまったユダヤ人の運命を考えると、こだわり続けざるをえなかったのである[11]。

二　パリ時代（一九三三〜三五年）

フランス系ギムナジウムにいたことからフランス語の知識はあったし、パリへの旅行経験もあったことから、ハーシュマンにとってパリは安全な避難場所と思われた。このパリ時代に、自らの名前からドイツ的響きをもつ「Otto」を外し、単に「Albert」と名乗るようになった。(12)

パリでは、ベルリンに残った母親からの仕送りとドイツ語の家庭教師をして得た金で勉学を続けた。当時は「食えない学問」（brotlose Kunst）といわれていたが、「政治経済学」の研究を志していた［Hirschman 1995：113, 訳一三七］。

ハーシュマン自身は、政治学と経済学に関するカリキュラムの絶妙のバランスを気に入り、Ecole Libre des Sciences Politiques で学ぶことを望んだが、当時世話になっていた人の息子のアドヴァイスで進路を変更した。すでにそこに在学していた彼は親身になって、ハーシュマンのような亡命者の選択としては、官僚や外交官を目指すフランスの若者向けの政治学部は不適切であり、民間ビジネスで成功する道を強く勧めたのである。ハーシュマンは、うしろ髪を引かれるような思いを残しながらも、最終的に Ecole des Hautes Etudes Commerciales（HEC）を選択した。このころのHECの反動的雰囲気には嫌悪に近い感情をもっていたとも語っているが［Hirschman 1998: 89］、ハーシュマンは二年間勉学に励んだ［Hirschman 1995：114-115, 訳一三八―一四〇］。ちなみにハーシュマンに進言したこの若者こそ、第二次世界大戦中、ド・ゴールの自由フランス運動に加わり、一九五九年から六二年までフランスの首相を務めたミシェル・ドゥブレである。

HECにおいてハーシュマンは、経済学・金融論・会計学などを学んだが、一九九五年にハーシュマン研究をまとめたルカ・メルドレージは、経済的事実の実践的描写、さまざまな学派に対する寛容性、経済学の政治的側面への関心といった当時のフランス経済学の特徴がハーシュマンのその後の研究に与えた影響を無視できないと述べている。HECを選択したのだが、経済学と政治学を結びつけるというハーシュマンのもともとの考え方は、当時のフランス経済学の雰囲気にも助けられ、その後も捨て去られることはなかった。[13] もちろん本書も彼のこうした志向を反映しており、経済学と政治学の架橋、生産的対話を企図したものである。

またハーシュマン自身も回顧しているように、ここでアルベール・デマンジョン教授から学んだ経済地理学も彼の経済発展論に大きく影響している。成長や発展をもっぱら貯蓄、投資、所得、資本・産出比率といったマクロ経済的集計値で説明することを拒否する姿勢の根底には、HEC時代に学んだ経済地理学があり、のちに後方連関・前方連関の概念を編みだす一助ともなったと述べている［Hirschman 1995：116, 訳一四〇―一四一］。

このあとハーシュマンはLondon School of Economicsのフェローシップを獲得し、一年間LSEで学ぶことになる。一九三五年、三つめの国イギリスに渡った。

三　ロンドン時代（一九三五～三六年）

ロンドン滞在は短かったとはいえ、ハーシュマンにとって、経済学者として身を立てていくうえで重要な一年であった。

当時LSEには、ライオネル・ロビンズやフリードリヒ・ハイエクらがいて、反ケインズの拠点であったが、ハーシュマン自身はケインジアンとの結びつきが強かった。ハーシュマンもロビンズやハイエクの講義を受講したらしいが、ドイツやハンガリーからやってきていた同年輩の若者がつくるケインジアンのグループにも参加していた。アバ・ラーナーを含め、グループのメンバーはケインズの話を聴きにケンブリッジにでかけていた。ハーシュマンもそれに加わったかどうかは定かではないが、ケンブリッジに出向いたのはたしかである。エウジェニオ・コロルニの紹介状を手にピエロ・スラッファに会いに行ったからである。当時リカード全集の編集に打ち込んでいたスラッファであったが、長時間にわたる快適な会話ができたとハーシュマンは振り返る。彼の記憶によればスラッファはコロルニとは従兄弟どうしであった［Hirschman 1998：59］。

フランスで卒業資格を得ていたため、LSEでは通常の講義計画には従わず、自らの研究を進めていた。フランスに戻るつもりでいたので、一九二五年から二六年にかけての経済改革、ポアンカレの通貨政策など、当時フランスにとって重要な問題と思われた現代フランス経済史の研究をテーマとしていた。LSE時代にバレット・ホエール教授の指導のもとではじめた、この研究が、のちにイタリア・トリエステ大学で書き上げる博士論文につながっていった［Hirschman 1998：60］。

四　スペイン共和国政府義勇軍への参加（一九三六年）

ロンドン留学を終え、パリに数週間いるうちにスペイン内戦の勃発を知る。ハーシュマンは、パリ、ロンドンで研究を続けるなかで、自らの人生を見据え、研究に専念する決心を固めていたが、このときは沸き起こる感情を抑えきれなかった。ハーシュマンはいう。「私は本当に勉強したかった。けれどもまた、ファシズムがどんどん勢力を拡大しているのを目の前にして、座して見守ることなどできなかった。」［Hirschman 1998：61］ハーシュマンは、世界の文化人・知識人を含め四万人以上ともいわれる、スペイン共和国政府支援のための国際的義勇兵の一員となった。彼は単身バルセロナに直行し、イタリア人・ドイツ人・フランス人から成る混成部隊に加わり、ひととおりの軍事訓練を受け、最前線で二、三ヵ月間戦った［Hirschman 1998：62］。

彼は、メンシェヴィキの友人たち、特にアブラモヴィッチの息子であるマーク・レインを通じてPOUM（マルクス主義統一労働者党）のメンバーと知りあい、付きあっていたが、カタロニアでは日に日にスターリン主義者の力が強まっていった。そして殺戮や裏切り行為が公然と行なわれるまでに至り、「内戦中の内戦」といわれるような状況となった。スターリニストによるPOUM迫害は続いた。

このPOUMの性格、その置かれた立場についてだが、ピエール・ヴィラールは、次のようにまとめている。

世界的に珍しいことに、第三インターナショナルに対立するマルクス主義者から構成されたもので、党員数は限られていたがそれでも正統的マルクス主義組織よりもはるかに多く、地域的にかなり重要な存在であった。この「マルクス主義統一労働者党」(POUM)は、まさにカタルーニャの地域的特異性を根拠にして、スペイン共産党への敵対を鮮明にした。レーニン主義に立つが反スターリン主義的であり、トロツキスト的であるのだがトロツキーからは批判され、その原則に異議を挟みながらも諸左翼の連合に加わり、内戦の展開のなかで人気を帯びてきたソビエト連邦には感情的と言えるほどに敵対したため、POUMは孤立の危機にあった。(14)

スペイン内戦に義勇兵として参加し、のちに『カタロニア賛歌』を著したジョージ・オーウェルが属したのも、このPOUMであった。「内戦中の内戦」の様子は、オーウェルも描いているが、なかでも次の叙述は印象深い。

「まず戦争、あとで革命」という、よく繰りかえされたスローガンも、戦争に勝ってはじめて革命が継続できると正直に考えた普通の民兵から敬意をもって迎えられはしたが、見かけ倒しだった。共産主義者が努力して求めていたものは、もっと適当な時機までスペイン革命を延期することではなく、それが絶対に起きないようにすることだった。ときがたつにつれ、そして労働者階級の手から次々と権力がもぎとられ、ありとあらゆる革命家が牢獄に投げこまれ、その数がますますふえるにつれて、このことが一層明らかになった。(15)

スペイン内戦の状況の一端は、ヴィラールやオーウェルの言葉からも窺い知ることができるが、こうしてスターリニストによる迫害が続くなか、エンジニアとして共和国政府を支援すべくバルセロナに来ていたハーシュマンの友人マーク・レインもやがて消息を絶った。彼はこれもスターリニストによる暗殺とみている。スターリンの粛清対象は、トロツキーに対する場合もそうであるように、政敵本人だけではなく、その家族にまで及んでいた。マークもメンシェヴィキの重要人物アブラモヴィッチの息子として粛清されたのではないか、というのがハーシュマンの見方である。

いまだ社会主義者を自認していた当時のハーシュマンにとって、共和国政府軍内部においてスターリニストが勢力を拡大していくことには耐えきれなかった。そんなとき、従軍していたイタリア人のなかに、イタリアで義兄コロルニの反ファシズムの活動を支援するほうがもっと役立つと忠告してくれた人がいたことから、スペインを離れ、イタリアに行くことになった［Hirschman 1998：61-62］。この時点でハーシュマンは、いまだ二〇歳そこそこの若者である。

五　イタリア時代（一九三六〜三八年）

エウジェニオ・コロルニとハーシュマンの姉ウルスラは、一九三五年の一二月に結婚していた。ハーシュマンがイタリアで向かった先は、二人の住むトリエステである。ここでコロルニは、ハーシュマンにトリエステ大学の統計学助手の仕事をみつけてくれた［Hirschman 1998：63］。ちなみに、エウジェニオとウルスラの娘、したがってハーシュマンの姪であるエヴァは、宇沢弘文の回顧録によれば、女優ソフィア・ローレンに似た美女であり、優れた才能をもった経済学者だったらしい(16)。母ウルスラも美しく知性高き人だったというから、その血をひいたのであろう［Hirschman 1995, 1998］。その後エヴァは、あのアマルティア・センと結婚し、一九八五年に胃ガンで亡くなるまで、良きパートナーとしてセンの研究を支えたという。センとエヴァの子供たちはハーシュマン夫妻を訪ねて楽しい時間を過ごしたというから、[17] センとハーシュマンは、プライヴェートでの付きあいも深いのである。[18]

イタリアにやってきたハーシュマンは、トリエステ大学の統計学の助手としてイタリア・ファシスト政権の人口増産政策を分析するとともに、[19] ロンドン時代に手をつけた研究をやり終え、それを改訂したうえイタリア語に翻訳し、博士論文を仕上げた。その一方で、コロルニを助け、反ファシズムの活動に本格的に関わるようになった。反ファシズム運動をリードする義兄の意を受け、アンジェロ・タスカやエミリオ・セレニといった人物と連絡をつけるため、ハーシュマンは、トリエステ―パリ間を何度か往復した。当時ハーシュマンは、反ファシズムの様々な運動体と接触しようと、各地のファシスト政権の目と鼻の先をかけ回っていた。当時、社会党の中心メンバーだったコロルニは、どこを優先するということなく、反ファシズム活動を続けるさまざまな団体を結びつけようと腐心していた。そして個人的人間関係もあって、共産主義者とも連絡を取りあっていた。モスクワと近い関係にあったセレニもその一人だが、彼は、コロルニとは従兄弟どうしである。コロルニ同様、ハーシュマンも、第三インターの路線にあわずイタリア共産党を除名されていたタスカとも、また共産主義者セレニとも連絡をつけていた［Hirschman 1998：60-65］。[20]

先にも述べたが、六歳年長の義兄コロルニやその仲間たちとの交流こそ、ハーシュマンの眼を見開かせ、学問スタイルを含めたその後の生きざまに影響を与えるに十分なものだったようである。コロルニは、自らがもつ「疑問」以外は何も当然とは受け取らないような思考方法を求め、かつそれを楽しんでいた。ドイツ育ちということもあり完全な世界観をもたないことを本当に欠点だと思っていたハーシュマンにとって、確固たるイデオロギー的関与のないことをむしろよしとする思考方法と危険な政治活動への関与とが直接結びつくコロルニは、非常に魅力的な人物であった［Hirschman 1995：118-119, 訳一四三―一四五］。

メルドレージによれば、コロルニは高校時代からベネディット・クローチェに関心を抱き、クローチェの作品に内包されるヘーゲル的体系を再構成しようとしたのだという。だがこうした研究を続けていくなかで、きわめて豊穣で複雑な具体的現実を普遍的なモデル、一つの体系や解釈に押し込めることは、現実の理解を妨げるということに気づいた。そして全体への視点を見失うことなく個別の限定的事象を理解するためには、絶対的な構築物や学問間の障壁を越えることが必要と思うに至り、デカルト的合理性に代わるものを求め、ライプニッツ研究に向かった。「発見者」の精神を再生しようとしたコロルニは、最終的に科学哲学と心理学に関心をもつようになったというのがメルドレージの見方である。メルドレージは、こうしたコロルニの志向が、ハーシュマンの一連の作品にみられる「驚嘆し、発見し、理論化し、一般化する」というプロセスに影響を与えたのであり、ハーシュマンの作品のなかでこそ、コロルニの精神や定式が現実に息を吹き返すこととなったと述べている。[21]

こり固まった「世界観」（Weltanschauung）、教条主義は現実への認識、行動を妨げる。「世界観」の獲得という観念からの解放という意味で、ハーシュマンとコロルニの交流の意味は大きい。ハーシュマンのマルクス主義へのスタンスにも、微妙な影響を与えたはずである。ハーシュマンは、「一九三〇年代には、まずスターリンを疑問視し、次にレーニンを疑い、ついにはマルクスをも疑いだすという三段階でもって人々は共産主義から離れていった」というドイツ人作家ハンス・ザールの言葉を引きつつ、一九三六年から三七年にかけての自分が徐々にマルクス主義への疑問を深めていったことを示唆している［Hirschman 1998：67］。[22] その正義感から社会主義にシンパシーを感じていたものの、メンシェヴィキ関係者との交流、スペイン内戦時の経験などもあり、もともと現実の共産主義に対する幻想は抱いていなかったが、この時期におけるコロルニとの交流も、ハーシュマンのマルクス主義へのスタンスに影響を与えたのだろう。

ハーシュマンとコロルニの関係についてメルドレージは、その著書の結論部分で次のように述べている。

この二人の義兄弟は、現実にそぐわない考え方に疑問を投げかけ、新たな、より具体的なオルターナティヴをみつけようとしていた。二人とも、その目的に向けて、学問においても政治的活動においても、自らの認識力、分析力を鍛えあげようと情熱を燃やしていた。(23)

統計的「確実性」のもとに社会の動きを「予測」するよりも、「何が起こりうるのか」、「起こりうる方向に人々の関心をどのように向けられるのか」といったことを模索するポシビリズムの萌芽は、コロルニの影響を受けた、このイタリア時代にもみいだせる。けれどもハーシュマンが腰を落ち着けて研究に専念できるようになるのは、まだまだ先のことである。一九三八年、ムッソリーニ政権の人種法制定を受け、ハーシュマンはイタリアを離れ、再びパリに向かった［Hirschman 1998：68］。だが、有為の人コロルニは、一九三八年、トリエステで逮捕されたのち、一九四四年、解放前のローマでファシストにより殺されてしまう［Hirschman 1995：118, 訳一四三―一四五］。享年三五歳。ハーシュマンにとって、それはあまりにも悲しいできごとであった。

六　経済学者としての評価獲得とフランス陸軍への従軍（一九三八～四〇年）

ロンドンから一時帰国後のパリでは食べるのにも困ったが、今回は、当時のフランス経済学をリードするシャルル・リスト主宰の経済社会調査研究所に職を得た。この研究所は、ロックフェラー財団が資金提供をし、新たに設立されたものであるが、パリ大学統計研究所と共同で季刊雑誌 *L'activité Economique* を発行していた。ハーシュマンは、ファシスト政権下で情報が不足しているイタリア経済の専門家として、その雑誌に寄稿することになった。この季刊誌の編集長を務めていたのが、のちにジャン・モネの側近として欧州統合に向けて尽力し、一九四六年から五五年まで欧州経済協力機構（ＯＥＥＣ）事務総長を務めることになるロベール・マルジョランであった。ハーシュマンにとってマルジョランは、リスト以上に本当の意味でのパトロンであり、新参者にとっては身に余る歓待ぶりだったと述懐している［Hirschman 1998：36-37］。ハーシュマンは、このころレーモン・アロンにも会っているが［Hirschman 1998：65］、これもマルジョランが仲介の労をとったのかもしれない。マルジョランはアロンの友人として、その名が何度も自伝に登場している。(24)

とにもかくにも、こうしてハーシュマンは、イタリア経済の専門家として評価を獲得する。そしてこのことが、のちにアメリカにおいて職を得るうえで大いに役立つことになるのだが、この時点では、ケインズがすべての正しい答えを提供しているかどうか決着をつけなくても経済学の分野で認められうる仕事ができるものだと実感し、安堵の気持ちで一杯だったと述べている［Hirschman 1995：118，訳一四三］。ロンドンにおいて自ら肌で感じたように、ケインズの経済学が影響力をもちはじめているなか、経済学者としての評価を獲得するために、ケインズ理論の妥当性を十分検証しなければならなかったとしたら相当の時間がかかったはず、ということなのだろう。

一方で、このころハーシュマンは、政治的活動からは遠ざかっていた。ハーシュマンによれば、パリの亡命者というのは、反ナチ闘争を続ける過程で本当のところ自分はどこに所属しているのかと常に自問していたという。つまりは、それほど当時のパリの反ナチ活動にはいろいろな党派・集団の思惑が交錯し、陰謀なども渦巻く状態だった。こうしてパリに戻った時期、ハーシュマンは、個人的な交友関係以外、亡命者集団との政治的接触は避けるようになっていたのである［Hirschman 1998：65］。

しばらくは調査・研究に時間を費やしたが、それも一九三九年九月、第二次世界大戦勃発で打ち切られることになった。第二次大戦がはじまると、ハーシュマンはフランス陸軍に志願した。従来、外国人がフランス軍に入隊するには外人部隊しかなかったが、ダラディエ政府は一九三八年のミュンヘン協定以後、外国人のフランス軍従軍への道を開いていた。ドイツ人やイタリア人志願兵とともに基礎的訓練を受け、ル・マン近郊で臨戦体制に入ったが、一九四〇年四月、ドイツ軍の攻勢にともない包囲され、捕虜となる可能性がでてきた。これは、ハーシュマンのようにドイツ出身のユダヤ人にとって非常に危険なことであった。そこで作戦行動中に身分証明書を失ったことにし、部隊長に新たな身分証明書を発行してもらうことになった。深刻な事情を察する部隊長の好意で願いが叶い、ここに「フィラデルフィア出身のアメリカ系フランス人 Albert Hermant」が誕生したのである [Hirschman 1998: 70]。

その後、ドイツ軍の眼をかいくぐり、ヴィシー政府統治下のニームに向かった。そこで旧知の友人たちに助けられながら、フランス陸軍からの除隊に成功するとともに、非戦闘員たる市民の身分証明書も手に入れられた。そしてハーシュマンはフランス脱出を試みるべく、マルセイユに向かった [Hirschman 1995: 97-99, 訳一一五―一一八]。ここでヴェリアン・フライに出会い、彼のきわめて困難な仕事を手伝うことになる。

七　マルセイユにて、ヴェリアン・フライとともに（一九四〇年）

自身がベルリンからの亡命者であるコーザーの「生涯に達成した仕事のうちでもっとも誇りに思うのはどれか」という問いに対して、ハーシュマンは、ラテン・アメリカの発展に関する研究を含めた数々の著作や論文よりも、イタリアの反ファシストたちとの活動、そしてヴェリアン・フライとの仕事を第一に挙げたという[25]。ここまでざっと振り返った半生でさえ、現代の著名な経済学者としては、波乱に満ちているが、この「緊急救援委員会」（Emergency Rescue Committee）の仕事は、まさに、ハンフリー・ボガートとイングリッド・バーグマンが共演し一世を風靡した映画「カサブランカ」を彷彿させるものであった。

緊急救援委員会は、芸術家、作家、音楽家、科学者、大学教授、政治亡命者、つまりはその作品、その言葉のために第三帝国の敵となってしまった人々をゲシュタポの手に落ちる前にフランスから脱出させることを目的としてアメリカで設立された。ペタン将軍がナチスドイツと一九四〇年に結んだ屈辱的な休戦協定第一九条に、「フランス政府は、大ドイツ帝国からのすべての亡命者を『要求に応じ引き渡す』("surrender on demand")義務を負う」とあり、危険な状態に置かれた人々を早急に救出する必要性が生じたからである。(26)「要求に応じ引き渡す」という条項はフライにとって強く刻印されたものであるらしく、一九四五年に自伝を初めて出版したときの書名がこれだった。(27)

この緊急救援委員会の設立母体となったのは、まずは、亡命学者たちが集った「ニュー・スクール・フォァア・ソーシャル・リサーチ」(The New School for Social Research)であった[Hirschman 1998 : 70]。アメリカへの亡命学者たちは、全国に広く分散したが、集団を形成し学術機関を生みだした例も多い。ノース・カロライナのブラック・マウンテン・カレッジ、シカゴのローズヴェルト大学、プリンストン高等研究所などが、それにあたるが、なかでも「ニュー・スクール」は重要な研究機関であった。(28)この他にも、労働組合、アメリカ各大学の教員、フランクリン・ローズヴェルト大統領夫人エレノアをはじめとするさまざまな人々、さらには、社会民主党系のドイツ人若手活動家のグループである「新たなるはじまり」(Neu Beginnen)アメリカ代表部も緊急救援委員会を支援した。(29)委員会が救援作戦のリーダーとして送り込んだ人物がヴェリアン・フライであり、二〇〇名以上のリストを抱えてマルセイユにやってきたのである。(30)

マルセイユのホテルの一室で救援活動をはじめたフライが、次から次に訪れる人々を相手に一人で事情を聞き、だれを助け、だれをあきらめざるをえないのかという苦痛に満ちた仕事で毎日多忙をきわめたとき、最初に支援したのが、ハーシュマンである。フライは、この知性あふれ、ハンサムで性格も良く、いつも明るい青年に

「ビーミッシュ」（Beamish）というニックネームをつけ、頼りにした[31]。

フライとハーシュマンがいったいどのような状況で出会い、どういう経緯からハーシュマンがフライの仕事を手伝うようになったのかは詳らかではないが、「新たなるはじまり」というグループが一定の役割を果たしたのかもしれない[32]。ハーシュマン自身、ベルリン時代、友人のハインリヒ・エールマンを通じて、このグループと非常に近い関係にあったこと［Hirschman 1998：54］、マルセイユに入る前、ニームでこのエールマンとの接触があったこと［Hirschman 1995：99，訳一一八頁］、そしてメルドレージが述べているように、「新たなるはじまり」アメリカ代表カール・フランクが緊急救援委員会を支援したことなどを考えあわせると、こうした推測もあながち的外れとはいえない。メルドレージなどははっきりと、フランス陸軍除隊後、ハーシュマンは「新たなるはじまり」との関係を復活させたと述べ、ハーシュマンとフライとのパイプ役を示唆している[33]。

マルセイユ入り当時、自らの使命を果たすうえで、フライは三つの問題に直面していた。第一に、偽造パスポートの新たな調達先をみつけること。第二に、本物として通用する偽の身分証明書を入手すること。そして第三に、ニューヨークからの巨額の資金を官憲に知られることなくフランスにもち込むことである。ハーシュマンは、こうした問題を手際よく解決し、フライを感心させた[34]。

たとえば金の調達だが、当時のマルセイユには微妙な情勢下、権力の目を盗んでもフランをドルに替えたがっている人々が多くいたので、彼らがターゲットとなった。ハーシュマンは、裏経済を取り仕切るコルシカ系ギャングからそうした顧客を紹介してもらい、ニューヨークにいる顧客の代理人宛に緊急救援委員会がドルを支払う。そしてそれにみあったフランを顧客がハーシュマンに渡す（もちろんギャングは正当な報酬以外にもいくばくかをピンハネする）といった方法で、官憲の眼を盗みつつ資金を調達したのである。調達したフランをフライにそっくり渡しながら、ビーミッシュ（＝ハーシュマン）は呟いたという。「最初、私は兵隊だった。その次は密輸業者。今はギャングだ。今度は何になるんだろうね。」フライが「次はハリウッドスターにでもなるんじゃないのか」というと、「そりゃいい。それに決めた。」とハーシュマンは答えたという。[35] 厳しい状況下、せつない言葉が交わされていたのである。

とにもかくにも、こうした支援が功を奏し、フライの組織は二〇〇〇ないし三〇〇〇人の人々を救出できたのではないかという [Hirschman 1995 : 121, 訳一四七]。そのなかには、若きハーシュマンが親しんだ作家トーマス・マン、その兄のハインリヒ・マン、トーマスの息子で歴史学者として名をはせるゴーロ・マン、またハンナ・アーレント夫妻などが含まれるが、一方では、『金融資本論』の著者にしてドイツ政府の要職を勤めたルドルフ・ヒルファーディング、ルドルフ・ブライトシャイト、あるいはヴァルター・ベンヤミンらの救出には失敗した。ハーシュマンは、救出できなかった人々に思いをめぐらせる時のフライの落ち込み様を、フライの自伝（改訂版）への序文でしたためている。フライの自伝には、ヒルファーディングとブライトシャイトのマルセイユでの様子、ヴィシー政府による拘束、そして彼らの死に至るまでが詳細に述べられている。

アーレントは、誤った信頼と行動の拒絶によって支払わされる代価について明確に説明したいときは、旧知の友人ヒルファーディングとブライトシャイトの話をしたという。ドイツとフランスとの悪名高き休戦協定第一九条によって危険が迫っているにもかかわらず、二人はヴィシー政府を信じた。友人たちは許可証なしのピレネー越えを勧めたにもかかわらず、フランス政府が自分たちを引き渡すとは思えなかった彼らはマルセイユにとどまったのである。半年後、ドイツ側に引き渡され、二人は処刑された。[36]

こうして人々の命運は分かれたわけだが、後年、緊急救援委員会は、そのエリート的性格に対する批判、すなわち名が売れて「目立った」人を救出しようとしただけではないのかという批判を浴びたこともある。確かに委員会は、すべての人を助けられたわけではない。しかしながら、ハーシュマンは、「目立った」人というのは、その時点でもっとも危険にさらされていたのも事実であったとし［Hirschman 1998：73］、今こそ、アメリカでは近しい友人や家族以外にはきちんと評価されてこなかったフライの偉業を讃えるべきであると述べている［Hirschman 1995：122, 訳一四八］。

一九四〇年一二月、自らの身辺にも危険な空気が漂いはじめたハーシュマンは、足かけ半年に及ぶフライとの仕事に終止符を打ち、ピレネー越えでスペイン、ポルトガルへと脱出し、アメリカに逃れた［Hirschman 1995：123, 訳一五〇］。二五歳の船出である。

八　新天地アメリカ、そして三たび従軍（一九四〇～四五年）

アメリカでは、ニュージーランドの経済学者ジョン・コンドリフのいるカリフォルニア州バークレーに向かった。バークレー校で国際経済学の教授職にあったコンドリフは、それより以前、各国の為替管理に関する研究プロジェクトを主宰していたが、そのプロジェクトにイタリア経済の専門家としてハーシュマンが参加していた。これが縁で、マルセイユにおける窮状を聞きつけたコンドリフは、ハーシュマンのためにロックフェラー財団のリサーチ・フェローシップの獲得に尽力してくれた［Hirschman 1998：74］。もちろん、このフェローシップが獲得できたからこそ、アメリカのヴィザがおりたのである。ハーシュマンはここで、初の単著『国力と貿易構造』を書き上げた(37)。このバークレーにおける同僚の一人が、同じくヨーロッパからの亡命ユダヤ人アレクサンダー・ガーシェンクロンである(38)。

ハーシュマンは、この地で六歳年下のサラー（Sarah）と知りあい、一九四一年六月に結婚するが、四三年三月にはアメリカ陸軍に従軍し、北アフリカ戦線に派遣される。従軍中にアメリカの市民権を獲得し、「Albert Hirschman」（元の綴りは Hirschmann）となった。北アフリカのアルジェではイタリアの反ファシズム活動家のグループに接触する機会もあったが、彼らから、あのエウジェニオ・コロルニの死を聞かされ、凄まじいショックを受けた。死去の報に接し、あらためて、コロルニが自らの人生においてもっとも重要な人物であると悟ったという [Hirschman 1998：76]。

終戦はヨーロッパでむかえ、一九四五年末までヨーロッパに滞在したが、戦後はアメリカに住むことに決めた。ドイツ、フランス、イタリアのどこにでも住めたが、市民権を取得し、家族がおり、経済学者としてのキャリアを積みはじめたアメリカに住むのが、ハーシュマンにとって唯一の合理的な選択だったからである。このことについてハーシュマンは、自らの人生においては敗者の憂き目を見続けてきたが、アメリカに住み、今度ばかりは勝者の側に立っていることを単純に喜んでいたという胸中を正直に告白している [Hirschman 1998：77]。

九　連邦準備制度理事会とマーシャル・プランへの参画（一九四六～五二年）

ヨーロッパから帰国後のハーシュマンは、一九四六年、バークレーで同僚だったガーシェンクロンの誘いで連邦準備制度理事会に職を得て、ワシントンに住むようになった。当初ここでの仕事は、フランス、イタリアの経済復興に向けて経済・金融分野の研究をすることであったが、やがては西ヨーロッパ全体が調査・研究対象になった。そして連邦準備制度理事会のアメリカ対外経済政策に占める役割が大きくなるにしたがい、ハーシュマン自身もマーシャル・プランに関わるようになっていった [Hirschman 1998：38]。

もともとハーシュマンは、このマーシャル・プランを肯定的に評価していた。国家間の新たな協力関係の創出という課題は、ソヴィエトの脅威ゆえにこそ取り組まれたものかもしれないが、マーシャル・プランの根底に、ヨーロッパ統合を進め、ヨーロッパの民主主義を強化しようという願いをみてとったからである [Hirschman 1998：78]。民主主義が崩壊し戦火に見舞われたヨーロッパを漂わざるをえなかったハーシュマンにとっては、ごく自然な感情であろう。

マーシャル・プランに携わるようになったハーシュマンは、ヨーロッパで必要とされるアメリカからの援助額の算定、ヨーロッパにおける多角的貿易の再建という重要な課題に対処し成果をあげるには、ワシントンで実際に政策決定を行なっている人々と会うのが一番と判断した。そこで、経済協力局（ECA）初代長官ポール・ホフマンの右腕リチャード・ビッセル、ならびに彼のブレーンと頻繁に会い、意見交換をするようになった[Hirschman 1998：38-39][39]。ハーシュマンは、マーシャル・プランやドルの新たな役割を常に模索するこのグループの積極性を評価し、自分のオフィスが連邦準備制度理事会からECAに移ったのではないかと思うほど、彼らの仕事に関わるようになったという[Hirschman 1998：39][40]。また姉ウルスラの再婚相手で、ヨーロッパ統合に向けて尽力していたアルティエロ・スピネッリと仕事をする場面も増えてきた[Hirschman 1998：78][41]。

しかし仕事を進めるうちに、ECAに対するインフォーマルなアドヴァイザーとしての立場と連邦準備制度理事会職員という官僚的立場との狭間で悩むことになる。ヨーロッパ統合への想いから、ハーシュマンは「欧州決済同盟」（EPU）に関してもECAと意見を同じくしていたが、これはアメリカ財務省、連邦準備制度理事会の見解とは相容れなかった。ヨーロッパの側でも、「一見馬鹿げているが、成功する賭け」というロベール・マルジョランの見方に代表されるように、EPUは評価されていたが、アメリカ財務省や連邦準備制度理事会、さらにIMFなどは、域外に対する差別的措置を残すとして強く反対していたのである[Hirschman 1998：40-42]。

こうした状況下、政府部内のいろいろな調整や不毛な議論にうんざりしはじめた頃、コロンビア政府経済顧問の話が舞いこみ、一九五二年、ハーシュマンはボゴタに向かうことになるのであるが[Hirschman 1998：80]、マーシャル・プランやEPUに関わった経験に関する彼の総括的コメントは、「ポシビリズム」の源流を辿り、『離脱・発言・忠誠』の背景を認識するうえでも、非常に興味深い。

まずは正統的経済学に対する印象であるが、戦後ヨーロッパの疲弊した経済に対して提示された教科書的な処方箋、すなわちインフレの抑止、為替レートの適正化といった政策は、政治的にはあまりにもナイーヴであり、社会には破壊的な影響を与え、長期の経済的観点からすれば逆効果である。その理論は世界恐慌を経ても何も変わっていないし、恐慌から何も学んでいないとハーシュマンは指摘する。[42] ここに、現在のワシントン・コンセンサス批判に通ずる主張をみいだすことも可能であろう。正統的経済学の処方箋は今も昔も代わり映えのするものではなかった。

次に、ハーシュマンも肩入れしたケインズ主義的な革新派の議論であるが、これはたしかにマーシャル・プランに体現される生産的救済策、「構造的ドル不足」といった新たな考え方を提示することはできたし、一定の成果をあげた。ビッセルのブレーンの一人であったハロルド・クリーヴランドが後年、「悪い経済学もときに良い政治と外交を形成する場合がある」と、おそらくは正統派経済学にこだわる人々を意識しつつ皮肉っぽく評価したというのもこの点に関わるのであろう。[43]

ただハーシュマンが批判的に振り返るのは、革新派の人々がやがて官僚化し、その理念も教条主義と化してしまったことである。

アメリカの援助が収支赤字見込みに応じて配分されるとすると、各国国際収支の予測という作業が経済的にも政治的にも決定的に重要となる。行政府内、あるいは議会との関係で効果的な主張をしようとすれば、いきおい、提出される予想統計数値には、自らの知識、予測能力が保証できる以上の「信頼性の装い」を施さなければならなくなる。その結果、マーシャル・プランに関わった官僚たちのなかには、知ったかぶりを決め込むばかりか、自らの予想数値を実現させようとして援助受取国の国内政策に深く介入する者まででてくる始末であった。[44]

マーシャル・プランに一定の理念・成果をみいだしつつも、ハーシュマンは明らかに戸惑っていた。ついこの間まで何の力もない政治亡命者であった自分が市民権を得た国アメリカ。そのアメリカを代表するような形でヨーロッパの復興計画に携わってきたが、アメリカの経済的パワーが、自分や他の仲間たちの意見に分不相応な重みを与えてしまったのではないか。自分たちは何らかの提言をする際、それをどれだけ自覚できていただろうか。どれほど善意に満ちていても、経済理論から導かれる結論をイデオロギー的な確信をもって現実に適用すれば、それはあまりに危険であり、逆効果ですらあるのではないだろうか。

メルドレージが指摘しているように、この時期の経験を通じてハーシュマンは、正統的なものであれケインズ的なものであれ、そしていかに善意に満ちたものであれ、「究極的処方箋」を外部から押しつけること、すなわち「経済学の反民主主義的利用」の危険性を認識したといえるであろう。狭く経済学的な、あるいは経済学からの一方通行的な分析の危険性を察知し、実践と理論の間の双方向的（帰納的かつ演繹的）なプロセス、経済学、政治学、その他の社会諸科学間の双方向的なプロセスに基づき、実現されるべき変化の具体的可能性を研究することに専心するようになったのである。(45)

むすび

以上、ハーシュマンの激動の半生を振り返ってきたが、『離脱・発言・忠誠』の背景を垣間みるには、これぐらいで十分であろう。マーシャル・プラン時代からの友人であるトーマス・シェリング、ロバート・トリフィン、ヘンリー・ウォーリックからの誘いで、一九五六年、南米コロンビアから帰国し、イェール大学客員教授となって以降、コロンビア大学、ハーヴァード大学、プリンストン高等研究所と渡り歩いたハーシュマンの足跡はよく知られている（現在はプリンストン高等研究所名誉教授である(46)）。

本書の結論部分では、離脱と発言の、永遠に安定的であるような最適組み合わせはないことが確認され、それでも、問題解決の選択肢を増やし制度設計を改善するぐらいはできるかもしれないと述べられている。こうした結論は、単純なモデルの構築と論理展開に慣れた者にとっては、いかにももどかしい。これでは意思決定の明確な基準は提供できないではないか。もっと結論らしい結論はだせないのか。これが正直な感想かもしれない。

ここで本書の結論にも関わるエピソードを紹介し、この〈訳者補説〉を終えよう。

それは、ハーシュマンがまだ一二、三歳のころである。父カールは、外科医としての仕事に励むとともに、よく子供たちと話しもした。父は探求心が旺盛で、また何事も鵜呑みにしない人だったが、アイロニーの技法には長けていなかったため、子供たちとの会話、問答のなかでも、憂鬱そうな、困惑しているかのような表情を浮かべることがよくあった。ある日、父と会話をしていたときのこと。具体的な内容は今や記憶に定かではないが、ハーシュマンの発した質問に対し、父は「分からない」と率直に答えた。少年ハーシュマンは、別の部屋にいた姉のところに飛んでいき、こういったという。「ねえ知ってる？　お父さんには世界観がないんだって。」[Hirschman 1995：111, 訳一三四―一三五]

これは非常に興味深いエピソードである。自分の父親が「世界観」をもたないという少年時代の驚きを、ハーシュマンは強烈な印象でもって記憶していたのであるが、何故に忘れられない記憶となったのか。自らの世界観すらもっていない父に勝ったという感覚を味わったからではない。逆に、たしかな世界観をもつことがよいのかどうかということが、それ以後の自分の人生にいつもつきまとう課題となったからだろうとハーシュマンはいう[Hirschman 1995：112, 訳一三五]。

青年期におけるエウジェニオ・コロルニとの交流の重要性も、この文脈で理解することができるであろう。先にも述べたとおり、コロルニは、確固たる世界観、イデオロギー的関与のないことは、現実と向きあうにはむしろよいことなのだと、自らの思想と行動でもって義弟ハーシュマンに訴えかけた。その意味が自分にとっていかに大きなものであるか、熟知していればこそ、自らの代表作である本書を亡きコロルニに捧げたのである。ハーシュマンは、万能と完璧を装いつつ実はきわめて偏狭な「理論」、「世界観」でもって具体的現実を切り刻むことを拒否した。そして、現実のどこかで生起しつつある、萌芽状態の「可能性」をみきわめ、それをよりよき方向へ育む知的枠組みの必要性を訴えてきた。本書で展開された議論も、こうした「ポシビリズム」の実践例ととらえられるべきなのである。

（1）吉川洋『ケインズ―時代と経済学』ちくま新書、一九九五年、一九一―一九二頁。

（2）伊東光晴『二一世紀の世界と日本』岩波書店、一九九五年、一〇〇―一〇一頁。

（3）内橋克人編『経済学は誰のためにあるのか』岩波書店、一九九七年、五―八頁、宇沢弘文『ヴェブレン』岩波書店、二〇〇〇年、一七九―一八七頁。

（4）L・コーザー『亡命知識人とアメリカ―その影響とその経験』（荒川幾男訳）岩波書店、一九八八年、一八四頁。「文化の伝達は、印刷物や、とくに最近では諸々のエレクトロニクス装置のようなインパーソナルなチャンネルで行われる。だがこういうインパーソナルな諸過程も、必ず人間と人間とのパーソナルな接触で補完されてきた。」「まえがき」にあるとおり、コーザーの本はこうした認識のもと、「一九三三年から第二次世界大戦が終るまでの間に、必ずしも全部ではないが主としてドイツとオーストリアから、ここアメリカに到来したヨーロッパの亡命者たちが、アメリカの学問と文化に寄与した貢献を分析し評価すること」を目的として書かれた。ここに登場する人物は、ハーシュマンの他、経済学関連にかぎっても、L・フォン・ミーゼス、F・マハループ、O・モルゲンシュテルン、G・ハーバラー、A・ガーシェンクロン、K・ポランニー、P・バラン、P・ドラッカーなど、オーストリア学派からマルクス主義者、経営学に至るまで多岐に及ぶし、政治学でも、H・アーレント、K・ドイッチュ、H・モーゲンソーなどのビッグネームが並ぶ。コーザーが取り上げたこの他数多くの人々の「影響と経験」を鑑みれば、戦後アメリカの思想に亡命者たちが与えた影響は計り知れないことが分かる。そして、ハーシュマンがその一翼を担ったのはたしかである。

（5）ここでたびたび引用するハーシュマンの著作二冊、Hirschman, A. O., *A Propensity to Self-Subversion*, Cambridge :

Harvard University Press, 1995（田中秀夫訳『方法としての自己破壊——〈現実的可能性〉を求めて』法政大学出版局、二〇〇四年), and *Crossing Boundaries: Selected Writings*, New York : Zone Books, 1998. からの引用・参照については、紙幅の都合上、それぞれ［Hirschman 1995］、［Hirschman 1998］と表記し、該当頁数もそのなかに示して文章中に挿入する。

（6）［Hirschman 1995, 1998］の他、Swedberg, R., ed., *Economics and Sociology : Redefining Their Boundaries : Conversations with Economists and Sociologists*, Princeton : Princeton University Press, 1990, pp. 152-166. を参照のこと。

（7）「ポシビリズム」（可能性追求主義）という言葉に集約されるハーシュマンの方法論、また彼の議論の全体像については、矢野修一『可能性の政治経済学——ハーシュマン研究序説』法政大学出版局、二〇〇四年を参照していただきたい。

（8）黒人運動に対するハーシュマンの見方については、本書一二一—一二四頁参照。

（9）Hirschman, A. O., *Journeys Toward Progress : Studies of Economic Policy-Making in Latin America*, New York : Twentieth Century Fund, 1963.

（10）本書各所で挙げられているハーシュマンの論文集を参照のこと。

（11）Hirschman, A. O., *Essays in Trespassing : Economics to Politics and Beyond*, Cambridge : Cambridge University Press, 1981, pp. 304-305.

（12）Meldolesi, L., *Discovering the Possible : The Surprising World of Albert O. Hirschman*, Notre Dame : University of Notre Dame Press, 1995, p. 5.

（13）*Ibid.*, p. 7.

（14）P・ヴィラール『スペイン内戦』（立石博高・中塚次郎訳）白水社、一九九三年、八三頁。

（15）G・オーウェル『カタロニア賛歌』（都筑忠七訳）岩波文庫、一九九二年、二九二頁。

（16）宇沢弘文「私の履歴書⑮」『日本経済新聞』二〇〇二年三月一五日朝刊。

（17）Sen, A., "Autobiography", The Nobel Foundation, 1998. (http://www.nobel.se/economics/laureates/1998/sen-autobio.htm)

（18）「はじめに」で述べたことに関連していえば、このアマルティア・センを経済学研究に導いたのも、少年期の強烈な体験である。今やあまりにも有名な話であるが、センが経済学を志し倫理学との接点を追い求め続けるのには、三〇〇万人もの死者をだした一九四三年のベンガル大飢饉が影響している（A・セン『自由と経済開発』石塚雅彦訳、日本経済新聞社、二〇〇〇年）。なおハーシュマンとセンの議論の対比については、矢野、前掲書、および峯陽一『現代アフリカと開発経済学』日本評論社、一九九九年などを参照のこと。

(19) 未公刊のこの業績は、ファシスト政権の人口増大政策の失敗を結論づけたものだが、自分の死後、出版されることになるだろうとハーシュマンは述べている［Hirschman 1998 : 67］。

(20) しかしながら、ハーシュマンの自伝的叙述に関していえば、アントニオ・グラムシの名はみあたらない。ハーシュマンが、コロルニとともにイタリアで反ファシズムの活動に従事し、タスカやセレニといった人たちと連絡をとっていたこと、グラムシの友人であり献身的支援者であったスラッファにもロンドン時代に会っていることなどを考えると、グラムシの名が現われないのはやや意外である。一九二六年以後投獄され一九三七年に獄死してしまったことから、具体的接点をもちえず、彼への言及もないということなのであろう。

(21) Meldolesi, *op. cit.*, pp. 214-215.

(22) ハンス・ザールは、後述するヨーロッパ知識人救援活動に、ハーシュマンとともに協力した人物でもある。

(23) Meldolesi, *op. cit.*, p. 214.

(24) R・アロン『レーモン・アロン回想録』（一・二）（三保元訳）みすず書房、一九九九年。

(25) コーザー、前掲訳書、一八二頁。

(26) Fry, V., *Assignment : Rescue*, New York : Scholastic, 1993, pp. 2-3.

(27) Fry, V., *Surrender on Demand*, New York : Random House, 1945.

(28) 「ニュー・スクール」は、一九一九年、アルヴィン・ジョンソンによって設立され、初期の教授陣には、T・ヴェブレンやJ・デューイらも名を連ねている。ヒトラーの政権掌握以後は、多くの学者を受け入れ、まさに「亡命大学」の様相を呈した。ここの大学院は、これまでに、R・ハイルブローナー、A・アーリック、F・モジリアーニといった指導的経済学者を輩出してきたが、荒川幾男は、その特色を次のように述べている。すなわち、「アメリカという新世界にヨーロッパの学問世界を直接移植して、アメリカの文化的、知的生活を『非地方化』＝グローバル化するのに大きな役割を演じたということとともに、さまざまな分野の学者が集まることによって、『学際的』な研究と教育がセミナーその他を通じて行われた」ということである（「訳者あとがき」E・ヤング＝ブルーエル『アーレント伝』荒川幾男他訳、晶文社、一九九九年、六九六頁）。ちなみに、ヨーロッパから脱出したハンナ・アーレントは一九六八年にニュー・スクールの教授に就任している。一九九七年、ニュー・スクールは「ニュー・スクール大学」と改称された。

(29) Meldolesi, *op. cit.*, p. 6.

(30) Fry, *Assignment*, p. 8.

(31) *Ibid.*, pp. 26-27.

(32) アーレント伝を書いたヤング＝ブルーエルによれば、「新たなるはじまり」とは、亡命中の正規の「社会民主党」に批判的な左翼分派のひとつであり、将来の欧州連邦を構想していたグループである（ヤング＝ブルーエル、前掲訳書、二四二頁）。

(33) Meldolesi, *op. cit.*, p. 6. なおハインリヒ・エールマンという人物であるが、彼は、ハーシュマンのギムナジウム時代からの年上の友人であり、一四歳のハーシュマンにマルクスを読ませるとともに、社会民主党の青年運動にハーシュマンを誘った人物である。彼もまずはフランスに渡り、一九四〇年にアメリカに逃れ、その後、政治学者となるなど、ハーシュマンと同じような道を辿った［Hirschman 1998：48］。また幼少よりハーシュマンと家族ぐるみの交流があり、若くしてすでに「硬質の共産主義者であった」という人物が、その後、資本主義における労働者階級の「絶対的窮乏化」の研究で有名となるユルゲン・クチンスキーである［Hirschman 1995：101, 訳一二二頁］。クチンスキーの研究は邦訳されているものも多い。

(34) Fry, *Assignment*, p. 39.

(35) *Ibid.*, p. 43.

(36) ヤング＝ブルーエルは、こうしたエピソードに触れるとともに、ベンヤミンの死は、アーレント夫妻をより強く揺さぶったと述べている。そして、ベンヤミンの死を悼む彼女の詩を紹介している（ヤング＝ブルーエル、前掲訳書、二三〇―二三四頁）。

(37) A. O. Hirschman, *National Power and the Structure of Foreign Trade*, Berkeley : University of California Press,

1945(expanded edition, 1980).

（38）ガーシェンクロンのプロフィールも、コーザー、前掲訳書、一七五—一八二頁、に詳しい。

（39）ＥＣＡ（経済協力局）は、欧州復興計画を円滑に進めるため、一九四八年に設置された大統領直属の独立行政機関である。国務省との関係から、この機関の設置については多くの議論を呼んだが、国務省と意見対立があった場合には、大統領の採決を仰ぐことで妥協をみた（永田実『マーシャル・プラン—自由世界の命綱』中公新書、一九九〇年、一二〇—一二一頁）。

（40）ハーシュマンを連邦準備制度理事会に誘ったガーシェンクロンは、一九四八年にハーヴァード大学に移ったため、こうした仕事には加わらなかった［Hirschman 1998：79］。

（41）ハーシュマンの姉ウルスラは、コロルニが殺されたあと、一九四四年のうちに、コロルニの仲間であったスピネッリとともにスイスに逃れていた［Hirschman 1998：76］。

（42）Hirschman, A. O., *Rival Views of Market Society and Other Recent Essays*, New York：Elisabeth Sifton Books/ Viking, 1986, pp. 5-6.

（43）永田、前掲書、一六四—一六五頁。ハーシュマンは、一緒に仕事をしたＥＣＡのメンバーとして、このクリーヴランドのほか、テッド・ガイガー、ジョン・ハリーの名を挙げている［Hirschman 1998：39］。

（44）Hirschman, *Rival Views*, p. 6.

（45）Meldolesi, *op. cit.*, p. 20.

（46）ハーシュマンと同じ年に生まれたポール・サムエルソンは、自らが職を得ようとした当時、ユダヤ人がアメリカの大学で教鞭をとることがいかに厳しかったかについて振り返っている（Ｐ・サムエルソン「学界もが人種的偏見の舞台だった古き時代」『思想』都留重人訳、二〇〇二年一〇月号）。もし彼が回顧しているような状況がその後も完全には払拭されていなかったとすれば、アカデミズムにおけるハーシュマンのキャリアも、けっして安穏としたものではなかったのかもしれない。それでも彼は、自らの体験を重ねあわせたのであろう。政治的に厳しい状況に置かれた人たちをはじめラテンアメリカの研究者たちに、アメリカでの研究の場を与えるために奔走した。ハーシュマンとラテンアメリカの研究者との親交については、たとえば、のちにブラジル大統領となるＦ・Ｈ・カルドーゾやＧ・オドーネルの著作にも書きしたためられている（Cardoso, F. H., *Charting a New Course : The Politics of Globalization and Social Transformation*, New York : Rowman & Littlefield Publishers, 2001, and O'Donnel, G., *Counterpoints : Selected Essays on Authoritarianism and Democratization*, Notre Dame : University of Notre Dame Press, 1999.）。

訳者あとがき

本書『離脱・発言・忠誠——企業・組織・国家における衰退への反応』は、Albert O. Hirschman, *Exit, Voice, and Loyalty: Responses to Decline in Firms, Organizations, and States*, Cambridge, Mass.: Harvard University Press, 1970. の全訳である。

邦訳は今回が初めてではなく、一九七五年、ミネルヴァ書房より三浦隆之訳『組織社会の論理構造——退出・告発・ロイヤルティ』として出版されている。原著は一九七〇年の公刊以来、経済学のみならず、政治学・経営学・社会学など幅広い分野で反響を呼び、初版から三十年以上経った今でも多くの研究者の注目を集めている。こうした状況下、邦訳は長く品切・絶版だったことから、このたび新訳刊行の運びとなった。

新訳では、原著の基本タームである "Exit"、"Voice"、"Loyalty" は、それぞれ「離脱」、「発言」、「忠誠」とした。これら三つにどのような日本語をあてるのかは、たしかに難しく、これまでは引用する論者によってさまざまであった。"Exit" には、「退出」のほか、「退去」、「退場」、「脱出」が使われ、"Voice" には、「告発」のほか、「抗議」、「声」などが、"Loyalty" には、「忠誠心」、「忠義」などがあてられた。いずれにも一長一短があるので、「エグジット」、「ヴォイス」、「ロイヤルティ」という表記を使うことも考えられなくはなかったが、本書に頻出する用語をカタカナのままにしておくと、うるさい感じが否めない。したがって本書では、ハーシュマンの議論のニュアンスをより適切に反映させるとともに、基本タームゆえ語数を短くそろえることを意図して、訳語を上記の三つにした。

本書では、状況の変化、刺激に対する「反応」という考え方が非常に重要であり、これにあたる言葉として、

“reaction”、“response”（responsive）”が用いられている。ある主体が反応し、別の主体がその反応に応ずるというプロセスが注目されており、本文中では“reaction”を「反応」、“response”を「応答」と訳した。ただし、サブタイトルにある“response”に関しては、書名でもあり、より広義の「反応」を選択したことをお断りしておく。

本書の議論は、ある意味できわめてシンプルである。企業と消費者、組織とメンバーなど、まずは何らかのコミュニケーションの存在が前提される。消費者は満足を求めて、ある企業の商品を購入し、メンバーは自分なりの目的をもって、ある組織の一員となっている。このとき偶発的な理由で、日ごろ馴染んでいる商品の質が低下したり、組織が衰退したり（decline or deterioration）する。これに不満を抱いた消費者・メンバーは、何らかの「反応」（reaction）を示す。商品の購入をやめ、組織を抜けてコミュニケーションを断つのが「離脱」である。コミュニケーションは維持しながら、いろいろな手段を用いて不満を表明するのが「発言」である。一方、企業の経営者、組織の意思決定者は、消費者・メンバーのそうした反応をとおして問題が発生していることを感知し、「応答」（response）する。売上やメンバー数が低下したり、不満が爆発して、組織が維持できなくなることを危惧する経営者・意思決定者は、改善・回復に向けて何らかの対応策をとる。このような「反応‐応答」のプロセスによって、消費者・メンバーの不満を引き起こした企業経営・組織運営の問題点は改善され、正常な軌道に戻る。煎じ詰めれば、本書においてハーシュマンが描いているのは、こうしたことにすぎない。

だが伊丹敬之氏が指摘するとおり、ここで展開される概念・理論自体はシンプルでも、適用を工夫し積み重ねていくと、あるいは入れ子にしていくと、シンプルな構造からは想像できないような複雑なことが説明できる（伊丹敬之『創造的論文の書き方』有斐閣、二〇〇一年、六〇―六三頁）。

不満を抱いた消費者・メンバーは何らかの反応を起こすが、この際、彼らが抱く「忠誠」によって反応が影響される。代替的な商品・組織があるからといって、すぐに離脱せず、不確実な改善をあえて期待するかもしれないし、「忠誠者」(loyalist)による「離脱の脅し」は発言の効果を高めるかもしれない。そもそも、代わりがすぐにみつかる日用雑貨、簡単には譲れないこだわりの品、あるいは関わりの深い組織など、「何から離脱するのか」によって人々の思惑・判断は異なってくるだろう。そして企業・組織のあり方、市場構造などによっては、二つの反応オプションが常に利用できるとはかぎらないし、反応が感知されるかどうか、感知されたとして改善に向けた前向きな応答がなされるかどうかも定かではない。多くの離脱先が存在し競争状態にあることでかえって企業や組織の怠慢が助長されたり、発言が単なるガス抜きで終わる場合もある。回復メカニズムが働かず、社会全体で格差や不均衡が拡大したり、衰退した企業・組織がそのまま滅びゆくというシナリオも想定できる。シンプルだったはずのフィールドは、このようにして徐々に複雑な様相を呈してくるのである。

本書で展開されたように、単純ともいえる概念を駆使しつつ、いろいろな場面を照射していくと、企業経営や組織運営、さらには社会のあり方に関し、経済学だけ、あるいは政治学だけに依拠していてはみえなかったような問題点が明らかになる。それと同時に、衰退からの回復過程、制度改革についての「さまざまな」道筋を浮かび上がらせることができる。ハーシュマンの真骨頂はまさにこの点にある。既存の理論枠組みでは「これしかない」「このようにしかならない」という状況のなかで、「生起しつつある現実」に目を向け、ありうべき可能性の領域を広げようとするのが彼の主張する「ポシビリズム」(possibilism)である。

〈訳者補説〉でも触れたが、本書におけるハーシュマンの眼目は、経済学と政治学の生産的対話にあった。しかしながら彼がのちに述べているように、だからこそ原著執筆時点における関心は、自由競争による効率化を説くだけの経済学者に対して「発言の可能性」を訴えることにあった。市場メカニズム、「選択の自由」を社会におけるさまざまな意思決定の場面に拡張していこうとする新保守主義は、一九六〇年代後半までに経済学の世界でかなりの勢力を獲得していた。ハーシュマンは、アメリカにおける経済学のこうした動向を念頭に置かざるをえなかったのであり、特に意識されたのが、公教育への競争原理導入を説くM・フリードマン、地域選択論を提唱し「郊外への逃避」を促す議論を展開したC・ティブー、フリーライダー論を軸に集合行為を分析したM・オルソンらであった（A. O. Hirschman, *Essays in Trespassing: Economics to Politics and Beyond*, Cambridge: Cambridge University Press, 1981, p. 211.）。

本来、競争（＝離脱）だけが重要な回復メカニズムではないにもかかわらず、政治的手法の力を示すべき政治学者は、華々しく装う経済学の道具立てにたじろいでいるようにみえる。歯痒さを覚えたハーシュマンは、政治学者に肩入れしつつ、経済学者へのメッセージづくりに腐心した。本書の補論に典型的だが、経済学の基本的な概念・思考回路を保持しつつ、立つ場所を少しだけずらすことによって、「みられていない現実」に経済学者の目を向けさせ、政治学の議論につなげようとした。正統的経済学の「緊張経済観」に対し「スラック経済観」の立場をとって「余剰」に対する見方を変えるとともに、「品質」を真正面から取り上げて、日常的に発生する「とりかえしのつく過失」（repairable lapses）からの回復過程に注目した。こうして、実験心理学の成果も取り入れながら、政治学など他分野に議論を開くきっかけをつくり、競争を回復メカニズムのなかの一つとして相対化する枠組みを提供しようとしたのである。こうした議論では、前著（*Development Projects Observed*, Washington, D.C.: Brookings Institution, 1967. 麻田四郎・所哲也訳『開発計画の診断』巌松堂、一九七三年）で展開された「許容性－拘束性」（latitude-discipline）の概念が発展的に継承されている。

「離脱・発言・忠誠」の枠組みは、適用範囲の広い「累積性のある理論」（伊丹敬之）であり、本書はいろいろな読み方ができるだろう。訳者自身としては、やはり新保守主義・新自由主義批判の書として位置づけたい。ハーシュマンが危惧した流れは止むどころか、経済学の世界のみならず、その後もあらゆる領域で勢いを増している。競争圧力による効率化がどんな場面でも、どのような分野でも成功するかのような議論が日本でもはびこっている。「希望格差社会」（山田昌弘）といわれるほど二極化した現実のなかで、「開かれた社会」の幻想がふりまかれるとともに、失業や貧困は努力を怠った個人の責任として放置される。「努力した成功者」は敗者を置き去りにし、彼らとまったく関わりをもつことなく、要塞化した別世界に「離脱」できる。これが新保守主義・新自由主義イデオロギーから導かれる結論である。ハーシュマンは、同じく主体的選択から説き起こしつつ、これらイデオロギーによってはみえてこない問題を浮かび上がらせるとともに、それとは「別の可能性」を明らかにした。逃げたつもりでいても、結局は逃げきれない局面があるという議論を展開し、個人の選択を出発点としながら社会的共同性へとつながる道筋を提示したのである（詳しくは、矢野修一『可能性の政治経済学――ハーシュマン研究序説』法政大学出版局、二〇〇四年、第八章参照）。

一読していただければ分かるとおり、本書の内容はまさに多岐にわたっている。読者にはいろいろな分野の方がいると思われるので、煩雑にならない程度に、適宜、訳注を入れた。また〈訳者補説〉として「『可能性追求』と『越境』の日々――ハーシュマン激動の半生」を収録し、彼のさまざまな著作の背景を知るための資料とした。ハーシュマンの履歴や著作目録等については、プリンストン高等研究所のURLから閲覧可能なので、そちらも参照していただきたい。

今や古典的ともいえるハーシュマンの名著を日本でもきちんとした形で紹介しなければならないという一念で作業を進めたが、さまざまな学問分野にまたがり、引用も多い本書の翻訳は、浅学のわが身には困難をきわめた。原文に即しつつ読みやすい日本語にするという自らに課した課題はあまりにも重く、無知と非力を日々思い知らされたが、いろいろな人が手を差し伸べてくださったのは幸いであった。

京都大学大学院経済学研究科の八木紀一郎先生は、今回の訳者として私をミネルヴァ書房にご紹介いただいただけではなく、大変ご多忙であるにもかかわらず、翻訳の一部に目をとおし、貴重な指針を提示してくださった。

柴田茂紀氏（日本学術振興会特別研究員）の献身的な支援にも感謝の気持ちでいっぱいである。柴田氏には、自分の研究時間を割いて翻訳の草稿に目をとおしてもらい、数々の有益なコメントをいただくとともに、引用文献のチェックにもご尽力いただいた。そして高崎経済大学経済学部の石川弘道教授、林宰司専任講師にも大変お世話になった。石川教授には、まさに激務である経済学部長の仕事の合間をぬって、林専任講師には、ご自分の博士論文執筆のなか時間をみつけていただきながら、草稿への適切なコメントをたまわった。高崎経済大学という小さな共同体における同僚のありがたさがあらためて身に沁みた。

翻訳がより読みやすく、より誤りが少なくなっているとすれば、以上の方々のおかげである。この場をお借りして深くお礼申し上げたい。もちろん、なお残る生硬な表現、誤訳の責任は、翻訳者にある。何回も読み返し正確を期したが、それでも思い違いや誤解があるかもしれない。読者諸氏のご叱正をたまわる機会があれば幸いである。

社会科学に精通したベテラン編集者である後藤郁夫氏から「翻訳をしてみませんか」とお話があったのは、二〇〇三年の夏だった。長年関心を抱いてきたハーシュマンの翻訳ということで、すぐにお受けしたのだが、自著の出版、経済学科長就任、転居など、公私とも多忙をきわめ、翻訳作業は予定より遅れてしまった。私にアドヴァイスを授けつつ完成を辛抱強く待っていただいた後藤氏に感謝申し上げたい。

アルバート・O・ハーシュマンという非常に魅力的な学者の研究を続けるきっかけをつくってくださったのは、学部・大学院時代からの恩師、本山美彦先生である。飲みながらの会話だっただろうか。「この人、おもろいで！」という言葉に飛びついた。以来、二〇年近くハーシュマンに向きあってきたが、彼の代表作の一つを訳すことができ、本山先生の学恩にも、少しだけ報いることができたかもしれない。

いつも支えてくれる両親・家族をはじめ、こうして感謝すべき人たちがまわりにいるというのは幸せなことだとつくづく感じる。

二〇〇五年一月一七日、長女一一歳の誕生日を祝って

矢野修一

《訳者紹介》

矢野　修一（やの・しゅういち）

1960年　生まれ
1986年　京都大学経済学部卒業
1991年　京都大学大学院経済学研究科博士後期課程単位取得退学
現　在　高崎経済大学経済学部教授。京都大学博士（経済学）
主　著　『可能性の政治経済学――ハーシュマン研究序説』法政大学出版局，2004年
『新・東アジア経済論（改訂版）』（共著）ミネルヴァ書房，2003年
『世界経済論』（共著）ミネルヴァ書房，2006年
『新・アジア経済論』（共編著）文眞堂，2016年
『経済学のパラレルワールド』（共著）新評論，2019年
アルバート・ハーシュマン著『連帯経済の可能性』（共訳）法政大学出版局，2008年
エリック・ヘライナー著『国家とグローバル金融』（共訳）法政大学出版局，2015年
イアン・ゴールディン著『未来救済宣言』白水社，2022年

MINERVA 人文・社会科学叢書99
離脱・発言・忠誠
――企業・組織・国家における衰退への反応――

2005年6月20日　初版第1刷発行
2024年1月15日　初版第9刷発行
検印廃止

定価はカバーに
表示しています

訳　者　矢　野　修　一
発行者　杉　田　啓　三
印刷者　坂　本　喜　杏

発行所　株式会社　ミネルヴァ書房
607-8494　京都市山科区日ノ岡堤谷町1
電話代表　(075)581-5191番
振替口座　01020-0-8076番

冨山房インターナショナル・新生製本

ISBN 978-4-623-04374-3
Printed in Japan

人名索引*

（＊　原著「索引」にある人名を五十音順に配列。数字は本書における頁数を示す。）

ア行

アイゼンハワー（Eisenhower, Dwight D.）　75
アクトン卿（Acton, Lord）　128, 135
アプター（Apter, David）　115, 116
アーモンド（Almond, Gabriel A.）　ii, 47, 115
アロー（Arrow, Kenneth）　18, 22, 84
アロンソン（Aronson, E.）　115, 163-165, 167
アンダーソン（Anderson, Norman H.）　114
イーデン（Eden, Anthony）　130
ヴァーバ（Verba, Sidney）　47
ウィルソン（Wilson, Robert）　ii
ヴェブレン（Veblen, Thorstein B.）　17
ウォルツァー（Walzer, Michael）　113
エアズ（Ayres, R. E.）　84
エリオット（Eliot, T. S.）　119
エリクソン（Erikson, Erik）　55, 60, 103
オズボーン（Osborne, John）　133
オルソン（Olson, Mancur, Jr.）　48, 209

カ行

ガーソン（Garson, Barbara）　130, 133
カマー（Kummer, Hans）　19, 20
カーマイケル（Carmichael, Stokely）　132
ガルブレイス（Galbraith, John Kenneth）　24, 30, 33, 48, 63
キルケゴール（Kierkegaard, Søren）　87, 116
クーパー（Cooper, Duff）　130
クープマンズ（Koopmans, Tjalling）　ii
クラーク（Clark, John Maurice）　30
クラフト（Kraft, Joseph）　134
クルック（Crook, John Hurrell）　19, 22
グレアム（Graham, B.）　59, 61
クロジエ（Crozier, Michel）　133
クローセン（Clausen, A. R.）　83
クーン（Kuhn, Thomas S.）　74, 82
ケリー（Kelly, Stanley, Jr.）　84
ゴールドウォーター上院議員（Goldwater, Senator Barry）　75, 77
コンヴァース（Converse, P. E.）　83

サ行

サイモン（Simon, H. A.）　11, 20
サイヤート（Cyert, Richard）　11-13, 20
サバ（Saba, Umberto）　133
ジェラード（Gerard, H. B.）　114, 164, 165, 167
シェリフ（Sherif, Muzafer）　142
ジャーヴィス（Jervis, Robert）　114
シャノン（Shannon, F. A.）　132
シャハター（Schachter, Stanley）　115
ジャンセン（Jansen, Marius B.）　132
シュナイダー（Snyder, Mark）　vii, 161
ジョンソン（Johnson, Samuel）　20, 23, 32, 33
ジョンソン（Johnson, Lyndon B.）　49, 112, 117, 127, 130, 138
シンガー（Singer, H. W.）　83
ジンバルドー（Zimbardo, Philip）　ii, vii, 102, 161
スティーヴンソン（Stevenson, Adlai E.）　126, 134, 135
ステュアート（Steuart, Sir James）　7, 8, 20
ストリーテン（Streeten, Paul）　74, 82
スミシーズ（Smithies, Arthur）　82, 83
ソロ（Solo, Robert A.）　21

タ行

ダウンズ（Downs, Anthony）　75, 77, 78, 83, 84
ターナー（Turner, Frederick Jackson）　119,

131
タフト（Taft, Cynthia H.） 69
ダール（Dahl, Robert） 36, 47, 77, 83
ダンロップ（Dunlop, John） 32
チェン（Cheng, Hing Yong） 69
チェンバレン（Chamberlain, Neville） 130
デイヴィス（Davis, Otto A.） 81, 82
ディケイター（Decatur, Stephen） 87, 116
テイラー（Taylor, George R.） 132
ドーア（Dore, R. P.） 69, 132
トクヴィル（Tocqueville, Alexis de） 119
ドッド（Dodd, D. L.） 59, 61
トムソン（Thomson, James C., Jr.） 127, 130-131, 134

ナ行

ニエト・アルテータ（Nieto Arteta, Luis Eduardo） 8, 20
ニクソン（Nixon, Richard M.） 75
ネーダー（Nader, Ralph） 32, 45, 46, 49, 141

ハ行

ハイエク（Hayek, F. A.） 114, 182
パウエル（Powell, G. B., Jr.） 47
ハウサッカー（Houthakker, H. S.） 159
バーグソン（Bergson, Abram） ii
ハーツ（Hartz, Louis） 118, 131
パッチ（Patch, Richard） 132
ハミルトン（Hamilton, Charles V.） 132
バラン（Baran, Paul） 21, 200
バンゼル（Bunzel, John H.） 132
バンフィールド（Banfield, Edward） 42, 48
ピアティ（Peattie, Lisa Redfield） 48
ビッケル（Bickel, Alexander M.） 94, 113
ヒンチ（Hinch, Melvin） 81, 82
ファーガソン（Ferguson, Adam） 114
フィッシュロー（Fishlow, Albert） ii
フェスティンガー（Festinger, Leon） 115, 161
フリードマン（Friedman, Milton） 15, 16, 21, 142, 175-178, 209
フレンチ（French, David S.） ii, 30
ブロック-レネ（Bloch-Lainé, François） 69
ヘア（Hare, Nathan） 132
ベッカー（Becker, Gary） 11, 21
ホヴランド（Hovland, Carl I.） 142
ボーエン（Bowen, W. G.） 84
ポスタン（Postan, M. M.） 11, 21
ホテリング（Hotelling, Harold） 73, 75-78, 82-84
ボニーニ（Bonini, Charles P.） 21, 22
ホフスタッター（Hofstadter, Richard） 132
ホール（Hall, K. R. L.） 114
ホール（Hall, John W.） 132
ボール（Ball, George） 133-135

マ行

マッカーサー元帥（MacArthur, General Douglas） 126
マッカーシー上院議員（McCarthy, Senator Eugene） 112, 117, 130, 135
マシューソン（Mathewson, G. C.） 114, 164, 165, 167
マーチ（March, James） 11-13, 20
ミヘルス（Michels, Roberto） 92, 116
ミュルダール（Myrdal, Gunnar） 106
ミラー（Miller, W. E.） 83
ミルズ（Mills, J.） 114, 115, 162-165, 167
モイヤーズ（Moyers, Bill） 133, 135
モスコヴィッチ（Moscovici, Serge） 142

ヤ・ラ行

ヤング（Young, Michael） 60, 132
ライベンシュタイン（Leibenstein, Harvey） 11, 12, 21
ラッシュ（Lasch, Christopher） 133
ラーナー（Lerner, A. P.） 83, 182
ランバート（Lambert, Jacques） 69
リーケン（Riecken, H. W.） 115
リーチ（Leach, Edmund） 112
リンドブロム（Lindblom, C. E.） 12
レイノルズ（Reynolds, Lloyd G.） 69
レヴィン（Levin, Henry M.） 21

事項索引*

(* 原著「索引」にある事項を五十音順に配列。ただし若干の項目に関しては、重複を避けるため整理してある。数字は本書における頁数を示す。)

サ行

タ行

ナ行

ハ行